▶ 湘西土家族苗族自治州旅游港澳外事侨务局资助成果

▶ 湖南西部经济研究基地学术成果

▶ 湖南民族经济研究基地学术成果

乡村旅游 研究 丛 书

A Study on the Development of Rural Tourism in
Xiangxi Autonomous Region

湘西

张建永 ◎ 主编

自治州

乡村旅游发展研究

中国财经出版传媒集团

 经济科学出版社

Economic Science Press

图书在版编目（CIP）数据

湘西自治州乡村旅游发展研究 / 张建永著. —北京：
经济科学出版社，2017.12

ISBN 978-7-5141-8684-0

Ⅰ.①湘…　Ⅱ.①张…　Ⅲ.①乡村旅游 – 旅游业发展
– 研究 – 湘西土家族苗族自治州　Ⅳ.①F592.764.2

中国版本图书馆 CIP 数据核字（2017）第 283834 号

责任编辑：范　莹
责任校对：刘　昕
责任印制：李　鹏

湘西自治州乡村旅游发展研究

张建永　著

经济科学出版社出版、发行　新华书店经销

社址：北京市海淀区阜成路甲 28 号　邮编：100142

总编部电话：010-88191217　发行部电话：010-88191522

网址：www.esp.com.cn

电子邮箱：esp@esp.com.cn

天猫网店：经济科学出版社旗舰店

网址：http://jjkxcbs.tmall.com

北京季蜂印刷有限公司印装

710×1000　16 开　20.75 印张　310000 字

2018 年 3 月第 1 版　2018 年 3 月第 1 次印刷

ISBN 978-7-5141-8684-0　定价：60.00 元

"乡村旅游研究"丛书编委会

顾问

武吉海　湖南省政协原党组副书记、副主席

陈献春　湖南省旅游发展委员会主任、党组书记

高扬先　湖南省旅游发展委员会副主任、党组成员

欧阳斌　张家界市人民政府副市长

李　平　湘西土家族苗族自治州人民政府副州长

陈黎明　湖南雪峰山生态文化旅游有限责任公司实际控制人

编委会主任

游　俊　吉首大学党委书记、教授

白晋湘　吉首大学校长、教授

编委会副主任

李定珍　吉首大学副校长、教授

黄　昕　吉首大学副校长、教授

罗金铭　吉首大学副校长

编委

佘佐辰　吉首大学研究生院院长、教授

石　罡　湖南雪峰山生态文化旅游有限责任公司董事长、总经理

张登巧　吉首大学武陵山区发展研究院院长、教授

李荣光　吉首大学校友总会副会长、研究员

吴　晓　吉首大学社科处副处长、副教授

蒋　辉　吉首大学发展规划与学科建设处副处长、副教授

向昌国　吉首大学生态旅游省级重点实验室主任，教授

粟　娟　吉首大学旅游与管理工程学院工会主席、教授

丁建军　吉首大学商学院副院长、教授

彭　耿　吉首大学商学院副院长、教授

李　琼　吉首大学湖南省院士专家工作站站长、教授

伍育琦　吉首大学旅游与管理工程学院人力资源管理系主任、教授

姚小云　吉首大学旅游与管理工程学院旅游管理系主任、副教授

李小玉　吉首大学旅游与管理工程学院酒店管理系主任、副教授

周　波　吉首大学旅游与管理工程学院电子商务系主任

主编

张建永　吉首大学原正校级督导、吉首大学中国乡村旅游研究院院长、教授

尹华光　吉首大学旅游与管理工程学院院长、吉首大学中国乡村旅游研究院副院长、教授

执行主编

鲁明勇　吉首大学旅游与管理工程学院副院长、吉首大学中国乡村旅游研究院常务副院长、教授

副主编

董坚峰　吉首大学旅游与管理工程学院副院长、副教授

田金霞　吉首大学旅游与管理工程学院副院长、教授

张琰飞　吉首大学经济研究所所长、吉首大学中国乡村旅游研究院院长助理、副教授

蔡建刚　吉首大学旅游与管理工程学院院长助理、吉首大学中国乡村旅游研究院院长助理

李付坤　吉首大学民族经济研究所所长、吉首大学中国乡村旅游研究院院长助理

责任单位

吉首大学中国乡村旅游研究院

吉首大学旅游与管理工程学院

总　序

一、乡村旅游是时代赋予我们的全新而又重要的研究课题

中国迈进全面小康社会指日可待，旅游已经成为人民日益增长的美好生活需要的重要组成部分，特别是大众化、个性化、高品质旅游，成为小康社会的重要标志。中国人均出游次数连年增长，2017 年已达 3.7 次，每年有近 50 亿人次的巨量旅游市场。旅游业位列"五大幸福产业"之首，成为传承中华文化、提升国民素质、促进社会进步的重要载体，成为生态文明建设的重要推力，带动大量贫困人口脱贫致富，绿水青山正通过发展旅游转化为金山银山。但由于发展的不平衡不充分，中国的旅游业尚处于粗放型旅游向集约型旅游发展、高速旅游增长向优质旅游发展。从城市、"飞地"景区、乡村旅游的三元空间结构来看，中国城市的环境、心理承载力已近极限，雾霾、拥挤、生存竞争与焦虑对城市旅游提出了巨大挑战；名山大川、文化古迹、历史名镇等"飞地"型旅游景区，经过多年发展，可供开发资源接近枯竭，人满为患，旅游投资与消费的空间越来越窄；再看中国乡村旅游，在改革开放初期就有倡导，但一直不愠不火，城市化进程初期，乡村是被抛弃、被逃离之地，直到今天，城市人开始梦"乡愁"，对"飞地"型旅游景区的拥挤喧闹不再热情，乡村的价值终于显现，乡村旅游迎来大发展的春天。

当前，我们从不同角度观察会发现，乡村旅游为中国经济社会转型升级过程中各种问题的解决提供了一个良好路径。例如，旅游空间拓展问题，当"飞地"型旅游景区资源枯竭时，我们向乡村拓展旅游空间，全域旅游基地建设选择大部分是乡村；城市旅游客源输出的问题，当"飞地"型旅游景区人满为患时，人们选择避开热门景区，去乡村旅游；资本市场的投资问题，当城市地价和房地产市场政府管控越来越严时，我们看到许

多资本以乡村旅游项目的名义签约拿地、抢夺乡村旅游资源；供给侧改革问题，政府引导，企业运作，充分发挥创新创造的智慧，开发出门类繁多的旅游新业态、旅游新供给，满足乡村旅游需要；贫困村的脱贫致富问题，只要在生态或文化上稍有特色，就会规划开发乡村旅游；规划发展农村综合经营、农业产业园区、美丽乡村、农村电商等建设问题，就会提出"旅游+"或"+旅游"实现融合发展。但是，今天中国的乡村旅游已经与十年前甚至五年前的那种"农家乐""城郊游"等不可同日而语，与国外乡村旅游也有很多差异，凸显出乡村旅游的中国特色。例如，中国倡导和推进的"一带一路"倡议，形成鲜明的国际国内旅游线路一体化特色，沿线的乡村带来机遇；中国乡村旅游精准扶贫的全部门推动特色；"互联网+"、大数据、人工智能、云技术助推乡村旅游的"后发优势"特色；以高速交通连接形成的立体交通网络系统，加快了旅游城乡融合一体化发展的进程。这些新战略、新形势、新技术、新变化为发展乡村旅游带来了前所未有的契机。

面对转型时代的新问题新特色，2017年12月16日，湖南省旅游发展委员会陈献春主任在吉首大学中国乡村旅游研究院成立大会上指出，乡村旅游发展问题特别需要产学研联合起来进行研究。比如，发展乡村旅游的专业性问题，怎么实施科教兴旅游、人才强旅游战略，加强旅游人才规划和旅游学科建设，建立一支专业化的乡村旅游人才队伍，为乡村旅游发展增强后劲。比如，如何把握乡村旅游大趋势带来的挑战问题，以游客在城乡全域空间流动创造新价值为推动力，是把"绿水青山"变为"金山银山"的过程，这让乡村旅游与工业化一样，成为推动经济社会发展的一种重要方式。又比如，新时代呼唤乡村旅游创客，如何以文化创意促进乡村振兴，充分发挥文化创意在乡村旅游转型升级中的引领作用，突出围绕乡村旅游各要素特别是特色住宿、餐饮、购物、娱乐等短板，保护生态，植入文化、创新业态，挖掘富有创意和魅力的文创产品，不断增加农业公园、共享农庄、特色小镇和田园综合体等乡村旅游新产品供给。再比如，旅游业是一个最早开放的行业，乡村旅游的国际交流合作和培养国际化人才都需要深入研究。还有实施乡村旅游精准扶贫工程，开展"景区带村"旅游扶贫，提高乡村旅游目的地社会治理能力，等等，这一系列重大问题都值得深入研究。

二、乡村旅游研究是吉首大学发挥地方资源优势，彰显办学特色，形成学术竞争力的研究领域，也是学校服务地方发展，助推乡村振兴的历史使命

吉首大学开办在武陵山集中连片特困区的湖南大湘西，这里远离大城市，是典型的老、少、边、穷山区。在60年的办学历程中，吉首大学生于贫瘠，长于艰难，立于创新，成于奋斗，始终坚持"立足大湘西，辐射大边区，服务富民强省"宗旨，本着"清华北大要解决的是卫星上天的问题，吉首大学要解决的是贫困边区老百姓脱贫致富问题"朴素认识，彰显服务民族贫困地区扶贫与发展的特殊价值。湖南武陵山区自然风光优美、生态环境良好、历史文化厚重、民族风情浓郁，是中国"绿色生态优质区、自然物种密集区、历史文化沉淀区、山水风光富集区"，拥有大量具有唯一性、独特性、创新性和创意性的旅游资源，张家界、芙蓉镇、凤凰古城已成为旅游知名品牌。如何进一步将旅游资源优势转化为产业优势，脱贫致富，一直是吉首大学科学研究的重点领域，是人才培养和服务地方建设的主攻方向。

吉首大学有研究乡村旅游的自信。一是有乡村地域优势。谈政治，在北京；说金融，去上海；扯电商，进杭州；若讲乡村旅游，不必到纽约、香港，更不在北京、上海，应该在湘西，在湘西的乡村。大武陵、大湘西，不仅拥有驰名中外的张家界这样的顶级风景，还拥有驰名中外的沈从文这样的乡土文学家，这里是最记得住乡愁的地方，是最值得回望的永远故乡。吉首大学研究乡村旅游有文化根基，有天然沃土。二是有旅游研究实力支撑。《旅游学刊》2017年第12期发表了中国旅游研究院旅游学术评价研究基地首席科学家张凌云教授的《2003~2016年我国旅游学术共同体学术评价》一文，文章用13年的大数据（2003~2016年收录在中文核心期刊数据库、CSSCI数据库和CSCD数据库中的22619篇旅游学术论文为全样本），对全国935种学术刊物、18773名作者和所属的3899家机构进行多维度学术评价和排名，吉首大学旅游综合研究实力全国排名第13位、湖南省排第1位；论文发表全国排名第24位、湖南省排第1位。这是学校精准研究领域，长期深耕地方旅游特色优势资源，从而形成学术竞争实力的结果。武陵山区缺乏工业强力支撑，也没有规模城市，唯有秀美山水、纯净空气、淳朴山民的乡村，吉首大学就是要讲乡村故事，讲旅游故事，做透做足乡村旅游研究，这是我们独占的、应有的、容易形成优势的学术领域。

中国共产党十九大提出实施乡村振兴战略，预示着乡村旅游将迎来新一轮大发展的战略机遇期。在这样的大背景下，吉首大学以只争朝夕、时不我待的精神状态拥抱新时代，抢抓机遇。在2017年12月，成立了中国乡村旅游研究院，是学校贯彻落实党的十九大精神，实施乡村振兴战略，加快培育乡村旅游人才，推动乡村旅游发展的重要举措。现在推出的这套《乡村旅游研究丛书》就是通过乡村旅游研究院这个平台，整合全校旅游研究资源，合力攻关，探讨乡村旅游发展面临的一些新情况、新问题，进一步提升学校旅游研究竞争力的大行动。我们将以大湘西为立足点，梳理乡村旅游的湖南案例，认真总结，精心提炼，深入研究，出好成果，将好经验好模式向省内推广，向全国推广，提供中国乡村旅游发展的湖南模式、湖南经验、湖南贡献，唱响中国乡村旅游研究的湖南声音。

三、乡村旅游研究是吉首大学旅管学院立足张家界办学优势，打造旅游管理专业硕士（MTA）特色教学案例库的重要来源，是打造省内外知名品牌旅游学院的突破方向，以孵化出高质量、有影响力的旅游学术研究、教育教学和人才培养的系列成果

传统旅游高等教育人才培育难以适应当前旅游飞速发展的需求，这是全国旅游管理类院校普遍存在的问题，成为困扰当前旅游高等教育的重大危机。严峻形势，逼迫我们深入思考，寻求对策，激发作为。

从大趋势看，旅游业提质大升级呼唤旅游人才培育大改革。在"一带一路""精准扶贫""旅游强国三步走"国家规划背景下，受"互联网+"、大数据、人工智能技术助推，旅游需求侧、供给侧和供需关系都产生了根本性、颠覆性的变化，旅游传统业态快速转型升级，新业态不断涌现。当前旅游教育体系，还是为传统业态服务建立起来的，当然无法适应和满足旅游发展新需要。教育体系建设是复杂系统工程，观念转变、师资建设和教学硬件，非朝夕之功，非一蹴而就。

从微环境看，办学立足点张家界旅游格局发生了重大变化。吉首大学之所以把旅游学院办在张家界市，是依托其世界旅游品牌。目前张家界旅游业格局发生了根本性变化：一是战略新地位。湖南省委已确立张家界为全省"锦绣潇湘"全域旅游龙头，在全省旅游战略的地位更加突出。二是空间新格局。张家界由以前的国家森林公园一家独大，演化成国家森林公园、天门山和大峡谷三足鼎立，体量越来越大，向广大乡村扩散为全域旅游是必然趋势。三是发展新思路。张家界提出了"对标提质、旅游强市"，成为新一轮发展总纲。四是旅游新业态。民宿客栈业、乡村旅游、田园综合体、"互联网＋"旅游、房车营地、城市旅游商圈建设、旅游在线营销等正在重构张家界旅游业。

面对宏观发展大趋势和张家界微观环境新变化，我们不能消极等待，必须密切关注，适应变化，转变观念，顺势而为。一是要按全域旅游重构旅游教育观。就是按全域景观、全域服务、全域治理、全域产业、全民共享等新理念，重构旅游科学研究、教材编写、教学大纲、课堂教学、招生考试、职业培训、实践实习、就业创业等人才培养新体系。2017年初，吉首大学原正校级督导张建永教授带领学校旅游研究骨干鲁明勇、张琰飞、蔡建刚、姚小云、周波、李付坤等老师，参与了国家旅游局局长李金早主编的《当代旅游学》教材，目的就是参与到全域旅游顶层新理念重构当代旅游学的研究中，转变观念，开拓思路。二是以"旅游＋"导向重构课程教学体系。全面适应传统旅游业态转型升级和新业态管理，开发"旅游＋科技""旅游＋农业""旅游＋城镇建设""旅游＋扶贫"等新内容新课程。三是以实际问题导向重构旅游社会服务体系。将旅游发展过程中政府、企业、社会组织所关注的热点、焦点、难点问题，直接导入科研教学服务地方建设体系，避免教学与实践脱节。四是加快推进旅游教育国际化。跟紧张家界旅游国际化步伐，加快实施旅游教育国际交流交往项目，彻底改变闷在大山里办旅游教育的局面。五是苦练内功，狠抓"四大一专两率"。"四大"是：积极导入大师讲学，聘请行业顶级精英、国家教育教学名师、省级名师等担任导师；强力争取国家级课题和省级重点项目等大课题立项；孵化大成果，推动出版"乡村旅游研究丛书"和"MTA特色案例丛书"；力争学生奖励、教师奖励大突破。"一专"是：全力创办MTA，办成具有核心竞争力的品牌；"两率"是：狠抓硕升博率、就业率，形成旅游人才培养标志性的核心竞争力。

根据全力创办MTA的工作思路，2017年，学院抓住机遇，在现有旅游管理、生态旅游学两种科学学位硕士点的基础上，整合资源、迎难而上，成功申报了旅游管理专业硕士（master of tourism administration, MTA），将于2019年开始正式招生。MTA是2010年9月国务院学位委员会设立的旅游管理专业学位硕士的简称，目标是培养具有社会责任感和旅游职业精神，掌握旅游管理基础理论、知识和技能，具备国际化视野和战略思维能力，敢于挑战现代旅游业跨国发展的高级应用型旅游管理人才。MTA的教育有别于科学硕士的教育，十分强调学生的实际应用和解决现实问题的能力，注重案例教学，这就需要组织编写符合地方实际和行业实际的案例教材，促进MTA本土化教学。我们的MTA拟设了生态文化旅游管理、旅游规划、旅游企业管理等方向课程，乡村旅游是几个方向共同关注的焦点，是串联研究方向的桥梁，理所当然地成为重要的突破口。

由此，我们以MAT教育教学为指针，以吉首大学中国乡村旅游研究院为平台，整合全校旅游研究力量，组建专家团队，在湖南省旅游发展委员会、张家界市人民政府、湘西自治州人民政府的指导下，在张家界市旅游和外事侨务委员会、湘西自治州旅游港澳外事侨务局的帮助下，在湖南雪峰山生态文化旅游有限责任公司的大力支持下，推出一套具有国际视野、富有行业特色、符合地方实际的"乡村旅游研究丛书"，倾力打造适应MTA教育与教学的系列前沿学术专著形成"MTA特色案例丛书"，每年按选题计划推进，3~5年就形成蔚为可观的系列成果。一方面，为中国乡村旅游政策的制定、乡村旅游规划的编制、乡村旅游理论的创新等提供智力支撑，努力将中国乡村旅游研究院打造成具有较强决策服务功能和较大社会影响力的高端智库。另一方面，紧跟当前旅游业转型升级大势，解决MTA案例教学之需。同时，通过这些目标成果任务，倒逼学院教学科研团队努力拼搏，提升科学研究、人才培养、服务地方的能力。

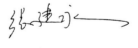

2018年1月27日

CONTENTS / 目 录

第一章 发展背景

当前湘西州乡村旅游面临复杂的国内外诸多因素，既是挑战又是机遇，处理得当，就是转型发展的重大机遇；处理不好，就是挑战和阻碍。

一、认清湘西州乡村旅游的发展环境

从国际上看，当前全球发展处于金融危机后的深度调整期。西方发达国家与中国呈现出既竞争又合作的关系，竞争程度更加深入、方式更加灵活、手段更加隐蔽，增加了合作的难度。发达国家再工业化，引导制造业回归和发展新兴产业，印度、印度尼西亚、越南、菲律宾等经济体依靠更低成本优势，挤占中国市场份额。中国制造业面临高端回流和中低端分流压力，不得不进行产业结构调整，大力发展包括乡村旅游在内的服务业。在这种国际形势下，中国迎来乡村旅游大发展的春天。全球新科技革命，对旅游发展既是机遇，又是挑战，互联网、云计算、人工智能、生物工程、新能源、新材料等高科技领域，不断取得新突破，引发了新科技和新产业变革。面对全球竞合新形势，中国实施"一带一路"合作倡议（丝绸之路经济带和 21 世纪海上丝绸之路），着力打造世界上跨度最长的经济大走廊——发端于中国，东牵亚太，西系欧洲。湘西州乡村旅游应积极融入"一带一路"国际合作倡议，打开发展空间。

（一）新常态：抓住中国转型升级发展的大机遇

早在 2014 年 8 月，中央就认识到中国经济以中高速、优结构、新动力、多挑战为特征的新常态悄然来临，在2015年经济工作会议上，提出了主要应对措施，这为湘西州发展乡村旅游带来了重大机遇。

1. 经济稳健发展

面对新常态下的困难和挑战，中央提出要坚持稳中求进的工作总基调，坚持以提高经济发展质量和效益为中心，把稳增长、调结构放到更加重要位置。湘西州应把发展乡村旅游作为抓手，稳中求进，快中向好，后发赶超。

2. 全面深化改革

中央将在行政审批、金融、财税、投融资、土地政策、汇率、对外经贸等重点领域不断推进改革。湘西州发展乡村旅游，应在土地政策、行政审批、金融、财税、投融资等领域率先推进改革，先行先试，探索乡村旅游发展新模式。

3. 提质转型升级

新常态下的中国经济，靠以往的大规模投资基础设施、制造业和房地产业及外部需求，难以继续维持健康增长，必须转变发展方式。湘西州大力发展乡村旅游，是适应当前中国新常态、实现转型升级发展的必由之路。

4. 区域战略重点

新常态下，中央实施的"一带一路"和"长江经济带"发展规划与湘西州直接相关，湘西机场项目就得益于"长江经济带"战略的提出。湘西州乡村旅游要实现大发展，必须融入这两大战略，才能获得大政策、大项目、大资金的支持。

5. 民生托底要求

新常态下，中央提出更加注重保障民生，更加关注低收入群体，更加重视社会大局稳定，更加重视就业和扶贫工作。湘西州是全国和湖南省的集中连片重点扶贫区，必须抓住机遇，实施乡村旅游扶贫，实现民生托底要求。

（二）新理念："五大发展理念"和"全域旅游"观

全面贯彻十八届五中全会提出的"创新、协调、绿色、开放、共享"五大理念，是"十三五"乃至更长时期中国的发展思路与发展方向，也是发展着力点的集中体现，是湘西州谋划和推进"十三五"时期发展的基本准则。必须要将五大发展理念贯彻落实到包括乡村旅游发展在内的经济社会发展的各领域，以新理念破解乡村旅游发展难题，增强乡村旅游发展动力，厚植乡村旅游发展优势，引领乡村旅游发展新实践，开辟乡村旅游发展新空间、新业态、新增长点。

国家旅游局认为，推进"全域旅游"是贯彻五大发展理念的重要途径，代表着现代旅游发展的方向，是一场具有深远意义的变革，是新时期我国旅游发展的总体战略。

（三）新政策：强力推动乡村旅游发展

为落实中央和国务院决策，中央各部委连续发文强力推进乡村旅游发展。在规划中，有三个文件受到特别关注。

1. 新意见：国发〔2014〕31 号文件

国务院《关于促进旅游业改革发展的若干意见》提出开发特色鲜明的乡村旅游产品、建设一批特色景观旅游名镇名村、保持传统乡村风貌、推进乡村旅游富民工程、完善乡村旅游服务体系、鼓励社会群体为乡村旅游发展提供智力支持等推动乡村旅游发展的措施。该文件从拓展旅游发展空间的角度，提出大力发展乡村旅游，这将指导湘西州从全州旅游拓展角度来规划乡村旅游，分析现有旅游空间局限性及如何向乡村旅游空间拓展的原则、思路和措施，以提升乡村旅游空间拓展效能。

2. 新目标：七部委联合推进乡村旅游

国家发展改革委等七部委联合发布《关于实施乡村旅游富民工程推进旅游扶贫工作的通知》，提出具体实施目标：到 2015 年，扶持约 2000 个贫困村开展乡村旅游，到 2020 年，扶持约 6000 个贫困村开展乡村旅游，带动农村劳动力就业。力争每个重点村乡村旅游年经营收入达到 100 万元。每年通过乡村旅游，直接拉动 10 万贫困人口脱贫致富，间接拉动 50 万贫困人口脱贫致富。湘西州除吉首市以外的七县都被列为全国乡村旅游扶贫重点县，共有 60 个村被列为全国旅游扶贫重点村。七部委文件从乡村扶贫（实施乡村旅游富民工程）角度，提出大力发展乡村旅游，将指导湘西州乡村旅游规划必须对接精准扶贫，对接精准扶贫的产业发展、公共服务和教育培训三大内容，以提升乡村旅游扶贫的效能。

3. 新要求：2015 年中央 1 号文件

中共中央、国务院《关于加大改革创新力度加快农业现代化建设的若干意见》提出了"中国要强，农业必须强；中国要富，农民必须富；中国要美，农村必须美"的愿景。还提出：扶持建设一批具有历史、地域、民族特点的特色景观旅游村镇，打造形式多样、特色鲜明的乡村旅游休闲产品。加大对乡村旅游休闲基础设施建设的投入，增强线上、线下营销能力，提高管理水平和服务质量。研究制定促进乡村旅游休闲发展的用地、财政、金融等扶持政策，落实税收优惠政策。中央 1 号文件是从乡村旅游增加农民收入途径的角度提出的，这将指导湘西州乡村旅游规划必须解决乡村旅游收入难题，规划设计适销对路产品，提高营销能力，利用好各项政策，以提升乡村旅游增收的效能。

4. 新举措：国办发〔2015〕62 号

2015 年 7 月底，李克强总理在国务院常务会议上着重提出，"要让多彩的旅游丰富民众生活，助力经济发展"，确定了促进旅游投资和消费的政策措施。此后国务院办公厅发布《关于进一步促进旅游投资和消费的若干意见》，提出大力发展旅游装备制造业、积极发展"互联网＋旅游"、完善休闲农业和乡村旅游配套设施、开展百万乡村旅游创客行动、大力推进乡村旅游扶贫、落实差别化旅游业用地用海用岛政策、拓展旅游企业融资渠道等 26 条措施。该文件从乡村旅游基础设施建设、乡村旅游创新创业、乡村旅游扶贫，以及土地和融资瓶颈破解角度，提出硬措施，这为指导湘西乡村旅游破解发展难题，指明了方向。

（四）新方案：湖南省着力实施大湘西生态文化旅游线路建设

"十二五"时期以来，省委、省政府根据"四化两型""四个湖南""三量齐升"①的发展思路，对区域发展进行"分类指导"，将全省全面

---

① 四化两型："四化"即新型工业化、农业现代化、新型城镇化、信息化；"两型"即资源节约型、环境友好型。四个湖南：绿色湖南、创新型湖南、数字湖南和法治湖南。三量齐升：经济总量、人均均量和运行质量。

小康建设划分为长株潭地区、洞庭湖地区、湘南地区、大湘西地区四大区域板块,直接指导湘西州乡村旅游规划的政策有三个。

1. 大湘西生态文化旅游黄金走廊

《大湘西生态文化旅游圈旅游发展规划(2011-2020年)》确定的主要任务是构建"1个龙头、2个中心、1条廊道、4条精品带"的空间布局:张家界为龙头,凤凰和崀山为中心,打造大湘西生态文化旅游黄金走廊,建设大湘西世界遗产旅游带、沅水山水民俗景观带、沪昆高铁民俗生态旅游带、原生态自然风光旅游带四条旅游精品带。

2. 大湘西4条精品线路

湖南省旅游局与张家界市、怀化市和湘西州3个市州联合《推进大湘西文化旅游融合发展合作宣言》,发布了大湘西4条精品线路,即沿包茂高速形成的"奇山异水,人间仙境""神秘湘西,烟雨凤凰""侗家风情,古韵怀化""丹霞之魂,壮美崀山"。

3. 大湘西文化生态旅游精品线路建设实施方案

2014年8月,湖南省发改委发布《大湘西地区文化生态旅游融合发展精品线路建设实施方案》,计划从2015~2020年,重点建设"土家探源、神秘苗乡、古城商道、侗苗风情、生态丹霞、沅澧山水、湘军寻古、神韵梅山、世外桃源、峰林峡谷、武陵民俗、瑶家古风"12条精品线路。进一步完善旅游公共服务设施,加强信息互联互通及文化内涵的发掘传播,用信息化带动旅游产品的便利化;推动民俗文化产业、特色农业、商贸物流等相关产业融合发展,促进产业要素集聚,实现精品线路向产业经济带转化,推进大湘西地区文化生态旅游特色化、规模化、品牌化、休闲化发展。与湘西州直接相关精品线路有两条,线路一:土家探源,龙山—保靖—永顺—古丈。依托湘西州永顺、古丈、保靖、龙山等县。以芙蓉镇、猛洞河漂流、小溪、红石林、坐龙峡、老司城、八部大王庙遗址和里耶为核心,以G209、S304公路和酉水河、猛洞河为发展轴,形成东接张家界和怀化沅陵,西连重庆的特色风情线路。线路二:神秘苗乡,花垣—吉首—保靖—泸溪—凤凰。依托湘西州吉首、花垣、保靖、泸溪、凤凰等市县浓郁的苗族民俗资源和神秘的乡土文化资源,以花垣边城茶峒、吉首矮寨奇观景区、保靖吕洞山、凤凰古城、乾州古城、白沙盘瓠文化、浦市古镇为核心,以包茂高速、凤大高速为发展轴，形成北接重庆，南连怀化和贵州铜仁的苗族乡村风情线路。

（五）新战略：湘西州打造"国内外知名生态文化公园"

"十二五"时期以来，湘西州委、州政府坚持"五大建设""四个湘西"①"两个率先"的"542"发展思路，大力推进生态文化旅游业。2014年提出将全州建设成"国内外知名生态文化公园"和旅游目的地的战略构想。

1. 国内外知名生态文化公园的基本内涵

发挥生态文化资源优势，把全州1.5万平方公里作为"生态文化公园"全景，整体规划、整体建设和整体管理，打造全域整体旅游目的地，建设山水城市、绿色小镇、美丽乡村、和谐社区。全州产业结构、建设布局、人居环境进一步优化，天更蓝、地更绿、水更清、人与自然更和谐，人们能喝上干净的水、呼吸清新的空气、吃上放心的食物，成为一个天然大公园、大景区、民族文化大观园，处处风景，处处风情。

2. 国内外知名生态文化公园的建设要求

围绕区域发展与扶贫攻坚两大任务，按照"五大建设""四个湘西""两个率先"发展思路，强化生态立州理念，加强生态保护，发展生态经济，繁荣生态文化，创建生态家园，走出一条以生态文明引领科学发展的新路子，把湘西打造成民族文化彰显、人与自然和谐、社会文明进步的国内外知名生态文化公园。

3. 国内外知名生态文化公园的空间布局

根据全州生态文化资源分布、交通、水域、城乡等因素，以点、线、面、体布局统筹构建生态文化大公园，具体就是"1群、1圈、2带、3廊、21区"。"1群"即以一个核心城市、半小时生态城镇群、7个县城区域节点、30个卫星集镇、100个美丽乡村构建的生态城镇群体系。"1圈"即以凤凰为龙头，以吉首为集散中心，依托凤凰古城、里耶古城、老司城三块金字招牌，打造湘西州旅游"金三角"，建设土家族、苗族

---

① 四个湘西：绿色湘西、文化湘西、开放湘西、和谐湘西。

文化生态乡村游两条精品线，形成湘西州1小时旅游经济圈。"2带"即沅水流域生态带、酉水流域生态带。"3廊"即高速沿线生态文化走廊（常吉高速、吉茶高速、吉怀高速、张花高速、凤大高速、龙永高速、永吉高速、龙桑高速等）；铁路沿线生态文化走廊（焦柳铁路、黔张常铁路、秀山经吉首至益阳铁路、遵义至吉首铁路等）；公路主干沿线生态文化走廊（国道G209线和G319线、省道S229线等）。"21区"即11大自然标志区（小溪国家自然生态保护区、高望界国家自然生态保护区、白云山国家自然生态保护区、德夯国家级风景名胜区、猛洞河国家级风景名胜区、乌龙山国家地质公园、红石林国家地质公园、南华山国家森林公园、峒河国家湿地公园、凤凰国家地质公园、坐龙峡国家森林公园）；10大文化重点区（武陵山区〈湘西〉土家族苗族文化生态保护实验区、凤凰古城及山江苗族文化保护区、酉水流域土家族原生态文化保护区、里耶秦文化区、老司城土司文化区、泸溪盘瓠文化保护区、花垣苗族巴代文化区、保靖吕洞山苗族农耕文化区、湘西民族文化产业创意园、湘西非物质文化遗产园）。

二、理清湘西州乡村旅游的发展状况

（一）经历了四个时期

湘西州的乡村旅游发展，起始于20世纪80年代，各市县间乡村旅游的发展状况不够平衡，存在着一定差异。

1. 开始萌芽期：1980～1986年

20世纪80年代，人民生活水平提高之后，开始有部分城市居民、干部、职工和学生，利用周末时间去乡村踏青郊游，如吉首市的堂乐洞、德夯苗寨、八月湖等；龙山县的惹迷洞、鲶鱼洞、飞虎洞等；泸溪县的天桥山、古丈栖凤湖等；永顺县的老司城等，此类活动是乡村旅游的萌芽。1984年，德夯村民争取资金修通了连接209国道的公路之后，秀美的峡谷风光吸引了许多游人来参观。

2. 市场起步期：1986～2001年

随着参观人数越来越多，一些乡村景点开始收门票。80年代中期，吉首市堂乐洞、德夯苗寨都尝试过收取门票。德夯苗寨正式景区化经营开始于1986年，吉首市政府设立了德夯风景管理处，开始经营德夯景区。1987年1月，德夯苗寨正式向游客收取门票，在这个时段内，其他七县乡村景点仍然处于非市场化状态。这个期间，凤凰古城旅游尚未兴起，凤凰县苗寨处于非市场化状态。

3. 飞速发展期：2001～2011年

进入21世纪之后，湘西州的乡村游迎来了重大的机遇。景区经营权买断推动了湘西旅游大发展，并带动乡村旅游。2001年，叶文智买断凤凰八大景点的50年经营权之后，凤凰古城通过短暂的市场培育和专业化营销，迎来了井喷式游客。古城周边的香炉山村、勾良苗寨成为最早得益于古城旅游辐射的苗寨，此后凤凰许多私人老板和村民纷纷开发乡村旅游，苗寨旅游如雨后春笋般出现，高峰时有几十个苗寨拉游客。2002年由张家界旅游开发有限公司与吉首市人民政府合资经营，买断德夯景区经营权50年，推动了德夯苗寨专业化经营，吉首乡村旅游进入蓬勃发展的新时期。文化精英推动乡村旅游发展。2002年，龙文玉创办山江苗族博物馆；2003年，与周边苗寨联合收门票，带动马鞍山、老家寨、苗人谷的起步与发展，短期内一度繁荣。湘西州交通破解，为乡村旅游带来了机遇。随着国道S229线开通，沿线的苗寨如古丈县夯吾苗寨、默戎苗寨；永顺县牛郎山土家寨等，迎来了快速发展。各县市开发推动乡村旅游。龙山县政府投资相继打造了惹巴拉风雨桥、太平山悬崖栈道和乌龙山峡谷景区，为现在发展乡村旅游打下了基础。随着城市化进程的推进，吉首市周边乡村开发了众多农家乐和休闲项目。这一时期不仅是乡村游飞速发展期，也是利益冲突期、矛盾激化期，政府、居民、开发商、游客之间不时发生冲突，严重时曾激起群体事件。

4. 规范管理期：2011年至今

政府针对乡村旅游市场无序发展、引起社会矛盾冲突的情况，开始规范管理。2011年，吉首市政府收回德夯苗寨经营权，成立了国有独资企业；2012年，凤凰开始规范乡村旅游市场，相继完成了多个苗寨的收购。政府收购之后，进行了大量的旅游基础设施建设，乡村旅游业开始进入一个新的规范化发展阶段。

（二）获得了五项成就

1. 确立了乡村旅游金字形象品牌

截至 2015 年 4 月，湘西州有国家少数民族特色村寨 32 个、中国传统村落 29 个、国家乡村旅游扶贫重点村 60 个。全国历史文化名城 1 个、国家历史文化名村 2 处、省级历史文化名村 12 处、国家重点文物保护单位 13 处、国家森林公园 4 个、国家自然保护区 3 个、国家地质公园 3 个、国家湿地公园 3 个、国家风景名胜区 3 个。德夯苗寨 1991 年被湖南省人民政府批准为省级风景名胜区；2005 年被评为国家第六批重点风景名胜区；近几年来，连续四年被评为全省"十佳风景名胜旅游区"。2013 年矮寨奇观（首要景区为德夯苗寨、矮寨大桥、矮寨公路等）获得国家 4A 级景区称号。德夯风景名胜区每年接待国内外游客约 30 万人次。古丈县的张家坡村、龙鼻村；永顺县的老司城村、双凤村、小溪村；吉首市的坪郎村、德夯村、中黄村；保靖县的夯沙村、亨章村；泸溪县的红土溪村等分别被评定为"湖南省特色旅游名村"。湘西州发展乡村旅游已经初具规模，并逐步形成品牌优势，为下一步乡村旅游大发展打下了坚实的基础。

2. 取得了旅游扶贫开发带动效应

2014 年，全州旅游共接待游客 2810 万人次。其中，乡村旅游接待总量 280 万人次，乡村旅游总收入 5.2 亿元，占旅游总收入 174.5 亿元的 3%。有超过 50 个行政村曾经从事乡村旅游接待，超过 5 万农民从事以旅游为主的第三产业，人均年收入超过 7000 元。湘西州乡村旅游游客接待量逐年增长，为湘西州旅游业的发展做出了巨大贡献。

3. 拓展了乡村旅游县市发展空间

八县市乡村旅游形成了蓬勃发展的势头。吉首市以矮寨奇观景区为依托，以德夯村为龙头，助推周边苗寨旅游发展，成效显著。凤凰县大力发展苗寨乡村旅游，起步早，发展快，组建城乡民族文化旅游发展公司，对山江苗族博物馆、早岗村、老家寨村、冬就村等 20 个苗族村寨实施整合经营开发。古丈县默戎苗寨、夯吾苗寨和张家坡村，将茶叶生产销售、种植养殖、特色餐饮与民族文化旅游相结合，乡村旅游已成为带动农民增收致富的重要产业。保靖县的吕洞山、亨章村、首八峒村、沙湾村等开始进入市场，乡村旅游正在起步。永顺县以芙蓉镇和猛洞河漂流景区为依托，带动周边土家山寨乡村游发展。老司城村、双凤村、小溪村、牛郎寨接待市场前景广阔。龙山县依托里耶古城，逐渐开发以惹巴拉、洗车河为主的乡村旅游景区。花垣县金龙村、十八洞、老寨等开始进入市场，乡村旅游正在起步。泸溪县近年来打造白沙和浦市，带动周边红土溪村、马王溪村、铁山村、辛女溪村等乡村旅游发展。

4. 改善了旅游村寨及沿线的村容村貌

湘西州近年来大力实施城乡同建同治工作，并配合乡村旅游发展，积极实施农村美化、净化、亮化、绿化工程，加强修路、改水、改厕等基础设施建设，明显改善了农村面貌，提升了农村文明水平。近年来，全州推动了"百千万"特色民居保护工程，传统土家族、苗族村寨整治保护工作取得初步成效。龙山县完成了红岩溪镇凉风村、惹巴拉、杨家寨、比沙村、毛坝村等村寨的特色民居改造，完成木房改造594栋，平房改造472栋。古丈县张家坡村制定详细保护规划，投入800万元进行特色民居改造和基础设施建设，完成村游客服务中心、停车场、特色民居改造、村容绿化等工程。永顺县老司城村投入7200万元用于特色民居改造，完成主体保护、展示工程、考古发掘、古民居修缮、河道治理、老司城公路沿途绿化等工程。保靖县吕洞山加大对特色苗寨的保护力度，由县长总负责，8名副县级领导分别牵头负责一个村寨进行保护和建设，拆除非民族特色新建筑，新修民房全部按民族特色修建。吉首市重点抓城区到峒河、德夯沿线的特色民居整治保护工作，成为全州集中连片整治保护特色民居的样板。凤凰城乡民族文化旅游发展公司出资5000万元，对老家寨、老洞村、竹山村、舒家塘村、拉豪营盘的典型特色民居实行整体收购，从根本上实现了传统苗寨的有效保护。

5. 催生了乡村旅游的许多新兴业态

湘西州乡村旅游发展迅速，已经形成一些乡村旅游的新业态。吉首市近年连续举办鼓文化节，已逐渐成为国内外知名的文化节庆。凤凰古城、乾州古城、王村古镇的民居客栈、主题乡村度假村、吉首寨阳湘西明珠度假村成为吉首市周边品牌度假村；吉首谷韵绿道的徒步、自行车项目，矮寨—德夯苗寨的露营、探险、跳伞等乡村体育休闲旅游快速发展；卡木村竹海、老司城漂流、酉水和沅水泛舟、高望界森林氧吧、小溪村休闲养生度假等乡村生态体验旅游正在起步；影视拍摄、摄影、写生、文化艺术创作等专项旅游正快速跟进。凤凰、王村、里耶等相关传统民居通过内部整治，打造成形式各异的艺术会所、风情酒吧、特色茶吧以及各种民俗工艺吧等多种新型乡村旅游业态，开发出许多具有湘西特色的乡村休闲度假旅游产品。随着乡村旅游进一步发展，新的乡村旅游业态将会继续涌现出来。

（三）积累了三大经验

1. 政府主导和市场运作是乡村旅游发展的基础

没有政府进行基础设施建设和对乡村旅游的规范引导是不行的。在乡村旅游发展过程中，湘西州始终将政府主导与市场运作有机结合起来。一方面，发挥政府主导作用，大力投入资金建设改善基础设施、开发景区景点等积极举措，推进乡村旅游发展；另一方面，积极招商引资，初期通过转让景区经营权和村寨山水资源使用费的形式，推进缺乏旅游专业能力和管理水平的村寨发展乡村旅游。同时，政府积极动员乡村居民参与乡村旅游，通过组织歌舞表演、开展民宿接待、提供餐饮服务、开辟垂钓休闲、开展户外娱乐等形式，将乡村旅游作为发展乡村经济的重要途径，出现了像德夯村、坪朗村、惹巴拉、金龙村等乡村旅游典型。

2. 能人带动和村民配合是乡村旅游发展的关键

乡村旅游开发成功与否和谁去开发有很大关系。湘西乡村旅游通过居民自主开发取得成功有三种模式。一是靠精英农民带动。发展乡村需要有能力、有魄力、有创意、有胆识的带头人，如古丈县的夯吾苗寨、默戎苗寨和吉首市的桃花山庄，都是在地方能人强势推动下发展起来的。二是文化精英推动。凤凰县的山江苗寨就是在文化精英的不懈追求下发展起来的，没有原副州长龙文玉先生的大力推动，山江苗寨难以成功。三是全体村民配合。村民是乡村旅游开发的主体，乡村旅游发展需要村民配合和积极参与，违背村民意愿发展乡村旅游，无法取得成功。发展乡村旅游，必须调动社会积极性，扶持培养能人和精英，给他们干事创业的平台，持续推动乡村旅游发展。

3.四位一体的利益分享机制是乡村旅游发展的保障

湘西州各县市在发展乡村旅游过程中，协调村民、村集体、政府、开发商的利益分配，既有教训也积累了相当好的经验。吉首市在处理德夯村乡村旅游发展过程中，开始由于经验不足，曾经激发过一些矛盾和问题。此后，将村民和村集体融入利益分配中，在参与中实现利益共享，减少了矛盾冲突。凤凰县通过出资份额确立分配比例，通过专业分工实现利益分配规定，通过提供资源或场所建立分配份额。目前，湘西州大多数开展乡村旅游的地方都建立起政府、企业、村组和个人共同参与利益分配机制，为构建和谐乡村旅游积累了经验，减少了乡村旅游的矛盾与冲突。

三、厘清湘西州乡村旅游的发展优势

（一）有精准扶贫重大政策支撑

新一届中央领导集体高度重视贫困问题的解决。党的十八届三中全会召开前夕，习近平总书记来到湘西州花垣十八洞村调研扶贫，做出实施"精准扶贫"新指示。湖南省2014年在湘西州召开了全省扶贫工作现场会，启动实施了以覆盖贫困对象1000人以上、人均增收1000元以上为目标的"双千"产业扶贫项目62个，引导近200家龙头企业和农民合作社参与，整合各类资金38.3亿元，直接带动逾38万贫困农民增收。湘西州发展乡村旅游，要牢牢抓好精准扶贫的重大机遇，从中央投资、利用外资和产业承接中争获更多、更大、更好的外力支持，进一步加强乡村旅游基础设施建设、旅游生态文化保护，促进一批重大乡村旅游扶贫项目立项开工。

（二）以老司城世界遗产为代表的"四大金字招牌"唱响国内外

湘西州发展乡村旅游，有坚实的核心景区为依托。凤凰古城、矮寨大桥、里耶古城和老司城已形成全州旅游发展的金字招牌。老司城金字招牌跻身世界遗产名录。近年来，湘西州在民族文化资源挖掘保护传承开发上取得了良好成效，特别是本届州委、州政府提出"542"发展战略，着力实施"文化湘西"建设，大手笔、大规划、大举措，强力推进老司城申遗，以全省第一个世界文化遗产跻身世界遗产名录，实现了全省世界文化遗产"零"的突破，把湘西民族文化推向了"国际舞台"，用实际行动诠释了"民族的就是世界的"这一深度内涵，彰显了湘西民族文化的内在魅力与发展前景，获得了"国际认证""世界认可""全球认同"。后申遗时代以老司城为核心，整合带动永顺老司城、芙蓉镇、古丈红石林、坐龙峡、栖凤湖等旅游资源，形成大老司城景区生态文化旅游区，突出土司文化、古商镇文化和湖光山水峡谷旅游主题，重新释放活力，拉动湘西酉水下游沿线旅游发展。凤凰古城金字招牌可整合凤凰古城、奇梁洞、南方长城、黄丝桥古城等周边旅游资源，形成大凤凰景区生态文化旅游区，突出历史人文和兵站防御军事文化旅游主题，发挥龙头牵引作用，拉动全州旅游发展。矮寨大桥金字招牌可整合吉首矮寨、德夯、大龙洞、花垣边城、保靖吕洞山、泸溪浦市等旅游资源，形成大矮寨景区生态文化旅游区，突出工程、峡谷和苗族风情旅游主题，发挥桥梁连接作用，拉动包茂高速湘西段旅游发展。里耶古城金字招牌可整合龙山里耶、洗车河、乌龙山国家地质公园、保靖清水坪、首八峒、四方城等酉水沿线旅游资源，形成大里耶景区生态文化旅游区，发挥腹地崛起作用，突出秦城历史文化、土家民俗风情旅游主题，拉动湘西酉水上游沿线旅游发展。"四大金字招牌"相辅相成，各具特色，构成四位一体的神秘湘西旅游品牌。

（三）生态环境无比优越，文化资源相当丰富

长期以来，湘西州工业化水平相对较低，生态环境没有受到严重破坏。花垣—保靖—松桃"锰三角"地带虽然曾经造成巨大环境事件，但通过近年来强力度整治整合，生态已逐渐得到保护和恢复。在实施"八百里绿色工程"和"生态湘西"建设以来，湘西自然生态环境得到前所未有的保护和恢复，许多濒危动物在湘西出没。湘西自然生态景观质量高，绿色生境空间具有独特的视觉景观吸引力，发展生态旅游具有广阔前景。湘西物质和非物质文化资源相当丰富，有国家级文物

保护单位 13 处、省级 50 处、州级 19 处、历史文化古迹近 400 处，国家级非物质文化遗产保护名录 26 项、省级名录 62 项、州级名录 239 项，国家级非遗代表性传承人 22 人、省级 70 人、州级 227 人，有 8 个民族文化艺术之乡，13 个非遗生产性保护基地，100 余个民族传统节日。丰厚、优质的生态环境和文化资源，是湘西后发优势的重要依托，是湘西发展乡村旅游的重要资源基础。

（四）立体交通网络即将形成

湘西机场已纳入国家《民航发展"十二五"规划机场建设调整目录》和《依托黄金水道推动长江经济发展规划》，并列为州庆六十周年重点建设项目，目前已完成选址工作。湘西机场建成后，湘西州将有两个机场（湘西机场与铜仁·凤凰机场），临空经济时代全面开启。当前，全州上下正在积极争取包海高铁项目经过湘西，中央和湖南省高度重视湘西高铁，包海高铁项目成功率极大。湘西州将形成由两个空港机场、包海高铁、张吉怀城际快铁、黔张常铁路、包茂高速、杭瑞高速、张花高速、吉恩高速、酉水沅水黄金航道和纵横交错的干线公路为支撑的立体交通网络，湘西州的交通"瓶颈"将全面破解，乡村旅游进出通道将全面开启。

四、摸清湘西州乡村旅游的发展难题

（一）主体缺位——村民与投资缺位

一是村民主体缺位。目前乡村"三留两空"问题十分严重，即青壮男女几乎都外出打工，村里只剩留守儿童、留守老人、留守妇女，空心村、空巢老人现象相当普遍。村民是乡村旅游开发的主要承担主体、执行主体、参与主体，是乡村旅游赖以发展的人力资源基础。农村空心化，缺乏青壮劳力，农事体验、文体表演、节庆活动等许多乡村旅游项目就无法开展，风俗文化和乡村生活也不能自然呈现或主动表演，严重削弱了乡村旅游开发价值。2015 年初，龙山县邀请湖南卫视到惹巴拉村开展土家年直播活动，由于空心村现象严重，只有请专业演员表演，与当地农户关系不大，背离了发展乡村旅游的初衷。

二是投资主体缺位。谁来投资开发乡村旅游？是村民自主开发、招商引资由开发商开发，还是政府投资开发？目前开发主体不明确。由于投资开发机制没理顺，村民个人——村集体——政府——企业开发商之间利益协调不均衡，则易造成乡村旅游产权冲突与纠纷。这种矛盾在德夯、凤凰的许多苗寨都发生过，严重时还引发群体性事件。在乡村旅游发展中，政府的责任主要是基础设施建设和公共服务，引导农民自主开发，或与村民、村集体充分协商，进行招商引资，合作开发。

三是经营主体缺位。目前乡村旅游经营者多为个体或者村集体，实行最为简单的经营方式，既缺乏专业人才又缺乏先进管理手段，经营效益不高。在模式上多为外来投资人投资开发，社区居民被边缘化，出现"旅游飞地"现象。湘西乡村旅游的实际经营主体95%以上是当地政府以招商引资的方式吸引来的外来经营者，如此造成乡村旅游的利益分配流向城市和外地域多，流向乡村少，当地村民实际得到的收入很少，使得当地村民对发展乡村旅游的积极性不高，甚至部分村民持反对态度。

（二）体量缺大——集群与集中冲突

全州自然村落体量不大。大多数行政村是由一些星罗棋布的小寨子组合而成，村寨小而分散，彼此间相距较远，甚至有许多单家独户，不具备贵州西江千户苗寨那样的集群大规模。调查的44个行政村中，自然村寨的户数最多不过百户，人口最多不过千人。村寨空间体量小、缺乏视觉冲击力、无法引起心灵震撼，是全州乡村旅游资源的主要缺陷。针对人口居住分散不集中、村寨体量过小的现状，只有放开思路，将个体很小的村寨在空间上进行集群打造、连片打造，才能避免不集中的劣势。

（三）品牌缺少——集中与泛化并存

德夯苗寨品牌一枝独秀。其他真正进入旅游市场化运作的村寨凤毛麟角，凤凰的许多苗寨，基本都是依托凤凰古城旅游，还没有形成独立乡村旅游经典村寨品牌。游客大多只知凤凰古城，不知凤凰苗寨。凤凰县的勾良苗寨号称苗歌之乡，进寨却根本见不到苗歌氛围，特色很不突出。民族文化品牌泛化、散化。泸溪县表现最为突出。泸溪推出多种文化类型，有沅水文化、盘瓠文化、屈原文化、古商镇文化、军事古堡文化、瓦乡文化、沈从文名人文化等，过于分散，不在某一核心点上聚焦。各县市在谈文化品牌时，只强调品类繁多，不经过筛选，不作取舍，分散泛化，没有突出重点，无法让人形成深刻印象，极不利于集中打造旅游品牌。

（四）保护缺力——保护与开发冲突

随着现代化、城镇化的推进，村民外出打工、进城经商、发展农林牧副渔和养殖等产业实现致富以后，改善居住条件的愿望更加迫切。古丈县老司岩村被列入第一批中国传统村落，众多古建筑属土木结构，由于年代久远，缺乏维修，10多栋古建筑破损严重，有的局部坍塌；龙山县长春村修建多栋现代建筑；保靖县首八峒村、沙湾村、陇木村大量村民外出打工和进城经商，不少老宅多年无人居住，腐朽垮塌现象严重；花垣县板栗村被列入第一批中国传统村落，近年修建高速公路村民获得补偿后，建了20多栋二三层楼的小洋房，传统村落风貌丢失；花垣县磨老村修建现代小洋房达48栋，传统民居只剩70多栋；凤凰县老洞村新修现代建筑20多栋，有几栋新修房子建在古村中心位置，体量大、楼层高、色彩艳，严重破坏古村古朴的风貌；泸溪县岩门古堡寨被大量的现代建筑包围，成为一座"孤岛"。全州原生态民族建筑和传统村落不断损毁，民族特色淡化、消失趋势加剧。

（五）资源缺少特色——优势与相似难题

全州乡村生态文化资源优势虽然突出，但同质化严重、相似程度高，差异化发展难度大。首先是武陵山区周边的州市生态文化资源同质化严重，相似度高，在乡村旅游产品开发上，形成低水平重复的恶性竞争。其次是湘西州内8个县市同样存在资源与产品开发竞争，如上刀山、下油锅等民族绝技，花垣、吉首、凤凰各县竞争激烈。乡村旅游项目开发雷同较多，多集中开发休闲农业和观光农业等旅游产品，对乡村文化资源和民风民俗资源的开发重视不够。乡村旅游开发过分依赖农业资源，缺乏文化内涵，地域特色文化不突出，存在乡村旅游产品雷同多，缺少特色产品，整体接待水平偏低，配套设施不完善等现象。

（六）通达缺畅——交通内外循环的矛盾

州内立体交通大通畅与州内循环不流畅问题很突出。高速铁路、旅游公路等重大项目有待积极争取。传统土家族、苗族村寨大多地处偏远，旅游可进入性较差。虽然大多数村寨都修通了公路并实现了硬化，但基本是简易的通乡、通村公路连接，道路标准低，路况差，会车比较困难。没有形成旅游环线，进出走回头路，不适应旅游开发要求。缺乏近距离大城市支撑。湘西州离重庆、贵阳、武汉、长沙等百万人口以上的大城市较远，高速公路直达距离都在 4 小时以上的车程。除少数村庄打造成旅游目的地吸引中长距离游客之外，大部分村寨只能依托州内八县市城镇和周边中小城市的游客来发展。

（七）基础缺实——经济基础与基础设施滞后

支持乡村旅游的经济总量偏小。2014 年全州的 GDP、固定资产投资、社会商品零售总额、财政收入水平，分别只有全省平均水平的 43.5%、5.5%、45.8%、51.9%，城市化率比全省低 9.38 个百分点。旅游基础设施欠缺，乡村旅游基础设施十分不完善，水、电、手机网络、乡村厕所、游客服务中心、旅游停车场、景区游道、标识标牌等旅游基础设施和公共服务设施建设严重滞后。除了龙山县惹巴拉、古丈县张家坡村建有停车场，其他的村寨都没有高标准的游客服务中心和停车场，景区（点）标识系统、旅游厕所等旅游配套设施的建设更无从谈起，无法留住游客。夯吾苗寨旅游停车场过于狭小，旅游大巴停靠困难，存在安全隐患；凤凰县早岗苗寨、古丈县墨戎苗寨的旅游停车场虽基本能够满足需要，但都没有硬化处理，档次很低。全州没有一家乡村旅游厕所达标，部分景区甚至没有公厕。

（八）业态缺强——特色与强势不匹配

湘西州乡村旅游项目多停留在观光、采摘、吃"农家饭"等浅层次传统业态上面，表现为产品陈旧、创意雷同、服务低劣、经营粗糙、附加值低、无法拉动消费，导致一些乡村旅游点出现游客"瞅一瞅、解解手、上车走"的尴尬局面，农民并没有真正获得收益。乡村有很多特色产业，但都不强。产业规模小、市场小、抗风险力弱，无法支撑乡村旅游发展，尚待通过乡村旅游来提升产业发展。湘西州的旅游食品及餐饮，如特色酸辣系列、野菜、野味系列、酒、茶、醋系列，缺少与乡村旅游进行有机对接，没有把特色餐饮产业转为强势餐饮产业。湘西丰富的乡村旅游资源还没有得到充分的开发与利用，产品质量低，市场成熟度弱，产品开发与当地的乡村文化内涵联系不紧密，开发设计较少依赖于乡村有形的自然资源、乡土文化、乡村民俗等无形文化遗产的利用，盲从和简单效仿，产品乡土特色不明显，技术含量低、形式单一、档次不清晰、雷同度高，缺乏市场竞争力，不能满足旅游者多层次、多样化的休闲旅游需求。村民的市场信息不对称，无力准确定位市场需求和细分乡村旅游市场，难以形成区域内的产业链。

（九）协调缺法——各自为政，一盘散沙

州市县乡村旅游缺乏集成、协调和整合，没有从全州乡村旅游一盘棋的角度谋划线路，同一县市设计的乡村旅游点都不在一条线上，极少考虑与其他周边县市对接，基本是封闭发展。战略规划与政策文件没有充分理解，对当前国家和省里战略方针与政策不太关注，不太关心，视野不宽，没有思考怎么进行有效对接，怎么挤进融入国家及省州战略框架内，只闷头发展，不管外部世界，难争到大项目大政策大资金。很多县市缺乡村旅游专业开发方法，干劲与干法不协调，做乡村旅游热情高涨，干劲十足，但思路欠缺，方法单一，简单、粗糙、重复开发。

（十）管理缺规——缺规划发展，缺规范管理

第一，整体发展缺规划。过来湘西州发展旅游业的重心放在主要

景区，还没有顾及乡村旅游，资金、项目、基础设施建设等未能向乡村旅游倾斜，任由村民自发、个体经营。全州缺乏乡村旅游线路规划，缺乡村旅游土地规划，缺少乡村旅游商品开发等。

第二，多头管理缺统一。现有体制下，乡村旅游业发展涉及的管理部门有旅游、农业、林业、国土、环保、文化等，部门之间还没有一个有效的协同治理机制，呈现"多龙治水"格局。

第三，产权管理缺明晰。乡村旅游资源的特殊性主要表现在私有产权与公共利益的混杂，难于清晰界定，房产为村民私有，土地为集体所有，大部分土地、林地已经实行承包责任制，私人管理。产权管理缺陷导致村民为求短期利益侵害公共利益行为不时发生。

第四，制度管理缺持续。乡村旅游发展缺投融资管理，缺基础设施建设，缺保护，缺开发，缺制度，缺市场营销，缺公司化运作。一放就乱，一管就死。有些县市将乡村旅游经营权收回之后，游客量萎缩，形成了终点又回到起点的恶性循环。

第二章 发展总则

一、区域范围

本规划涵盖湘西州所辖的全部行政管理区域，包括吉首市、凤凰县、泸溪县、花垣县、龙山县、永顺县、保靖县、古丈县，共1市7县，总面积15462平方公里。全州重点建设"土家探源"和"神秘苗乡"两条乡村旅游精品线，根据"特色突出、交通便利、保护完整、依托景城、基础扎实"五大选择原则，全州首批建设30个左右村寨（即每个县市级重点建设3～4个村寨）。同时通过省州市县相关单位实施的精准扶贫、特色村寨保护、旅游特色名村、传统村落保护等项目，支持117个左右的村寨开发特色乡村旅游项目（见表2-1）。进一步实施集中连片村寨集群建设、生态文化景观廊道建设和"穿衣戴帽"工程，分期建设220个左右特色村寨，总数达300个左右，打造全州域美丽乡村。

表2-1   湘西州特色旅游重点村寨建设

县市	村寨名称	所属乡镇	所获称号
吉首市 16个	德夯村	矮寨镇	国家少数民族特色村寨、中国传统村落、省特色旅游名村
	中黄村	矮寨镇	国家少数民族特色村寨、省旅游特色名村
	坪朗村	寨阳乡	国家少数民族特色村寨、省旅游特色名村
	小溪村	峒河街道	中国少数民族特色村寨、中国传统村落
	隘口村	马劲坳镇	省级生态村
	枫香村	马颈坳镇	

县市	村寨名称	所属乡镇	所获称号
吉首市 16个	河坪村	排绸乡	中国传统村落
	十八湾村	社塘坡乡	省级生态村
	司马村	太平乡	国家少数民族特色村寨、中国传统村落
	排兄村	矮寨镇	
	吉斗寨		
	家庭村	矮寨镇	国家少数民族特色村寨
	坪年村	矮寨镇	
	补点村	寨阳乡	
	齐心村	社塘坡乡	国家少数民族特色村寨、中国传统村落
	张排村	河溪镇	省级生态村
凤凰县 14个	黄毛坪村	山江镇	国家乡村旅游扶贫重点村
	老家寨村	山江镇	国家乡村旅游扶贫重点村、中国传统村落、省旅游特色名村
	早岗村	山江镇	国家乡村旅游扶贫重点村、省旅游特色名村
	雄龙村	山江镇	
	东就村	山江镇	国家乡村旅游扶贫重点村、国家少数民族特色村寨
	黄丝桥村	阿拉营镇	
	塘桥村	落潮井乡	国家乡村旅游扶贫重点村
	勾良村	落潮井乡	国家乡村旅游扶贫重点村
	老洞村	麻冲乡	国家乡村旅游扶贫重点村、国家少数民族特色村寨、中国传统村落
	竹山村	麻冲乡	中国传统村落
	拉毫村	都里乡	国家乡村旅游扶贫重点村、国家少数民族特色村寨、中国传统村落
	椿木坪村	都里乡	中国少数民族特色村寨、中国传统村落
	菖浦塘村	廖家桥镇	国家乡村旅游扶贫重点村
	舒家塘村	阿拉营镇	国家乡村旅游扶贫重点村、中国传统村落

县市	村寨名称	所属乡镇	所获称号
泸溪县 15个	铁山村	白沙镇	国家乡村旅游扶贫重点村
	红土溪村	白沙镇	国家乡村旅游扶贫重点村、省旅游特色名村
	红岩村	白沙镇	国家乡村旅游扶贫重点村
	黄家桥村	浦市镇	国家乡村旅游扶贫重点村
	马王溪村	浦市镇	国家级生态村、省社会主义新农村建设示范村 省"六到农家"示范村
	高山坪村	浦市镇	国家乡村旅游扶贫重点村
	新堡村	浦市镇	湖南省美丽乡村示范村
	岩门溪村	浦市镇	国家乡村旅游扶贫重点村
	黑塘村	武溪镇	国家乡村旅游扶贫重点村
	上堡村	武溪镇	国家乡村旅游扶贫重点村
	岩门村	达岚镇	国家乡村旅游扶贫重点村、中国传统村落
	芭蕉坪村	梁家潭乡	
	下都村	潭溪镇	
	新寨坪村	潭溪镇	
	大陂流村	潭溪镇	
花垣县 15个	金龙村	排料乡	国家乡村旅游扶贫重点村、国家少数民族特色村寨
	让烈村	排料乡	
	芷耳村	排料乡	
	扪岱村	雅西镇	国家乡村旅游扶贫重点村
	老寨村	麻栗场镇	国家乡村旅游扶贫重点村
	板栗村	排碧乡	国家少数民族特色村寨、中国传统村落
	十八洞村	排碧乡	国家乡村旅游扶贫重点村
	立新村	麻栗场镇	国家少数民族特色村寨
	磨老村	边城镇	中国传统村落
	坡脚村	雅西镇	

县市	村寨名称	所属乡镇	所获称号
花垣县 15个	河边村	清水乡	国家乡村旅游扶贫重点村
	隘门村	边城镇	中国少数民族特色存村寨
	茶园坪村	边城镇	国家乡村旅游扶贫重点村
	蚩尤村	花垣镇	中国少数民族特色村寨、全国文明村镇
	紫霞村	道二乡	
古丈县 12个	老司岩村	红石林镇	国家乡村旅游扶贫重点村、中国传统村落
	列夕村	红石林镇	国家乡村旅游扶贫重点村、省六到农家示范村、省少数民族特色村寨、省特色旅游名村
	张家坡村	红石林镇	国家乡村旅游扶贫重点村、省六到农家示范村、省少数民族特色村寨、省特色旅游名村
	花兰村	红石林镇	国家乡村旅游扶贫重点村
	坐苦坝村	断龙山乡	国家乡村旅游扶贫重点村
	毛坪村	罗依溪镇	国家乡村旅游扶贫重点村、国家少数民族特色村寨
	龙鼻村	默戎镇	国家乡村旅游扶贫重点村、国家少数民族特色村寨、中国传统村落、省旅游特色名村
	毛坪村	默戎镇	国家乡村旅游扶贫重点村
	翁草村	默戎镇	国家乡村旅游扶贫重点村
	中寨村	默戎镇	国家乡村旅游扶贫重点村
	岩排溪村	高峰乡	国家少数民族特色村寨、中国传统村落
	石门村	高望界乡	
永顺县 18个	小溪村	小溪乡	国家乡村旅游扶贫重点村、中国传统村落、省旅游特色名村
	杉木溪村	小溪乡	
	王木村	朗溪乡	国家乡村旅游扶贫重点村
	司城村	灵溪镇	国家乡村旅游扶贫重点村、国家少数民族特色村寨、中国传统村落、全国历史文化名村、省旅游特色名村
	塔卧居委会	塔卧镇	国家乡村旅游扶贫重点村
	洞坎村	勺哈乡	国家乡村旅游扶贫重点村

县市	村寨名称	所属乡镇	所获称号
永顺县 18个	双凤村	大坝乡	国家乡村旅游扶贫重点村、中国传统村落、中国土家第一村、省旅游特色名村
	西米村	高坪乡	国家乡村旅游扶贫重点村
	保坪村	芙蓉镇	国家乡村旅游扶贫重点村
	克必村	芙蓉镇	
	前进村	石堤镇	国家乡村旅游扶贫重点村
	洞坎河村	清坪镇	国家乡村旅游扶贫重点村
	那必村	抚志乡	重点景区内
	卡木村	万坪镇	重点景区内
	下别些村	连洞乡	
	麻岔村	石堤镇	
	吊井村	吊井乡	
	颗砂村	颗砂乡	
龙山县 14个	楠竹村	洛塔乡	国家乡村旅游扶贫重点村
	洗车村	洗车河镇	国家乡村旅游扶贫重点村、国家少数民族特色村寨
	新建村	洗车河镇	国家乡村旅游扶贫重点村、中国少数民族特色村寨
	捞车河村	苗儿滩镇	国家乡村旅游扶贫重点村、国家少数民族特色村寨、中国传统村落、中国历史文化名村、省旅游特色名村
	六合村	苗儿滩镇	国家少数民族特色村寨、中国传统村落
	星火村	苗儿滩镇	省少数民族特色村寨、省美丽乡村建设示范村
	杨家村	里耶镇	国家乡村旅游扶贫重点村
	长春村	里耶镇	国家乡村旅游扶贫重点村、国家少数民族特色村寨、中国传统村落
	大板村	里耶镇	
	比耳村	里耶镇	全国"一村一品"示范村、省小康建设示范村
	中孚社区	里耶镇	

县市	村寨名称	所属乡镇	所获称号
龙山县 14个	乌龙山村	桂塘镇	国家乡村旅游扶贫重点村
	万龙村	靛房镇	
	联星村	靛房镇	
保靖县 15个	夯沙村	夯沙乡	国家乡村旅游扶贫重点村
	吕洞村	夯沙乡	国家乡村旅游扶贫重点村、中国传统村落、湖南省旅游特色名村
	梯子村	夯沙乡	国家乡村旅游扶贫重点村
	夯吉村	夯沙乡	国家乡村旅游扶贫重点村
	矮坡村	夯沙乡	国家乡村旅游扶贫重点村
	首八峒村	碗米坡镇	国家乡村旅游扶贫重点村、中国传统村落
	陇木洞村	碗米坡镇	中德农业生物多样性可持续管理示范村
	黄金村	葫芦镇	国家乡村旅游扶贫重点村、省级农业旅游示范点
	金落河村	水田河镇	国家乡村旅游扶贫重点
	清水坪村	清水坪镇	
	碗米坡村	碗米坡镇	
	亨章村	普戎镇	
	要坝村	迁陵镇	国家重点文物保护单位四方城所在村
	土碧村	迁陵镇	土家族活化石舞蹈茅古斯发现地
	和平村	复兴镇	观光农业基地

资料来源：湘西自治州旅游港澳外事侨务局，2015年资料整理。

二、发展定位

湘西发展乡村旅游，定位极其重要。只有准确定位，才能依据相应的原则，理清思路，确立发展目标，完成规划任务。

（一）观念定位：全域旅游观

要从国家转型发展的战略高度认识乡村旅游发展。面对国内外新常态，习近平总书记和李克强总理相继对发展乡村旅游做出重要指示，国家七部委联合发文，2015年中央1号文件对发展乡村旅游做出重要决定。这说明，国家推进乡村旅游，不仅是战术问题，更有超越旅游范畴的战略寓意，不仅是旅游行业发展，更是把乡村游作为推进经济发展的重要抓手，以此解决精准扶贫、新农村建设、特色村寨建设、中国传统村落保护、新型城镇化建设等问题。这是继改革开放以来，和小岗村改革带动中国改革一样，国家再一次借助农村平台，创造新的经济增长点，提振经济发展势头，是转变发展方式的重大战略决策，有"第三次农村包围城市"的战略意味。要确立全域旅游观，突破把乡村游仅仅当成农家乐、郊区游的认识局限，从大局着眼，长远谋划，以旅游为主要手段和标准，激发和调动州内外全部社会力量参与建设，使乡村旅游成为全州生态文化保护的摇篮、精准扶贫的实施平台、特色产业的发展路径、基础设施的建设载体、乡村民生的改善方式、土地要素改革的探索、争政策争项目的抓手、大众创业万众创新的舞台，成为促进乡村建设与发展的手段，最终实现湘西农村脱贫致富、与城镇同步进入小康的目标。

（二）空间定位：三个层次

在当前国家大力推进乡村旅游的形势下，全国一二线城市周边区域，都在紧锣密鼓地推进乡村旅游，一些高端的、国际化的、服务精良的乡村旅游产品如雨后春笋，遍地成长。原来凭着原生态，甚至没有服务设施，就能吸引城市人群到乡村去，在当下，变得举步维艰。在这样的形势之下，湘西州必须以开放的心态、广阔的视野进行乡村旅游定位，否则，就会亦步亦趋，就可能再一次被时代抛在身后。建议拓展三大空间：

一是跳出州域，融入国家和省级战略。对接融入国家"一带一路"倡议和"长江经济带"战略，对接融入湖南省"一带一部"倡议，不能闷头发展，封闭发展。

二是跳出市县域，谋划全域线路。乡村旅游点上开发宜发挥八县市主观能动性，精品旅游线上必须全州一盘棋，跨县市域规划设计旅游精品线，实现无缝对接。

三是跳出村寨域，增加体量规模。充分利用村寨周边的生态文化资源，不局限村寨住户小范围，弥补湘西单体村寨体量小的弊端，尽量做大村寨旅游规模，延长游客的游玩时间。

（三）品质定位：打造乡村度假休闲养生旅游胜地

打造国际标准、中国绿心、楚巫文化、神秘湘西主题的乡村度假休闲养生旅游胜地。

1.国际水准——立足本土，放眼世界

将坚守本土文化特色与紧跟世界旅游潮流对接；将弘扬湘西生态文化内核与紧跟国际乡村旅游标准结合；将注重从传统优势中挖掘潜在价值与大胆创新、深度开发新产品结合，把山水湘西、生态湘西、文化湘西三大优势构筑在具有国际影响力的乡村旅游视野中，将湘西打造成国内外知名文化生态公园。

2.中国绿心——凸显乡村游生态特色

目前湘西的生态优势已无可比拟。武陵山区是长江中上游生态屏障，湘西是武陵山生态屏障的绿色心脏地带，山水自然风光独特神奇。

3.楚巫文化——占据乡村游文化高地

湘西民族文化是楚巫文化的核心组成部分，与湖湘文化交融发展。站在楚巫文化甚至华夏文明的源流高度，来认识解构湘西民族文化，把苗族蚩尤文化源流、土家土司文化源流、屈原浪漫主义文化源流等民族文化精髓注入湘西乡村旅游肌体，突出神秘湘西主题，占据中国乡村游文化高地。

4.湘西主题——突出休闲养生个性

生命健康与快乐，是小康社会的基本特征，也是未来主流旅游需求的表现形式。湘西乡村自然生态与文化环境特别适合于休闲养生——这种休闲养生不仅是指疗养、广泛意义上的放养身心，而是有深度的养生，分3个层次18种养法。宏观上实现：青山养仁，绿水养智；闲情养心，文化养神；山川养气，生态养生。中观上实现：仪式养伦，传奇养勇；手艺养美，民歌养情；民居养梦，民俗养道。微观上实现：美景养眼，氤氲养颜；美食养胃，农事养趣；户外养胆，乡村养寿。

三、发展战略

（一）指导思想

以中央"四个全面"战略目标、十八届五中全会"创新、协调、绿色、开放、共享"五大发展理念和湖南省委"四化同步、三量齐升"为指导，按照州委"542"发展思路，紧紧围绕转型升级、提质增效主线，狠抓精准扶贫、老司城申遗成功等重大机遇，坚持以凤凰为龙头、吉首为集散中心，依托凤凰古城、矮寨大桥、里耶古城、老司城"四大金字招牌"，深挖生态文化资源，全面推进土家族和苗族两条乡村旅游精品线建设，全力提升乡村旅游的贡献度，构建全州1小时旅游经济圈，打造旅游经济升级版，建成宜游、宜居、宜业、宜养的湘西特色美丽村寨，推动旅游业成为富民强州的战略性支柱产业。

（二）战略目标

以"土家探源"和"神秘苗乡"两条乡村旅游精品线路，串联6大连片村寨集群，在集群内和连线重点打造60个左右的村寨，未来以300个左右的村寨营造乡村旅游氛围，形成异彩纷呈、一步一景的乡村旅游乐园，力争"十三五"末全州乡村旅游总收入达到40亿，远期规划向百亿产业迈进，最终将湘西州打造成中国"一带一路"倡议线上生态文化乡村游节点、湖南省"一带一部"战略西进桥头堡、长株潭城市群后花园，建成国内外知名生态文化公园。

1.目标视野

为了争取政策，湘西州乡村旅游必须具有：国际视野——中国"一带一路"倡议线上生态文化乡村旅游节点；国家视野——全域旅游示范区、中国最美丽的原生态示范村；省际视野——湖南省"一带一部"战略西进桥头堡；市州视野——长株潭城市群乡村旅游后花园；州内视野——国内外知名生态文化公园。

为了规划建设能落地生根，湘西州乡村旅游必须具有"六个一好"：一餐原汁原味好饭菜；一间干净整洁好睡房；一条舒适安全好游道；一道赏心悦目好村景；一款湘西地域好特产；一场开心快乐好活动。

2. 经济目标

到建州 60 周年（2017）实现乡村旅游接待游客量 700 万人次，实现旅游收入 20 亿元；至 2020 年，乡村旅游接待游客量 1500 万人次，实现旅游收入 40 亿元；至 2025 年，接待游客量 3000 万人次，实现旅游收入 100 亿元；至 2030 年，接待游客量 6000 万人次，实现旅游收入 200 亿元。

3. 社会目标

至规划期末（2030 年），直接带动 84 万个就业岗位；建成 60 个左右重点精品村寨，完成 300 个村寨的民居改造与保护工程，通过发展旅游业直接脱贫 10 万人。

4. 品牌目标

新增乡村旅游 5A 级景区 2 个（德夯村、老司城村），4A 级景区 5～6 个（凤凰苗寨群、吕洞山苗寨群、惹巴拉土家寨群、沅水与酉水传统村寨群、泸溪蚩尤部落群、古苗河—紫霞湖景区），3A 级景区 30 个左右；新增 30 个左右省级农家乐休闲旅游示范点；新增 100 个左右州级农家乐特色村（点）。形成稳定的、特色鲜明的、国内外有影响的乡村旅游品牌。

（三）分期任务

近期（2015～2020 年），快速推进期；中期（2021～2025 年）全面提升期；远期（2026～2030 年），完善、完美期。

1. 近期目标

在 2015～2020 年，制定规划、明确目标、制定措施；建设基础设施，完善发展环境；进行市场营销，塑造市场形象；培训从业人员，提升服务质量；构建乡村旅游信息化服务平台；以点带面，推出湘西州乡村旅游示范点。

2. 中期目标

在 2021～2025 年，形成完善的旅游产品；乡村旅游成为湘西农村经济的新增长点；建立乡村旅游的管理体系和标准；申报一批 4A 级景区；拓展全国市场；形成旅游产品集群。

3. 远期目标

在 2026～2030 年，形成湘西州城乡互补、城乡一体的旅游发展格局；成为中国乡村旅游的示范基地和观摩基地；成为中国乡村旅游胜地的品牌形象；成为湘西州农村经济的支柱产业；成为国内外知名的生态文化公园。

四、发展思路

（一）以五大理念，破解主要难题

1. 以创新理念解决湘西州乡村旅游"瓶颈"制约难题

开发主体缺失、土地要素缺位、投融资缺政策和无序开发、业态粗糙陈旧缺乏竞争力，是湘西州乡村旅游发展的主要"瓶颈"。要从根子上丢掉因循守旧、按部就班、无所作为的等靠要思想，全面解放思想，彻底开放心灵，敢为人先，拿出系列先行先试的措施和办法。一是敢为人先，打破常规。中央推进全面深化改革中，反复要求在坚持"顶层设计"的同时，鼓励"基层创新"。破解湘西乡村旅游制约"瓶颈"，不能在等、靠、拖中空耗时间，失去机遇，应积极主动探索解决问题的有效方法，敢于打破常规，提出一些原创性的改革措施与方法，尽管可能会承担一些风险压力，却能给湘西经济和社会发展带来创新和进步。二是虚心学习，快速紧跟。关注国内外乡村旅游发展现状，发现好经验、好模式、好方法，与湘西乡村旅游的资源与产业进行碰撞，找到适合于湘西州实情的价值开发点和盈利点，快速跟进，后发赶超。三是总结经验，放大效应。把过去湘西州破解制约"瓶颈"的一些好方法好措施进行全面梳理，如泸溪马王村利用实物报酬的形式流转土地、乡村旅游公司化运作模式、乡村能人带动模式等，因地制宜地应用于乡村旅游开发中，提高开发效率。

2. 以协调理念解决乡村旅游同质化竞争难题

湘西州乡村旅游资源差异度不大，产品雷同，恶性争抢开发现象十分严重，湘西州与周边市州的旅游线路、8县市间乡村旅游线路不对接现象十分严重，这些问题严重制约了乡村旅游发展。因此，必须以协调理念，促进资源差异化开发、产品差异化生产，有序投入市场，搞好湘西州与周边市州乡村旅游资源、旅游产品、旅游线路与对接，促进乡村旅游区域空间差异协调、资源与产品差异协调、旅游线路协调，互补发展。

3. 以绿色理念解决乡村旅游生态文化保护难题

乡村旅游必须坚持节约资源、生态和文化保护，实现乡村生产发展、生活富裕、生态良好的科学发展道路，推进美丽乡村建设，为湘西生态安全做出新贡献。构建科学合理的村寨集群化格局、农业旅游发展格局、生态旅游安全格局、乡村生态文化旅游线格局，筑牢乡村生态旅游安全屏障，坚持保护优先、自然恢复为主，实施山、水、林、田、湖生态保护和修复工程，开展大规模国土绿化行动，完善天然林保护制度，开展绿色水湾整治行动，把乡村旅游打造成湘西州绿色、低碳、循环发展产业体系。

4. 以开放理念解决乡村旅游内外部市场开拓难题

积极融入武陵山和大湘西旅游圈，与周边市州互利共赢地开拓乡村旅游市场，积极参武陵山区旅游环境的协同治理和乡村旅游公共产品供给，构建乡村旅游利益共同体和合作区，与周边市州和8县市间建设无障碍旅游通道。

5. 以共享理念解决乡村旅游利益冲突和旅游主体缺位难题

互利共赢，建立乡村旅游开发商、旅行社、村集体、村民、城镇市居民、旅游者的乡村旅游利益协调机制，化解矛盾与利益冲突，让来湘西开展乡村旅游的民众、村民和中小乡村旅游企业受益，实现湘西州乡村旅游健康可持续发展。

（二）以五个对接，落实工作推动

1. 对接精准扶贫行动

精准扶贫是新一届中央领导集体推进扶贫工作的重要指导思想，是湘西州发展的重大政策支撑。乡村旅游要从四个方面对接精准扶贫：一是内容对接，将精准扶贫的产业发展、公共服务、教育培训与乡村旅游对接；二是规划对接，将精准扶贫规划与乡村旅游开发两规融合；三是资金对接，将精准扶贫资金与旅游发展资金整合，开发乡村旅游资源与产品，做大做强乡村旅游品牌；四是项目对接，将精准扶贫开发项目与乡村旅游项目对接。

2. 对接生态文化保护

武陵山区（湘西）土家族苗族文化生态保护试验区，是中国设立的第 5 个国家级文化生态保护试验区，也是湖南省首个国家级文化生态保护试验区。保护试验区范围涉及湘西地区 47 个乡镇，其中包括各级文物保护单位 351 处、国家历史文化名城 1 个、国家历史文化名镇 4 个、国家历史文化名村 2 个、各级非物质文化遗产 1000 余项、国家级、省级传承人百余位以及总面积达 434.92 万亩的各级各类保护区等。湘西乡村旅游应从四个方面对接生态文化保护区工程：一是积极动员和扶持文化遗产传承人作为开发乡村旅游主体；二是以国家、省、州、县四级非物质文化遗产名录体系为基础，开发乡村旅游产品；三是以自然环境、物质文化遗产为依托的文化空间来规划旅游空间，使文化空间与旅游空间实现有机融合；四是将非物质文化遗产专题博物馆和传习所，作为游客参观和体验场所。

3. 对接城乡同建同治

湘西州近年来推进城乡同建同治工作（"五同"：城乡同规划、设施同建设、产业同布局、环境同整治、事务同管理）取得重大成效，城乡风貌特别是卫生状况得到极大改善。乡村旅游应从五个方面对接城乡同建同治工作：一是城乡规划与乡村旅游对接，将 8 县市的城市规划修编和各乡镇村规划编制与乡村旅游规划对接，加强规划控制管理。二是城乡设施建设与乡村旅游对接，将交通、水利、能源等基础设施建设与乡村旅游统筹同抓。三是城乡产业布局与乡村旅游对接，将农村特色产业园、精品园和农业产业基地纳入乡村旅游范畴。四是城乡环境整治与乡村旅游对接，持续抓乡村环境卫生整治，特别是城乡结合部、村与村的连接道路、村庄小道、房前屋后、牲畜栏圈、乡村厕所的环境卫生整治，建立长效机制。五是乡村事务管理与乡村旅游对接，将乡村旅游制度、村规民约和村民自治制度有机融合，形成"以村为主体、乡镇主抓、县市统筹"的乡村旅游环境治理长效机制。

4. 对接"美丽乡村"建设

2013 年 7 月，习近平在鄂州市长港镇峒山村提出建设美丽乡村不能大拆大建，特别是古村落要保护好。农业部开展了 2014 年中国最美休闲乡村和中国美丽田园推介活动，评选出 100 个中国最美休闲乡村和140项美丽农事景观。乡村旅游应做好五个方面的对接：一是乡村环境美化与乡村旅游对接，实现村容村貌整洁，生态环境优美；二是乡村产业提质与乡村旅游对接，实现产业与旅游融合发展；三是村民素质提升与乡村旅游对接，强化旅游创业与服务人才培养；四是乡土文化传承与乡村旅游对接，强化乡土文化创新与旅游发展融合；五是社区服务建设与乡村旅游对接，实现社区服务能力与旅游服务能力的一体化。

5. 对接乡村旅游市场

必须把握和遵循乡村旅游市场规律，要因地制宜，分步推进，避免无序开发，杜绝一哄而上、"大干快上"一股风的开发方式；严格科学分类、因地制宜、坚持创新、走特色发展之路；严格落实建设责任，政府主导、分层负责、市场参与，高标准、高质量打造乡村旅游。

（三）以五大并重，创新发展方法

在当前国内外旅游业发展新形势和转型升级新背景下，必须在思想、手段和方法上解决一些关键性认识误区，才会增加发展乡村旅游信心，才能沿着正确轨道，高效推进湘西州乡村旅游。

1. 重点打造与氛围营造并重

湘西州"首批选点44个特色村寨，中远期协调整治260个左右特色村寨，总数达300个左右村寨"的决策，并非"大跃进"式的全面开花，而是基于两点考虑：一是以集群优势重点打造。湘西州单个村寨规模小，无一个村寨有贵州西江千户苗寨的体量和规模，只有集中打造连片村寨群，发挥村寨集群优势，做出集群规模，才能延长游客旅游时间，才能留住游客。以夯沙—吕洞山—金龙村的黄金三角苗寨为例，打造体量很小的单个村寨毫无意义，必须将这一片区的十几个苗寨整体打造，才会形成集群优势。再以惹巴拉—捞车河—六合村的黄金三角土家寨为例，打造体量很小的单个村寨也毫无意义，必须将这3个村甚至扩展到上游洗车村和下游苗儿滩镇，连线集群打造，才会形成集群优势。二是以廊道开发营造氛围。300个左右村并非是村村都做旅游目的地，大部分村是旅游精品线上的明珠。通过"穿衣戴帽"工程来美化这些村寨，营造乡村旅游氛围，形成乡村游的景观大廊道。以吉首峒河的曙光村到坪朗村的"谷韵绿道"为例，沿途村寨（如寨阳）"穿衣戴帽"进行整治，形成了吉首市乡村游精品线路——峒河国家湿地公园景观大廊道。未来吉首市的这条精品景观大廊道还要向大兴寨、重午苗寨和夯沙方向纵深拓展。

2. 全天候旅游与分时旅游并重

传统认识一般认为发展旅游就是要有稳定的客源，最好是一年四季都有游客，才能保证旅游目的地有稳定的收入和良好的效益。湘西州发展乡村旅游，必须破除这种"全天候旅游观"。湘西州仅有极少数村寨（如德夯村）有做全天候旅游的能力和潜力，大部分村寨体量小、规模小、旅游开发能力水平低，必须从发展"分时旅游"中寻求出路。一年中，在特殊季节、特殊天数内，集中做主题旅游，开展专项活动，从而达到通过乡村旅游带动村寨经济发展的目的。必须抓住"四特"原则发展分时旅游，即通过特殊时段、特征资源、特别主题、特色创意来发展乡村旅游。以吉首桃花山庄为例，2015 年桃花开放季节，桃花山庄每天的游客量平均 2.5 万人，按 50% 人买门票计算，每天收入 12.5 万元，10 天收入 125 万元，20 天收入 250 万元。对于一个村寨来说，一年能增加 200 多万元收入，已经足够了。吉首桃花山庄模式是可以复制的"四特模式"：特殊时段——桃花盛开的季节；特征资源——成规模桃花林；特别主题——赏花主题活动；特色创意——桃花下打鼓、婚纱摄影、花下畅饮、采摘活动等。

3. 点上打造与面上开发并重

在坚持点上打造的同时，仍然要从面上谋划系列乡村旅游项目。一是要坚持功能产品的点面结合。全州重点建设两条线路和 6 个村寨（群），每个县选择 1 ~ 2 个村寨（群），重点打造成旅游目的地，发展成面对团队游为主体的综合性型景区，有接待国内外中高端游客的能力和水平。其他的村寨则因地制宜、因时制宜，开发分时旅游产品，满足自由行和自驾游群体需求。二是要坚持项目实施的点面结合。整合资源积极申报世界农业文化遗产、建立全州乡村旅游信息统一发布平台、建立全州乡村智慧旅游推广技术与平台、建设乡村旅游商品大市场——"边边场"等项目，形成面上的乡村旅游精品。

4. "食住行游购娱"与"商养学闲情奇"并重

湘西发展乡村旅游，首先应在基础设施和旅游服务上解决旅游的基本"六要素",即"吃、住、行、游、购、娱",再拓展"商、养、学、闲、情、奇"新六要素。瞄准"商"字做文章,开发乡村商务旅游产品,为商务旅游、会议会展、奖励旅游等提供产品与服务;瞄准"养"字做文章,开发乡村养生旅游,为养生、养老、养心、体育健身等健康旅游项目提供产品与服务;瞄准"学"字做文章,开发研学旅游,为修学旅游、科考、培训、拓展训练、摄影、采风、冬夏令营等活动提供产品与服务;瞄准"闲"字做文章,开发休闲度假旅游,提供乡村休闲、都市度假休闲等各类休闲旅游新产品和新服务,这是未来旅游发展的方向和主体;瞄准"情"字做文章,开发情感旅游,发展包括婚庆、婚恋、纪念日旅游、宗教朝觐等各类精神和情感的旅游新业态;瞄准"奇"字做文章,开发探奇旅游,提供包括探索、探险、探秘、游乐、新奇体验等探索性的旅游新产品、新服务。

5. 州外市场与州内市场并重

铜仁的亚木沟,积极开拓本地市场和周边市州市场,取得了重大成功,为湘西州乡村旅游市场营销提供了很好的借鉴。州内八县市城镇人口随着收入的提高,对本州乡村旅游产品需求大增,在大力营销外部市场的同时,应积极瞄准州内、周边市州的市场来发展,特别是很多离县城或重要乡镇不远的乡村,在外部市场暂时没发展起来的时候,就要积极瞄准县城、乡镇的本地市场。

五、发展依据

主要是法律和法规依据、行业标准依据、地方规划和文件,具体如下:

1. 中央和国务院的文件、法律和规章

(1)《中共中央关于制定国民经济和社会发展第十三个五年规划的建议》(2015年11月4日)。

(2)《国务院关于促进旅游业改革发展的若干意见》(国发〔2014〕31号)2014年8月9日)。

(3)《关于实施乡村旅游富民工程推进旅游扶贫工作的通知》(发改社会〔2014〕2344号,2014年11月3日)。

（4）《中共中央、国务院 关于加大改革创新力度加快农业现代化建设的若干意见》（国发〔2015〕1号，2015年2月1日）。

（5）《关于进一步促进旅游投资和消费的若干意见》（国办发〔2015〕62号，2015年8月4日）。

（6）《中华人民共和国旅游法》（2013年10月1日施行）。

（7）《中华人民共和国土地管理法》（1988年12月29日修改）。

（8）《中华人民共和国城乡规划法》（2007年10月28日人大常委会通过）。

（9）《中华人民共和国森林法》（1984年9月20日通过）。

（10）《中华人民共和国水土保持法》（1991年6月29日通过）。

（11）《中华人民共和国文物保护法》（2013年修正版）。

（12）《中华人民共和国环境保护法》（1989年12月26日通过）。

（13）《风景名胜区条例》（2006年9月19日国务院令第474号公布）。

2. 国家标准和行业标准

（1）《旅游规划通则》（GB/T18971—2003）。

（2）《旅游资源分类、调查与评价》（GB/T18972—2003）。

（3）《旅游区（点）质量等级的划分与评定（修订）》（GB/T17775—2003）。

（4）《全国农业旅游示范点、工业旅游示范点检查标准（试行）》（2003）。

3. 省州地方标准、相关条例及文件

（1）湖南省《乡村旅游服务 经营基本条件》（DB43/483—2009）。

（2）湖南省《乡村旅游服务 星级评定标准》（DB43/484—2009）。

（3）湖南省《旅游家庭旅馆基本条件与评定》（DB43/509—2010）。

（4）湖南省《乡村旅游区（点）星级评定工作实施细则》，2010年。

（5）湖南省《大湘西生态文化旅游圈旅游发展规划（2011—2020）》，湘政办发〔2012〕72号。

（6）湖南省《大湘西地区文化生态旅游融合发展精品线路建设总

体设计方案》，2015 年。

（7）《湖南省旅游条例》，2009 年。

（8）《中共湖南省委关于制定湖南省国民经济和社会发展第十三个五年规划的建议》，2015 年。

（9）《武陵山区（湘西）土家族苗族文化生态保护实验区规划》，2013 年。

（10）《湘西土家族苗族自治州旅游发展总体规划（2010—2030）》，2010 年。

（11）《湘西土家族苗族自治州凤凰历史文化名城保护条例》，2013 年修订。

（12）《湘西土家族苗族自治州猛洞河风景名胜区保护条例》，2007 年。

（13）《湘西土家族苗族自治州民族民间文化遗产保护条例》，2006 年。

（14）《湘西土家族苗族自治州里耶历史文化名镇保护条例》，2005 年。

第三章 资源评价

　　湘西州的乡村是以传统村寨为核心的民族文化汇聚地，是一个历史文化保存完好的、多样化的充满神秘气息的浪漫世界。湘西州是一座巨大的文化生态博物馆，有景色秀丽的自然风光、底蕴深厚的民族文化与民俗风情，有宜人的气候和多样的农事活动与农业景观，有一定的产业基础和旅游发展基础。

一、湘西州乡村旅游资源整体独特：三带四区十五品

　　本规划既从全州整体对乡村旅游资源进行整体描述和评价，又分别从土家族、苗族两条线路及 8 县市的角度进行描述和评价，还从优势和劣势两方面进行分析，力求全方位、多视角地、科学客观地对全州乡村旅游进行评价。

（一）三带：支撑乡村旅游的农业资源独特

　　湘西州地处气候上的微生物发酵带、土壤中的富硒带和植物群落里的亚麻酸带三个自然带。湘西州的"三带"是农耕景观和自然景观重要的构成要素，是乡村旅游资源的重要组成部分，是开发乡村旅游特色商品和旅游产品的基础。依托微生物发酵带，开发酒、酱、醋、腌制品等湘西特色旅游商品，打造湘西农村酿酒坊、酿醋坊、霉豆腐加工坊、红茶制作坊等体验式旅游产品。依托土壤中的富硒带，连片开发富硒猕猴桃、葡萄、草莓观光采摘体验园，形成湘西特色的乡村游自然景观和农耕景观，打造多种类型的休闲度假体验农庄。依托植物群落里的亚麻酸带，连片种植杜仲、藿香、薰衣草、迷迭香等植物，

形成特色的乡村自然景观，打造康体益寿类旅游产品。

（二）四区：支撑乡村旅游的生态文化厚实

湘西州的"四区"是乡村旅游开发的物质和文化基础，是乡村旅游资源重要组成部分。

绿色生态优质区。湘西州生态环境优美，森林覆盖率达70.24%，空气质量全省最优，饮用水源全部达标。拥有国家自然保护区3个、国家风景名胜区3个、国家森林公园4个、国家湿地公园3个、国家地质公园3个，拥有2颗"金钉子"，即"长江流域生态屏障"和"中国绿心"，是绿色生态优质区。

自然物种密集区。湘西州自然物种种类繁多，共有蕨类植物、裸子植物和被子植物等维管植物217科，1039属，3807种，植物物种超过整个欧洲；有陆生脊椎动物237种，隶属21目64科，有昆虫4175种分属22目177种，堪称野生动植物资源天然宝库和生物科研基因库，是自然物种密集区。

历史文化沉淀区。湘西州历史文化厚重，民族文化浓郁，湘西州人类活动踪迹最早可以追溯至旧石器时代。泸溪盘瓠文化遗存、里耶秦文化遗址、黄丝桥古城、老司城遗址、四方城遗址、八部大王文化遗址、溪州铜柱、南方长城、土家族摆手舞、苗族鼓舞等都是厚重历史文化和浓郁民族文化的见证者。湖南省文化发展指数（CDI）研究报告指出，湘西州人文存量聚集度指数在全省排名第一，是民族文化沉淀区。

山水风光富集区。湘西州山水风光迷人，田园风光优美。沅水风光带、酉水沿岸风光、沱江风光带、峒河湿地、猛洞河风光、坐龙峡、红石林、德夯大峡谷、乌龙山、南华山、腊尔山、吕洞山、羊峰山、八面山等都是一幅幅动静结合的优美画卷，是山水风光富集区。

（三）十五品：支撑乡村旅游的品牌著名

湘西州具备丰富的高等级、高品位乡村旅游品牌，有世界文化遗产、国家级生态文化保护区、国家重点风景名胜区、国家地质公园、国家湿地公园、国家森林公园、中国历史文化名城、中国传统村落、国家少数民族特色村寨、国家级非物质文化遗产、全国重点文物保护单位、全国历史文化名镇名村共15个国内外知名品牌（见表3-1）。

表3-1　　　　　　　　　　湘西州国家级乡村旅游资源

序号	类型	旅游资源（区）个体	个数
1	世界文化遗产	老司城	1
2	全球标准地层单位	古丈"金钉子"、花垣排碧"金钉子"	2
3	中国国家自然与文化双遗产地	里耶—乌龙山风景名胜区	1
4	国家生态文化保护区	武陵山（湘西）土家族苗族文化生态保护实验区	1
5	国家重点风景名胜区	猛洞河风景名胜区、德夯风景名胜区、凤凰风景名胜区	3
6	国家地质公园	乌龙山、红石林、凤凰	3
7	国家湿地公园	峒河湿地公园、古苗河湿地公园、泸溪武水湿地公园	3
8	国家森林公园	永顺不二门、凤凰南华山、古丈坐龙峡、吉首矮寨	4
9	国家自然保护区	小溪、高望界、白云山	3
10	中国历史文化名城	凤凰	1
11	中国传统村落	夯沙村、首八峒村、舒家塘村、拉豪村、老洞村、岩排溪村、老司岩村、龙鼻村、磨老村、板栗村、德夯村、中黄村、六合村、惹巴拉村、双凤村、老司城村、小溪村（永顺）、小溪村（吉首）、齐心村、河坪村、老家寨村、凉灯村、岩门村、万龙村、长春村、黄毛坪村、早岗村、竹山村、捞车河村	共三批，29个，截至2014年11月
12	国家少数民族特色村寨	德夯村、坪朗村、隘门村、金龙村、亨章村、龙鼻村、芙蓉镇（王村）、双凤村、司城村、捞车河村	10个，2014年国家民委公布

序号	类型	旅游资源（区）个体	个数
13	国家级非物质文化遗产	土家族打溜子、酉水船工号子、湘西苗族民歌、土家族咚咚喹、土家族摆手舞、湘西苗族鼓舞、土家族毛古斯舞、土家族织锦技艺、土家梯玛歌、土家族哭嫁歌、苗画、踏虎凿花、苗族四月八、土家年、苗族服饰、苗族银饰、苗族鼓舞、苗医药、苗族古歌、苗族赶秋、辰河高腔、盘瓠传说等	共26项
14	全国重点文物保护单位	溪州铜柱、老司城遗址、凤凰古城堡、沈从文故居、里耶古城遗址、湘鄂川黔革命根据地旧址、乾州文庙、保靖县四方城遗址、魏家寨古城遗址、永顺县不二门遗址、羊峰古城遗址、龙山里耶大板东汉遗址与墓葬、里耶麦茶战国墓群	13处
15	全国历史文化名镇、名村	里耶镇、芙蓉镇、浦市镇、边城镇（茶峒）、捞车河村、司城村	4镇2村

二、湘西州乡村旅游资源单体品质高

项目组对全州八县市 117 个特色村寨进行调查，搜集了村寨的基本情况、景观资源、物质文化、非物质文化、特色产业等方面的信息，龙山县特色村寨调查见表 3-4，永顺县特色村寨调查见表 3-5，花垣县特色村寨调查见表 3-6，保靖县特色村寨调查见表 3-7，凤凰县特色村寨调查见表 3-8，吉首市特色村寨调查见表 3-9，古丈县特色村寨调查见表 3-10，泸溪县特色村寨调查见表 3-11。再根据"交通支撑、景区依托、城镇依托、发展基础、人文景观、自然景观、特色产业" 7 大指标，建立"湘西州特色村寨资源评价指标体系"（见本章附录），进行量化评价，7 大个指标的单项得分在 80 分以上、评价等级为四级以上为单项优势特色村寨；7 大指标综合得分在 80 以上，评价等级为四级以上为整体优势特色村寨，得出以下分析结论。

（一）便利交通优势村：3 个五级、22 个四级

从交通优势来看，龙山、保靖、永顺、古丈评选出 11 个四级村庄，即金龙村、老寨村、板栗村、十八洞村、司城村、捞车河村、六合村、洗车村、夯沙村、夯吉村、吕洞村。凤凰、泸溪、吉首、花垣评选出 3 个五级村庄，11 个四级村庄。3 个五级村庄是坪朗村、德夯村、拉毫村；11 个四级村庄分别是早岗村、老家寨、勾良村、家庭村、舒家塘村、龙鼻村、毛坪村（默戎镇）、红土溪村、铁山村、马王溪村、黄家桥村。它们交通基础好、离地区旅游目的地近，可充分利用旅游廊道和旅游目的地溢出游客资源，发展乡村旅游。

（二）依托景区优势村：14 个五级、25 个四级

从依托景区来看，龙山、保靖、永顺、古丈评选出了 5 个五级和 16 个四级村庄。5 个五级村庄分别是金龙村、司城村、小溪村、捞车河村、吕洞村；16 个四级村庄分别是十八洞村、双凤村、那必村、卡木村、长春村、乌龙山村、六合村、洗车村、夯沙村、夯吉村、梯子村、矮坡村、首八峒村、沙湾村、碗米坡村、清水坪村。凤凰、泸溪、吉首、花垣评选出了 9 个五级和 9 个四级村庄。9 个五级村庄分别是拉毫村、德夯村、家庭村、坪朗村、铁山村、马王溪村、黄家桥村、毛坪村（罗依溪镇）、列溪村；9 个四级村庄分别是勾良村、舒家塘村、老家寨村、早岗村、中黄村、红土溪村、龙鼻村、毛坪村（默戎镇）、老司岩村。它们有的临近核心旅游景点区，有的本身属于核心旅游景点区的组成部分，可以开发景区依托型旅游产品。

（三）依托城镇优势村：7 个五级、24 个四级

从城镇依托来看，龙山、保靖、永顺、古丈评选出了 2 个五级和 13 个四级村庄。2 个五级村庄分别是长春村、捞车河村；13 个四级村庄分别是金龙村、十八洞村、司城村、那必村、六合村、洗车村、夯沙村、夯吉村、吕洞村、要坝村、土碧村、陇木村、和平村。凤凰、泸溪、吉首、花垣评选出了 5 个五级和 11 个四级村庄。5 个五级村庄分别是德夯村、坪朗村、红土溪村、铁山村、黄家桥村；11 个四级村

庄分别是勾良村、拉毫村、舒家塘村、老家寨村、早岗村、家庭村、中黄村、马王溪村、毛坪村（罗依溪镇）、龙鼻村、毛坪村（默戎镇）。它们有的临近县城，有的临近旅游古镇，有的临近经济基础好的乡镇，可以依托中心城镇开发旅游产品。

（四）发展基础优势村：5个五级、9个四级

从发展基础来看，龙山、保靖、永顺、古丈评选出了4个五级和5个四级村庄。4个五级村庄分别是金龙村、小溪村、捞车河村、洗车村；5个四级村庄分别是十八洞村、司城村、双凤村、夯沙村、吕洞村。凤凰、泸溪、吉首、花垣评选出了1个五级和4个四级村庄。五级村庄是德夯村；4个四级村庄分别是坪朗村、龙鼻村、毛坪村（默戎镇）、马王溪村。它们中有的已是成熟的旅游景区，有的旅游业接待基础良好，村容村貌整洁，移动互联网络设施完善。

（五）人文景观优势村：10个五级、19个四级

从人文景观来看，龙山、保靖、永顺、古丈评选出了6个五级7个四级村庄。6个五级村庄分别是老寨村、板栗村、司城村、双凤村、捞车河村、首八峒村；7个四级村庄分别是金龙村、扪岱村、十八洞村、洗车村、夯沙村、吕洞村、小溪村（永顺）。凤凰、泸溪、吉首、花垣评选出了4个五级和12个四级村庄。4个五级村庄分别是拉毫村、德夯村、红土溪村、老司岩村；12个四级村庄分别是岩门村、齐心村、舒家塘村、黄家桥村、龙鼻村、早岗村、中黄村、老洞村、毛坪村、老家寨、勾良村、铁山村。它们文化资源丰富，文化资源禀赋好，文化资源开发空间大，未来效益好。

（六）自然景观优势村：8个五级、16个四级

从自然景观来看，龙山、保靖、永顺、古丈评选出了6个五级9个四级村庄。6个五级村庄分别是金龙村、十八洞村、司城村、小溪村、捞车河村、吕洞村；9个四级村庄分别是扪岱村、老寨村、板栗村、双凤村、卡木村、乌龙山村、洗车村、夯沙村、夯吉村。凤凰、泸溪、吉首、花垣评选出了2个五级7个四级村庄。2个五级村庄分

别是德夯村、岩排溪村；7个四级村庄分别是早岗村、毛坪村（罗依溪镇）、坪朗村、中黄村、毛坪村（默戎镇）、齐心村、老家寨。它们精品景观观赏价值高，体量和规模较大，历史文化科学价值和珍稀度较高。

（七）特色产业优势村：5个五级、11个四级

从特色产业来看，龙山、保靖、永顺、古丈评选出3个五级7个四级村庄。3个五级村庄分别是捞车河村、洗车村、黄金村；7个四级村庄分别是十八洞村、司城村、小溪村（永顺）、夯沙村、吕洞村、梯子村、矮坡村。凤凰、泸溪、吉首、花垣评选出了2个五级4个四级村庄。2个五级村庄分别是德夯村、岩排溪村；4个四级村庄分别是坪朗村、龙鼻村、毛坪村（罗依溪镇）、德夯村。它们产业有一定基础，已初步实现连片开发，有规模型企业推动和产业带头人带动。

（八）具备整体优势村：2个五级、18个四级

从综合得分来看，龙山、保靖、永顺、古丈评选出1个五级和9个四级综合素质高的村庄。五级村庄是捞车河村；9个四级村庄分别是金龙村、十八洞村、司城村、双凤村、小溪村（永顺）、洗车村、夯沙村、夯吉村、吕洞村。凤凰、泸溪、吉首、花垣评选出1个五级和9个四级综合素质高的村庄。五级是德夯村；9个四级分别是老家寨村、早岗村、坪朗村、红土溪村、马王溪村、黄家桥村、毛坪村（罗依溪镇）、毛坪村（默戎镇）、龙鼻村。可以将这些五级村庄打造成为乡村旅游目的地。

三、因村制宜，特色开发乡村旅游项目

（一）单项指标高的村寨打造专题分时旅游

单项指标较高的村庄，要发挥它们各自优势，或依托旅游景点（区），打造成为精品景点（区）线路上的一个延伸节点；或充分挖掘它们的人文景观、自然景观、特色产业，打造民族风情体验、历史遗

迹观光、农业观光体验等旅游产品（见表3-2）。

表3-2　　　　　　　湘西州打造适合于专题分时旅游的村寨

龙山、保靖、永顺、古丈		凤凰、泸溪、吉首、花垣	
村庄名称	特色专题	村庄名称	特色专题
龙山里耶镇长春村	里耶中心城镇支撑	凤凰落潮井乡勾良村	中国苗歌第一村
龙山桂塘镇乌龙山村	万年溶洞群风光	凤凰山江镇老家寨村	浪漫山水古苗寨
保靖碗米坡镇首八峒村	土家族祭祖文化	吉首寨阳乡坪朗村	谷韵绿道，生态坪朗
保靖夯沙乡夯吉村	黄金茶廊，苗寨风情	吉首矮寨镇中黄村	民国乡公所
花垣麻栗场镇老寨村	文笔峰梯田风光	泸溪达岚镇岩门村	岩门古城堡
花垣排碧乡十八洞村	习总书记到过的苗寨	泸溪浦市镇马王溪村	农业产业园，陶瓷工厂
永顺万坪镇卡木村	竹海绿谷自然风光	古丈默戎镇毛坪村	万亩茶园风光
永顺小溪乡小溪村	原始次森林风光	古丈红石林镇老司岩村	斗篷客传奇

（二）综合评价高的村寨打造旅游目的地

从湘西州乡村旅游特色村庄评价结果来看，有交通依托、景区依托、中心城镇依托、发展基础、人文景观、自然景观、特色产业七项综合指标，七项综合指标较高的村庄，要利用它的优势特色资源，选择目的地型的发展模式，打造乡村旅游目的地（见表3-3）；综合评价指标较高的村寨群，要挖掘群内每个村庄的特色，集中连片打造旅游目的地（见表3-4至表3-11）。

表3-3　　　　　　　湘西州重点打造适合于乡村旅游的村寨

龙山、保靖、永顺、古丈	凤凰、泸溪、吉首、花垣
龙山捞车河村—六合村	吉首德夯村—坪朗村
永顺司城村—双凤村	凤凰早岗村—老家寨村
花垣金龙村—十八洞村	古丈默戎镇毛坪村—龙鼻村
保靖夯沙乡苗寨群	泸溪红土溪村—马王溪村—黄家桥村

龙山县乡村旅游特色村庄概况

表3-4

村寨名称	村寨基本情况	景观资源（概念性描述）	物质文化（概念性描述）	非物质文化（概念性描述）	特色产业	备注
苗儿滩镇捞车河村	全村385户，1268人，面积为29.23平方公里。距乡政府12公里，距洗车河镇8公里，距县城85公里	1.土家风情 2.土家风雨桥 3.洗车河沿水风光	1.土家族建筑群 2.土家凉亭一座 3.古树百棵	1.土家织锦工艺 2.摆手舞 3.惹巴拉来历传说	1.土家织锦业 2.土家腊肉 3.3土家农家乐	织锦之乡
里耶镇长春村	全村312户，1384人，面积为5.42平方公里，距里耶镇4公里	1.长潭河沿岸风情 2.土家族风情 3.传统建筑	1.胡家大院古建筑4栋 2.古树百棵以上 3.油坊、水井	1.土家山歌、酉水号子 2.胡家大院故事	1.柑橘2000亩 2.猕猴桃	里耶古城后花园
桂塘镇乌龙山村	全村320户，1286人，面积为21.35平方公里。原距火岩乡政府4公里，现距桂塘坝25公里	1.峡谷溶洞风光 2.皮渡河沿岸风光	1.古树百棵 2.古庙遗址3处 3.转角楼5栋	1.惹迷洞传说 2.三棒鼓 3.土家山歌、土家医药	1.羊养殖1400只 2.百合100亩	20世纪80年代惹迷洞、鲶鱼洞得到开发，门票收入达数10万元
苗儿滩镇六合村	全村408户，1524人，面积为6.2平方公里。距离乡政府7公里，距离惹巴拉景区1.5公里	1.大洲山柳树林 2.土家传统建筑风光 3.沿河风光带	1.土家传统建筑群 2.油坊、水碾各一处 3.拉拉渡一处 4.古树数十棵	1.六合村的传说 2.咚咚喹、摆手舞 3.糟糠画	1.脐橙100多亩 2.百合种植业	

湘西自治州
乡村旅游发展研究

村寨名称	村寨基本情况（概念性描述）	景观资源（概念性描述）	物质文化（概念性描述）	非物质文化（概念性描述）	特色产业	备注
洗车河镇洗车村	全村310户，3400多人，面积为5.46平方公里。洗车河东街，距乡政府200米，距苗市市14公里，距龙永高速出口600米	1.洗车河古商埠风光 2.洗车河沿河风光	1.王家大院 2.凉亭桥一座	1.篓龙布 2.豆腐制品制作工艺 3.传统音乐：咚咚隆，土家山歌	1.豆腐制品产业 2.山羊养殖业	龙山县篓龙布基地
里耶镇中学社区	全村1789户，6895人，面积2平方公里。位于里耶古城中心区，距离里耶古城118公里	1.里耶古城秦文化核心 2.酉水河景观带	1.明清历史文化古区 2.古城遗址 3.摆手堂 4.瞿家大院	1.秦简 2.摆手舞	家庭旅馆	
里耶镇杨家村	全村168户，712人，面积4.5平方公里。距离里耶乡政府，里耶镇14~15公里，距离县城102公里	1.土家风情 2.特色民居	1.特色民居 2.千年古树	1.土家语，土家山歌 2.摆手舞 3.梯玛歌	1.脐橙，猕猴桃等 2.家庭旅馆	美丽乡村山区新农村示范村
洛塔乡楠竹村	全村227户，976人，面积19.85平方公里。距离洛塔乡镇府12公里，距离县城50公里	1.乌龙山国家地质公园 2.土家风情	1.洛塔展览馆 2.洛塔石林 3.千年古树	1.洛塔精神 2.土家山歌，茅古斯 3.摆手舞	1.中药材种植 2.牛羊养殖	

村寨名称	村寨基本情况	景观资源（概念性描述）	物质文化（概念性描述）	非物质文化（概念性描述）	特色产业	备注
靛房镇万龙村	全村368户，1297人，面积3506亩。距靛房镇12公里，距县城114公里	1.土家生态文化核心区 2.土家风情	1.土家摆手堂 2.土家特色民居 3.万龙水库 4.向家大院	1.摆手舞、茅古斯 2.土家语	1.蔬菜种植 2.山羊养殖	少数民族特色村 中国传统村落
靛房镇联星村	全村359户，1477人，面积1629亩。距靛房镇12公里，距县城115公里	1.土家生态文化核心区 2.土家风情	1.土家摆手堂 2.土家特色民居 3.关帝宫	1.摆手舞、茅古斯等 2.土家语	1.蔬菜种植 2.山羊养殖业	少数民族特色村 中国传统村落

表 3-5　永顺县乡村旅游特色村庄概况

村庄名称	村寨基本情况	景观资源（概念性描述）	物质文化（概念性描述）	非物质文化（概念性描述）	特色产业	备注
灵溪镇司城村	全村238户，890人，面积为36.33平方公里。距灵溪镇19公里	1.老司城遗址景观 2.自然山水风光	1.土司王城遗址 2.祖师殿 3.百年古树群	1.土司故事传说 2.土家摆手舞 3.土家节日、土家年	1.旅游餐饮 2.养蜂产业 3.司坡鸭蛋	世界文化遗产
大坝乡双凤村	全村86户，285人，面积4.2平方公里，距县城15公里，距乡政府15公里	1.土家族风情 2.古树群	1.传统建筑群 2.表演场 3.古树60棵	1.毛古斯、摆手舞 2.双凤村故事传说 3.民间绝技	1.茶叶1000多亩 2.蜂蜜1000公斤	土家第一村

村寨名称	村寨基本情况	景观资源（概念性描述）	物质文化（概念性描述）	非物质文化（概念性描述）	特色产业	备注
匀哈乡洞坎村	全村228户，1200多人，面积为4.1平方公里，距乡政府9公里，县城18公里	1.土家山寨风光 2.土法造纸作坊	1.土造纸作坊 2.汆雨岩、汆雨庙遗址 3.古树60棵	1.土法造纸工艺 2.青苗龙	1.土法造纸业 2.竹鼠养殖业 3.山羊养殖业	
扶志乡那必村	全村298户，1230人，面积为6.57平方公里，距离县城22公里，距张花高速路口4公里	1.土家建筑风光 2.荷花池 3.岩洞风光	1.高脚楼20栋 2.古墓古井	1.那必村传说 2.摆手舞跳丧舞	1.莲藕种植业 2.山羊养殖业 3.酸辣椒加工业	
小溪乡小溪村	全村327户，1042人。面积为31平方公里，距县城157公里，距王村的水路12.5公里，公路88公里，距双溪38公里	1.原始次森林自然风光 2.土家建筑	1.古树群 2.清末古建筑50栋	1.景点的神话传说 2.土家山歌 3.土家医药	1.蜂蜜产业 2.餐饮住宿业 3.腊肉制品	森林王国
万坪镇卡木村	全村284户，1184人，距乡政府8公里，县城54公里	1.小九寨沟自然风光 2.土家建筑	1.百年古建筑10栋 2.万屋山古庙1座 3.古石碑6块	1.美女梳头、将军下马故事传说 2.竹编工艺	1.山羊养殖业 2.楠竹产业 3.蛇养殖业	

村寨名称	村寨基本情况	景观资源（概念性描述）	物质文化（概念性描述）	非物质文化（概念性描述）	特色产业	备注
高坪乡西米村	全村1682人，面积为49.9平方公里。位于张家界至凤凰的旅游黄金线边，地属芙蓉镇景点圈范围内，距美蓉镇38公里，距张家界68公里	1. 牛郎寨千丘古梯田 2. 野生巨紫荆生态观光园	1. 土家吊脚楼群 2. 野生巨紫荆树2000余株	1. 土家刺绣 2. 土家酸菜系列晒龙谷节	1. 山水牛郎寨农家乐 2. 土家酸菜加工坊 3. 土家绣花鞋（垫）	1. 湖南省五星级乡村旅游区 2. 国家级乡村旅游扶贫重点村
朗溪乡王木村	全村辖4个村民小组，共85户，总人口343人，位于永顺县东南边陲，东与张家界永定区四都乡接壤，南与怀化市沅陵县明溪口镇相连，距县城100公里，"一脚踏三地"	1. 土家边乡风情休闲 2. 绝壁公路	1. 土家吊脚楼群 2. 土家凉亭	1. "梯玛"语言文化 2. 土家手工技艺"排纱"	1. 娃娃鱼养殖基地 2. 蜂蜜产业 3. 高山油茶	国家级乡村旅游扶贫重点村
芙蓉镇兑必村	位于芙蓉镇西南部，距芙蓉镇15公里。全村辖6个村民小组，209户，726人，以土家族为主，辖区面积6.37平方公里	1. 猛洞河、酉水河两河交汇，形成U字形半岛 2. 红石林（380亩） 3. 硝洞、麻岩洞浴洞	土家特色村寨	1. 土家打溜子 2. 哭嫁	1. 土家腊肉 2. 茶油产业	

村寨名称	村寨基本情况	景观资源（概念性描述）	物质文化（概念性描述）	非物质文化（概念性描述）	特色产业	备注
灵溪镇高峰村	全村共268户，1280人，面积为26.7平方公里，距县城及镇政府7公里	1. 田家湾山水风光 2. 土家风情	1. 土家建筑群 2. 古树百棵 3. 土家吊脚楼11栋	1. 摆手舞 2. 土家山歌	1. 核桃、葛种植业 2. 农家乐 3. 土家腊肉	
颗砂乡颗砂村	全村456户，2643人，面积34.8平方公里，距县城25公里	1. 九拱桥 2. 大小庙遗址 3. 古街道、溶洞群 4. 清鱼塘	1. 楠木古树100多株 2. 土家吊脚楼	土家打溜子	1. 土家腊肉 2. 土王贡米	

表3-6　花垣县乡村旅游特色村庄概况

村寨名称	村寨基本情况	景观资源（概念性描述）	物质文化（概念性描述）	非物质文化（概念性描述）	特色产业	备注
排料乡金龙村	全村149户，643人。面积为6.53平方公里，距乡政府8公里，县城50公里，距高速路口22公里	1. 悬崖风光 2. 苗族风情	1. 苗族传统建筑100多株 2. 古树200多棵	1. 樱桃会 2. 金龙村来历的传说 3. 苗族绺巾舞	1. 樱桃70亩 2. 5家农家乐	苗族武术名家龙光青家乡

村寨名称	村寨基本情况	景观资源（概念性描述）	物质文化（概念性描述）	非物质文化（概念性描述）	特色产业	备注
雅西镇打岱村	全村199户，720多人，面积为3.25平方公里，距乡政府6公里，距县城58公里	1. 苗家石头寨 2. 苗族服饰	1. 古建筑60多栋 2. 古树50多棵 3. 古碑古墓各3处	1. 大谷步青传说 2. 巴代文化 3. 苗族歌舞	传统酿酒	中国摄影家协会摄影创作基地
麻栗场镇老寨村	全村112户，490人，面积为2.43平方公里，距麻栗场3公里，高速路口2公里，距花垣县城20公里	1. 文笔梯田自然风光 2. 苗族建筑群	1. 百年古建筑5栋 2. 苗戏台1处 3. 古树古碑	1. 苗戏 绺巾舞 接龙舞 2. 石头开花传说 3. 苗医苗药	1. 枣树120亩 2. 玫瑰花40亩	苗戏之乡 猴儿鼓王石成业家乡
排碧乡板栗村	全村315户，1300多人，距离乡政府2公里，距县城36公里，距吉茶高速出口10公里	1. 苗族古建风光 2. 明清苗寨墙遗址	1. 明清古建筑40余栋 2. 明清寨墙遗迹 3. 古树古墓古井	1. 太阳会，赶秋节 2. 巴代文化 3. 民间绝技	蒙猪养殖	巴代之乡
排料乡十八洞村	全村225户，939人，距乡政府5公里，距矮寨大桥12公里，距吉茶高速出口12公里	1. 悬崖峡谷风光 2. 苗寨风情	1. 苗族传统建筑30多栋 2. 古树30多棵	1. 习大大和十八洞故事 2. 苗歌，绺巾舞 3. 苗族刺绣	1. 旅游接待业 2. 腊肉加工 3. 猕猴桃种植	省州重点扶贫村
排料乡让烈村	位于花垣县东南部，人口1200人，典型苗族聚居村	1. 石头苗寨 2. 秀美的自然风光	1. 苗族建筑群 2. 百年古树	1. 苗族蜡染技艺 2. 苗族唢呐 3. 苗族椎牛	1. 苗族农家乐 2. 苗族银饰	

村寨名称	村寨基本情况	景观资源（概念性描述）	物质文化（概念性描述）	非物质文化（概念性描述）	特色产业	备注
排料乡芷耳村	位于排料乡东南部，与吉首市矮寨镇交界，人口789人，距209国道7公里，距乡政府2公里，全村总面积6.53平方公里，耕地1190亩	1. 苗族风情 2. 秀美的自然风光	1. 苗族建筑群 2. 百年古树	1. 刺绣、蜡染技艺 2. 苗族花带	1. 苗家蜡制品 2. 干山野菜、葛蕨薯粉等	
麻栗场镇立新村	位于花垣县中东部距县城20公里，是一个典型的苗族聚居村，共535人	1. 苗族风情 2. 秀美的自然风光	1. 百年古树 2. 古井	1. 苗族武术（国家级） 2. 苗族鼓舞（国家级） 3. 苗绣	1. 特色养殖 2. 苗族农家乐	全国"美丽乡村"创建试点乡村
边城镇磨老村	位于边城镇的最南面，与对面的贵州省一河之隔。人口500人，是一个自然苗寨	1. 峡谷风光 2. 苗族风情	1. 明清特色建筑 2. 百年古树、古井	1. 苗族鼓舞 2. 三棒鼓	1. 乡村旅游业 2. 桃花虫	曾获苗族"民族文化之乡"之称
雅西镇坡脚村	村中的第七、第八组是黄瓜寨，为一个自然寨，共200人口，距县城60公里	1. 石三保故居 2. 苗民抗清古战场遗址	1. 苗族建筑群 2. 百年古树	1. 苗绣技艺 2. 苗族花带	1. 苗族长桌宴 2. 苗族糍粑 3. 苗族花带	

表 3-7　保靖县第一批旅游特色村庄概况

村寨名称	村寨基本情况	景观资源（概念性描述）	物质文化（概念性描述）	非物质文化（概念性描述）	特色产业	备注
夯沙乡夯沙村	全村 380 多户，1383 人，面积 9.46 平方公里，距县城 102 公里，距吉首 24 公里	1. 排帕古苗寨风情 2. 夯沙老街 3. 瀑布群	1. 苗族建筑群 2. 古树 200 多棵	1. 挑葱会、赶秋节 2. 传统手工技艺	1. 1200 多亩黄金茶产业 2. 山羊养殖	乡政府所在地
夯沙乡夯吉村	全村 400 多户，2300 多人，面积为 16.42 平方公里，距乡政府 4 公里	1. 古苗寨风情 2. 九龙夺宝	1. 苗族特色民居 480 栋 2. 古树上千棵	1. 挑葱会、赶秋节 2. 传统手工技艺	3500 多亩黄金茶产业	湘西州体量最大的村寨
夯沙乡吕洞村	全村 350 户，1379 人，距离夯沙乡政府 5 公里	1. 吕洞山自然风光 2. 苗族风情	1. 古树 400 多棵 2. 古建筑 10 多栋	1. 苗族祭祖 2. 阿公山阿婆山传说 3. 挑葱会、赶秋节	1. 蛇养殖 5000 条 2. 杜仲种植 3. 蜂蜜产业	
夯沙乡梯子村	全村 185 户，687 人，面积为 7.82 平方公里，距夯沙乡政府 1 公里	1. 苗族建筑风情 2. 古树群	1. 百年古树 100 多棵 2. 百年建筑 5 栋	1. 梯子村来历的传说 2. 挑葱会、赶秋节 3. 苗族武术	蜂蜜产业	
夯沙乡矮坡村	全村 158 户，596 人，面积 4.36 平方公里，距夯沙乡 12 公里	1. 原始次森林与高山茶园风光 2. 苗族建筑群	1. 百年古树 100 多棵 2. 百年建筑 2 栋	1. 矮坡村来历的传说 2. 挑葱会、赶秋节 3. 传统音乐	1. 1100 多亩黄金茶产业 2. 山羊养殖	

村寨名称	村寨基本情况	景观资源（概念性描述）	物质文化（概念性描述）	非物质文化（概念性描述）	特色产业	备注
碗米坡镇首八峒村	全村286户，1276人，面积为9.73平方公里。距县城62公里，迂清公路公路完成28公里，距乡政府水路12公里，陆路6公里	1. 八部大王庙遗址 2. 酉水风光	1. 八部大王遗址 2. 古树、古碑	1. 土家族祭祖 2. 八部大王传说 3. 酉水号子、咚咚喹	餐饮接待	有土家族民间私人博物馆1个
清水坪镇清水坪村	为镇政府所在地，与秀山县石堤镇、龙山里耶镇相邻，距保靖县城63公里，全村2559人，省S231道镇穿南北，临河而建，有三个码头	1. 酉水河风光带 2. 魏家寨古遗址	1. 魏家寨西汉古城遗址 2. 古墓群、汉代古井 3. 清水坪清代两埠遗址		农副产品加工业	国家级文物保护单位，国家级自然保护区，省级环境优美示范村
碗米坡镇碗米坡村	位于保靖县西北部，距县城29公里	1. 碗米坡水库风光 2. 八部大王庙遗址 3. 土家民俗村	1. 土家吊脚楼群 2. "东洛旧石器"遗址 3. "摆手堂"遗址	1. 土家文化 2. 八部大王祭祀 3. 土家山歌	1. 网箱养鱼 2. 油茶种植 3. 秦简茶	
葫芦镇黄金村	距保靖县城90公里，距湘西州府19公里，与吉首市马颈坳镇隘口村、几比村接壤，全村153户，762人，面积8.24平方公里	1. 黄金古茶园 2. 苗族风情	1. 百年古茶树2057株 2. 苗族建筑	1. 苗鼓 2. 苗歌	黄金茶产业	黄金茶之乡

村寨名称	村寨基本情况	景观资源（概念性描述）	物质文化（概念性描述）	非物质文化（概念性描述）	特色产业	备注
水田河镇金落河村	全村面积7.8平方公里，距镇政府20公里，县城50公里，人口921人	1. 金落山（河）风光 2. 苓沟溪大峡谷奇观	1. 传统苗族建筑 2. 百年古樟	1. 苗歌 2. 苗鼓 3. 吹木叶	1. 稻花鱼养殖业 2. 酸鱼 3. 露营	2009年，金落河获省A级景区的称号
普戎镇享章村	面积5.86平方公里，距保靖县25公里，人口800人	1. 猫儿心瀑布 2. 别纳库溶洞、石林 3. 龙形山、红军河 4. 板栗、桃、火棘林	1. 土家族休闲山庄 2. 土司王墓	1. "西兰卡普"织锦、刺绣、竹编、雕刻等技艺 2. 毛古斯、摆手舞、傩愿戏、跳马场、铜铃舞	1. 休闲旅游 2. 特色农副产品	国家生态文化村 四星级农家乐

表 3-8　凤凰县乡村旅游特色村庄概况

村寨名称	村寨基本情况	景观资源（概念性描述）	物质文化（概念性描述）	非物质文化（概念性描述）	特色产业	备注
落潮井乡勾良村	全村370户，1872人，面积16.53平方公里，距黄丝桥2.4公里，距大兴机场6公里，距县城25公里	1. 苗寨风情 2. 古妖霭瀑布群 3. 凤凰山自然风光	1. 苗族歌舞博物馆 2. 苗族歌舞表演场	1. "六月六"苗歌节 2. "帕棍洞"传说 3. 苗狮舞	百合面积200亩	中国苗歌第一村

村寨名称	村寨基本情况	景观资源（概念性描述）	物质文化（概念性描述）	非物质文化（概念性描述）	特色产业	备注
都里乡拉毫村	全村415户，2000人，面积为5.2平方公里，距县城16公里，距黄丝桥古城7公里	1. 屯堡、石头寨 2. 南方长城拉豪营盘段 3. 六冲小河及教场河	1. 石板房建筑群 2. 城墙	1. 石雕石刻工艺 2. 木雕木刻工艺 3. 苗医、苗药	猕猴桃标准园	国家级文物保护单位1处
阿拉营镇舒家塘村	全村324户，1320人，耕地面积1348亩，古城西南22公里，距阿拉营镇10公里	1. 舒家塘古城堡 2. 河流、池塘	1. 明清古建筑48栋 2. 古墓100多座 3. 古井3口	1. 苗族"四月八"节日 2. 杨再思的故事传说 3. 傩戏传承	无	舒家塘古堡为国家级重点文物保护单位
山江镇老家寨村	全村133户，660人，距凤凰古城23.5公里，距山江镇3.5公里	1. 明清苗寨建筑群 2. 原始次森林 3. 干潭水库	1. 80栋明清古建筑 2. 古树1200株 3. 长400米护城墙	1. 四月八跳花节 2. 编织刺绣工艺 3. 苗家对歌及赶边边场	苗绣	苗族传统节日为省级非物质文化遗产称号
山江镇早岗村	全村182户，833人，面积为4平方公里，距凤凰县古城22公里，距山江2公里	1. 苗人谷自然风光 2. 神秘的苗人洞 3. 清朝苗族建筑群	1. 112栋清代个特色民居 2. 苗王洞土匪城堡战壕旧址 3. 汉代苗人寨部落遗址	1. 四月八跳花节 2. 编织、刺绣工艺 3. 苗家对歌风俗	1. 旅游接待业 2. 旅游小商品	

村寨名称	村寨基本情况	景观资源（概念性描述）	物质文化（概念性描述）	非物质文化（概念性描述）	特色产业	备注
麻冲乡老洞村	全村263户，1427人，面积为8.2平方公里，距麻冲乡6公里，距山江镇14公里，千麻公路穿村而过	1. 明清四合院式建筑群 2. 苗族风情	1.4处省文物保护单位 2. 古墓30座	1. 苗族富豪麻加富故事 2. 苗族鼓舞 3. 苗族民歌	无	老祠堂旧址；压寨夫人故居；湘西苗王故居；47军代表与陈渠珍密谈会址
山江镇黄毛坪村	全村273户，1264人，面积为1.2平方公里，系镇政府所在地，距县城20公里	1. 苗族风情 2. 苗族博物馆 3. 苗歌台	1. 苗族博物馆 2. 苗歌台 3. 苗族银饰加工	1. 苗绣 2. 苗歌、苗舞、卡鼓 3. 千年古树剥皮树传说	1. 苗族银饰锻造业 2. 苗家腊肉 3. 苗家农家乐	中国传统村落、国家少数民族特色村寨
山江镇东就村	全村180多户，856人，面积为1.5平方公里，距镇政府5公里，距县城25公里	1. 苗族风情 2. 苗寨群落 3. 吊脚楼学堂	1. 苗族建筑群 2. 古井3口 3.2棵百年古树 4. 吊脚楼学堂	1. 苗绣 2. 苗歌、苗舞、苗鼓 3. 苗歌大小调	1. 苗族服饰制作业 2. 红心猕猴桃产业 3. 苗家农家乐	国家少数民族特色村寨、省级特色旅游名村、湖南省三星级乡村旅游景点

村寨名称	村寨基本情况	景观资源（概念性描述）	物质文化（概念性描述）	非物质文化（概念性描述）	特色产业	备注
麻冲乡竹山村	全村237户，1122人，面积为1.7万平方千米，距乡政府9公里，距县城25公里	1. 苗寨群落 2. 苗族风情	苗族建筑群	1. 苗歌、苗舞、苗鼓 2. 苗绣	1. 猕猴桃产业 2. 苗家腊肉 3. 苗家农家乐	中国传统村落
廖家桥镇菖蒲塘村	全村208户906人，面积为1.72平方公里，距镇政府1.5公里，距县城7公里	1. 习柚观光园 2. 飞水谷景区 3. 苗家风情 4. 猕猴桃观光园	习柚观光园	1. 苗绣 2. 苗歌、苗舞、苗鼓	1. 习柚产业 2. 猕猴桃产业 3. 葡萄种植业	国家少数民族特色村寨

表 3-9 吉首市乡村旅游特色村庄概况

村寨名称	村寨基本情况	景观资源（概念性描述）	物质文化（概念性描述）	非物质文化（概念性描述）	特色产业	备注
矮寨镇德夯村	全村148户，560人，面积为3.378平方公里，距吉首市20公里，209、G65高速路绕村而过	1. 万年峡谷风光 2. 千年苗寨风情 3. 百年路桥奇观	1. 苗族农耕文化园 2. 筒车、水辗、古渡、小舟、苗家吊脚楼	1. 苗族鼓舞 2. 苗族传统习俗	1. 旅游、休闲 2. 苗族风情	天下鼓乡

村寨名称	村寨基本情况	景观资源（概念性描述）	物质文化（概念性描述）	非物质文化（概念性描述）	特色产业	备注
寨阳乡坪朗郎村	全村335户，1395人，面积为14.46平方公里，距吉首14公里，距矮寨特大悬索桥3公里，209国道平行贯穿	1. 合韵绿道 2. 峒河湿地 3. 农业自然景观带	1. 农业观光园 2. 苗家风情寨 3. 河滨烧烤场和钓鱼台 4. 古渡口	1. 苗族鼓舞 2. 苗歌、苗拳	1. 草莓、葡萄等水果产业 2. 豆腐制品	吉首市的休闲后花园，德夯风情游驿站
矮寨镇中黄村	全村189户，916人，面积位6.13平方公里，距吉首市15公里，峒河支流治比河穿村而过，吉茶高速公路于村南1公里穿过	1. 重午苗寨 2. 峡谷风光	1. 古建筑物57栋 2. 古城墙1座，古道3处	1. 苗歌苗鼓 2. 传统手工编制技艺 3. 苗族医术	1. 传统的苗族手工织布业 2. 300亩黄金茶 3.3 家传统手工造纸作坊	
矮寨镇家庭村	全村82户，367人，面积为10.53平方公里，距吉首20公里，距镇政府6公里，与矮寨公路奇观及大桥隔山相望	1. 苗族建筑群 2. 矮寨山麓风光	1. 古建筑5座 2. 军事防卫古城墙遗址	1. 四月八 2. 苗族鼓舞 3. 传统工艺：苗族刺绣、打花带	1. 辣椒、四季豆等高山蔬菜 2. 油茶面积500亩	"四月八"节日发源地

村寨名称	村寨基本情况	景观资源（概念性描述）	物质文化（概念性描述）	非物质文化（概念性描述）	特色产业	备注
社塘坡乡齐心村	全村76户，372人，面积为2.8平方公里，距乡首府26公里，距杜塘坡乡9.5公里，属云贵高原边缘的腊尔山地区	1.石寨风情 2.自然风光优美	1.石头房、石板路 2.吴八月义军遗址 3.九龙沟和黄石洞库区	1.乾嘉苗民起义故事 2.苗族对歌、跳鼓 3.苗族服饰	高山反季蔬菜	
矮寨镇排兄村吉斗寨	耕地面积200亩，苗族为主，距市区28公里，人口188人	1.峡谷风光 2.苗家风情 3.天问台等观景台	1.苗族建筑群 2.生态游道	1.屈原问天传说 2.苗族鼓舞 3.苗绣	1.旅游接待业 2.湘西腊味等美食	悬崖上的苗寨
矮寨镇坪年村	耕地面积917.3亩，苗族为主，距市区30公里，人口903人	1.苗家风情 2.峡谷风光	1.杨岳斌故居 2.苗族建筑群 3.苗鼓之乡	1.苗族鼓舞 2.苗族刺绣 3.巫傩绝技	1.农家乐 2.黄金茶产业 3.苗族美食	鼓王之乡
寨阳乡补点社	耕地面积632亩，苗族为主，距市区10公里，人口678人	1.洽比河风光 2.峡谷风光 3.苗家风情	1.谷韵绿道 2.苗族建筑群	1.苗族刺绣 2.苗族鼓舞 3.巫傩绝技	1.养殖业 2.冥纸加工	省级"清洁文明村"
太平乡司马村	总面积8.55平方公里，土家族为主，距市区17公里，人口1256人	1.天马山风光 2.张一尊故居 3.将军墓	1.明清建筑 2.古井——铜壶滴漏 3.双碾子	1.天马山传说 2.唱山歌、玩花灯 3.土家族绝技	1.农家乐 2.养殖业 3.种植业	少数民族传统村落

村寨名称	村寨基本情况	景观资源（概念性描述）	物质文化（概念性描述）	非物质文化（概念性描述）	特色产业	备注
排绸乡河坪村	总面积9.5平方公里，距市区25公里，人口965人	1.丹青河自然风光 2.生态茶园观光 3.椪柑采摘园	1.苗族特色民居 2.古村	1.调年节等民俗文化活动 2.苗族绝技	1.旅游业 2.茶产业 3.椪柑产业	中国传统村落

表3-10　古丈县乡村旅游特色村庄概况

村寨名称	村寨基本情况	景观资源（概念性描述）	物质文化（概念性描述）	非物质文化（概念性描述）	特色产业	备注
罗依溪镇毛坪村	全村178户，786人，距县城10公里，距S229线、洞河火车站仅1公里	1.湖光山色 2.村寨茶园	1.土家族苗族建筑 2.千苗茶园	1.龙舟赛 2.舞龙灯	1.栖凤湖养鱼业 2.1100苗茶园 3.8家渔家乐	
默戎镇龙鼻村	全村570户，2470人，面积16平方公里，距吉首首23公里，S229、焦柳铁路穿寨而过	1.苗寨风情 2.优美田园风光	1.围场 2.风雨桥 3.杨家老宅	1.四方鼓舞 2.苗族跳鼓 3.巫傩绝技 4.苗族山歌	1.旅游接待和服务业 2.1200苗茶园	苗族花鼓之乡，中国民间文化艺术之乡
默戎镇毛坪村	全村313户，1306人，面积9.8平方公里，距县城10公里，处张家界至凤凰游线中段	1.牛角山特色产业园 2.夯吾苗寨风情	1.牛角山茶厂茶园 2.苗族建筑	1.茶艺展示茶文化 2.苗族民俗	1.牛角山万亩茶园 2.旅游接待业 3.养殖业	产业能人带动

村寨名称	村寨基本情况	景观资源（概念性描述）	物质文化（概念性描述）	非物质文化（概念性描述）	特色产业	备注
红石林镇老司岩村	全村157户，720人，面积为4.124平方公里，位于处于进入红石林景区的必经之地	1. 土家族古建筑群 2. 老司岩西水风光	1. 明清古建筑14栋 2. 伏波庙 3. 古道、古城墙 4. 古墓30多座	1. "斗篷客"神奇传说 2. 土家打溜子、摆手舞 3. 阳戏	无	省级文物保护单位
红石林镇列溪村	全村225户，1040人，面积约为20平方公里，该村位于芙蓉镇东岸，坐龙峡景区左侧	1. 土家山寨风光 2. 古树丛林	1. 古树300棵 2. 土家建筑 3. 石榨油坊遗址 4. 水碾坊5座	1. 哭嫁、拦门 2. 上梁、打溜子	茶园1200亩	
高峰乡岩排溪村	全村297户，1176人，面积约为11.18平方公里，位于古丈县东北部，与沅陵县二酉乡部分村寨交界	1. 原始次森林自然景观 2. 梯田风光	1. 1000亩梯田 2. 土家族特色民居	1. 山歌 2. 土家哭嫁歌 3. 打溜子	菜油产业	
默戎镇翁草村	距古丈县城13公里，距镇政府14公里，面积5.39平方公里，人口808人	1. 苗寨风情 2. 茶叶观光园	1. 苗族建筑群 2. 古树百棵	1. 舞狮、打猴儿鼓 2. 苗歌对唱	1. 茶叶产业 2. 苗家酸鱼、酸肉	
默戎镇中寨村	地处该镇东南方，面积18.5平方公里，人口1200多人	1. 苗家风情 2. 沿河风光	1. 苗族建筑群 2. 古树百棵	1. 苗鼓、苗歌 2. 舞狮	1. 苗绣 2. 苗家酸鱼、酸肉	

村寨名称	村寨基本情况	景观资源（概念性描述）	物质文化（概念性描述）	非物质文化（概念性描述）	特色产业	备注
红石林镇张家坡村	位于坐龙峡景区出口处，全村总面积5.3平方公里，现有人口535人	1.秀美的自然风光 2.土家风情	1.土家建筑群 2.古村	1.哭嫁、拦门 2.上梁、打溜子	1.土家农家乐 2.土家腊肉	省级特色旅游名村
高望界乡石门村	位于高望界东北方部。全村辖8个村民小组，10个自然寨，175户、730人，现有劳力420人，其中：妇女359人，常年外出务工人员230人。全村有稻田面积670亩，旱地150亩，村民家庭经济收入主要靠种植业和外出务工收入	1.苗家风情 2.沿河风光	苗族民居建筑群	苗族民俗文化	1.柑橘 2.稻花鱼 3.野生蜂蜜	凤滩库区重点移民村

表3-11 泸溪县乡村旅游特色村庄概况

村寨名称	村寨基本情况	景观资源（概念性描述）	物质文化（概念性描述）	非物质文化（概念性描述）	特色产业	备注
白沙镇红土溪村	全村496户，2960人，面积为12.67平方公里，距县城8公里，县道X041穿村而过	1.盘瓠辛女人文景观 2.沅水风光带	1.盘瓠庙 2.辛女庵、辛女祠 3.侯家古墓群	1.盘瓠辛女传说 2.辰河高腔 3.打围鼓	1.养蜂280多箱 2.椪柑种植面积100亩	《泸溪县白沙镇红土溪村盘瓠文化生态园整体规划（2013-2015）》

村寨名称	村寨基本情况	景观资源（概念性描述）	物质文化（概念性描述）	非物质文化（概念性描述）	特色产业	备注
达岚镇岩门村	全村83户，438人，面积为14.5平方公里，距县城44公里，距镇1.2公里	1. 岩门古堡 2. 优美自然风光	1. 康家古院 2. 绣花楼、风火墙 3. 古戏蒙 4. 10公里古驿道	1. 过"六月年" 2. 本地阳戏 3. 茂文的传说 4. 石雕技艺	无	
白沙镇铁山村	全村92户，430人，面积1.7平方公里，与县城隔江相望，直线距离1公里，水陆两端均能达到	1. 瓦乡家园风情 2. 沅水风光带	1. 特色民居46栋 2. 铁山古渡 3. 帅府庙遗址	1. 瓦乡文化 2. 技艺：雕刻、刺绣 3. 民俗活动：舞龙灯、端午划龙舟	1. 养殖初具规模 2. 蔬菜种植	
浦市镇马王溪村	全村368户，1722人，面积为6.18平方公里，距浦市镇4公里，县道白市公路穿村而过	1. 现代农业观光园 2. 建筑	1. 陶瓷工厂 2. 古建筑28栋 3. 黔王庙3座 4. 祠堂	1. 传统戏剧阳花打戏 2. 陶瓷器制作工艺	1. 现代农业产业 2. 陶瓷加工业 3. 铁骨猪养殖业	各项工作都走在前面，堪称"湘西的华西村"
浦市镇黄家桥村	全村218户，1037人，面积为8.65平方公里，距浦市镇0.5公里，县道白市公路穿村而过	1. 浦市古镇风韵 2. 荷花园风光	1. 苦家三院 2. 上方寺 3. 国民党陆军监狱 4. 桐木垅古墓群	1. 辰河高腔 2. 傩面具制作 3. 赛龙舟	1. 莲藕种植业 2. 传统手工制作业	黄家桥村位于浦市古镇，是3A级旅游景区

村寨名称	村寨基本情况	景观资源（概念性描述）	物质文化（概念性描述）	非物质文化（概念性描述）	特色产业	备注
白沙镇红岩村	全村92户、430人，全苗族，面积16.25平方公里，距县城8公里，可水陆两路到达	1.辛女岩、辛女祠 2.辛女溪、辛女溪水库 3.沅水风光	特色古民居120栋	1.跳香 2.辛女文化	1.瓦乡米 2.蜂蜜、板栗 3.稻田养鱼	国家旅游扶贫重点村 全州乡村旅游示范点
武溪镇上堡村	全村401户、1629人，全苗族，面积24平方公里，东距武溪镇2公里，常吉高速、319国穿村而过	1.国家武水湿地公园 2.天桥山自然保护区 3.苗家风情	1.特色古民居110栋 2.千年银杏古树4棵	1.杨柳石雕 2.苗家山歌会 3.木雕	1.泸溪椪柑 2.苗家腊肉	国家旅游扶贫重点村 全州乡村旅游示范点
浦市镇新堡村	全村586户、2535人，全苗族，面积15平方公里，东南距浦市古镇3公里，县道白四公路穿村而过	1.千苗花卉基地 2.代朝山庙 3.溶洞	1.特色古民居20栋 2.溶洞1个	1.拾黑龙 2.谭子兴传说	1.花卉苗木 2.泸溪椪柑	全省美丽乡村示范村
浦市镇高山坪村	全村316户、1682人，全苗族，总面积29.56平方公里，东距浦市古镇5公里	1.苗家风情 2.高山坪古驿道 3.菊花石林	1.特色古民居50栋 2.古树2株、溶洞5个 3.古驿道5公里	1.军事商贸文化 2.拾黑龙	1.菊花石雕 2.苗家腊肉	国家旅游扶贫重点村

村寨名称	村寨基本情况	景观资源（概念性描述）	物质文化（概念性描述）	非物质文化（概念性描述）	特色产业	备注
浦市镇岩门溪村	全村528户，2380人，总面积14.5平方公里，距浦市古镇0.5公里	1.岩门溪水库风光 2.苗家风情	1.特色古民居22栋 2.古树2株 3.铁索桥	1.菊花石雕 2.渔鼓	1.水产养殖 2.苗家腊肉 3.菊花石雕	国家旅游扶贫重点村
武溪镇黑塘村	全村面积16.78平方公里，405户，2088人，苗族等少数民族占60%以上，319国道穿村而过，狮子山巨葡萄园1100亩，狮子山峰葡萄2014年荣获全省葡萄评比金奖。椪柑9000亩，年产量300万千克	1.国家武水湿地公园 2.狮子山葡萄基地 3.狮子山迷迭香基地 4.狮子山迷迭香基地 5.椪柑基地	1.特色古民居45栋 2.千年银杏古树31棵 3.鱼塘4个	1.杨柳石雕 2.苗家山歌会 3.木雕 4.坐堂戏	1.泸溪椪柑 2.巨峰葡萄 3.山鸡 4.山塘养鱼	国家旅游扶贫重点村；全州乡村旅游示范点
梁家潭乡芭蕉坪村	面积13.89平方公里，平均海拔500米，森林覆盖率达95%，是湘西苗语东部次方言土语的中心地带	1.山羊基地 2.湘西黄牛基地 3.生姜基地 4.青蒿基地	1.风雨桥（县级文物保护单位） 2.古民居80栋 3.云长坪梯田 4.葵溪原始次森林 5.酉溪水库风光带	1.舞狮、武术、高脚马、民间棋类 2.团圆鼓、跳香、山歌苗歌、三棒鼓等苗间舞蹈曲艺 3.还傩愿、咬犁口、上刀梯	1.泸溪椪柑 2.山羊 3.山鸡 4.山塘养鱼	湖南省少数民族文化特色村

第四章 市场分析

一、把脉全国乡村旅游市场的发展趋势

（一）乡村旅游发展速度的"三量齐升"

随着大众旅游需求的持续高涨，休闲方式日益呈现出多元化，到农村去、吃农家饭、体验农家生活，被越来越多的城市居民所青睐。新的休假制度实行后，人们的休假时间将逐渐增多，选择特色乡村度假旅游也逐渐增多。

1.乡村旅游者数量迅速提升

从图4-1数据显示，中国乡村旅游的游客量正在迅速的增长，从2009年的3亿人次增长到2014年的12亿人次。乡村旅游游客数量占到整个旅游游客数量的比重已经从20%左右增长到30%。

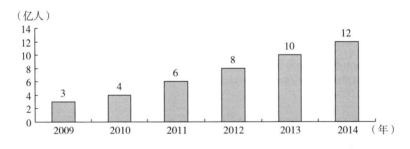

图4-1 2009～2014年中国乡村旅游人次变化

资料来源：相关新闻报道，数据均取整数。

2.乡村旅游收入量持续增长

随着游客数量的增长，乡村旅游收入也在快速的增长，从2009年

的 800 亿元增长到 2014 年的 3200 亿元，年均增长率达到 30% 以上。2014 年乡村旅游带动 3300 万农民就业和提升收入（见图 4-2）。

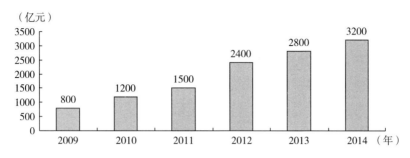

图 4-2　2009～2014 年中国乡村旅游收入变化

资料来源：相关新闻报道，数据均取整数。

3. 乡村农家乐数量稳步增长

随着乡村旅游的不断发展，全国各地不断拓宽发展路径，加快休闲农业创意园区、农家乐专业村建设，农耕特色与自然山水、乡村风貌融为一体的农事景观体验正成为休闲农业与乡村旅游的重要形式。各种形式的农家乐实现了迅速增长，从图 4-3 中可以看出，2009 年的 128 万家增长到 2014 年的 200 万家。同时，还形成了 10 万个以上的乡村旅游特色村镇，基本形成了依托城市、围绕名胜、展示山水、经营农事、特色农耕文明与现代文明融合发展的格局，成为开展乡村旅游的重要支撑。

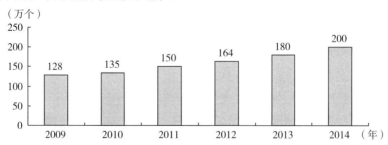

图 4-3　2009～2014 年中国乡村旅游农家乐数量变化

资料来源：相关新闻报道。

（二）乡村旅游市场潜力 的 "五个支撑"

1. 城镇化进程不断推进：游客基数支撑

城市居民是乡村旅游的主要客源。中国城镇化率已经从 2004 年的 41.7% 增长到 2014 年的 54.77%（见图 4-4）。随着城镇人口比例的不断增长，城镇居民对乡村旅游需求也会随着增长。同时，中国正不断提升城镇化质量，人口素质也在不断提升，城镇居民对乡村旅游将会更加青睐。

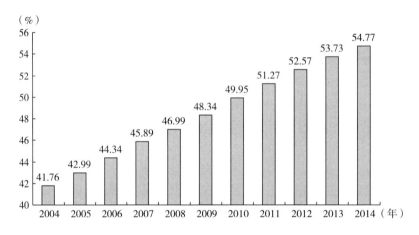

图 4-4　2004 ～ 2014 年中国城镇化进程变化

资料来源：国家统计局数据库。

2. 城镇居民收入稳定增长：市场质量支撑

我国城镇居民家庭人均可支配收入从 2004 年的 9400 元增长到 2014 年的 28800 元（见图 4-5）。作为乡村旅游的主要客源，其收入增长是乡村旅游收入增长的保障。

3. 城镇居民旅游人数迅速增长：市场规模支撑

近年来国内游客的增长主要来源于城镇居民，农村居民的增长速度比较缓慢。旅游人数迅速增长，为乡村旅游市场的持续发展提供了动力（见图 4-6）。

4. 城镇居民旅游消费迅速增长：客源消费支撑

从旅游消费来看，国内旅游的总消费增长迅速，但这种增长主要来源于城镇居民的旅游消费增长，是乡村旅游收入增长的重要保障（见图4-7）。

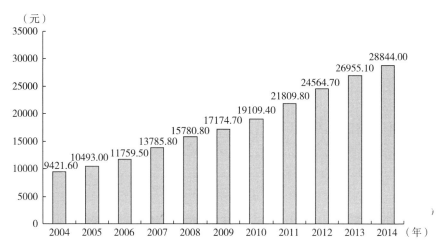

图 4-5　2004 ~ 2014 年中国城镇居民家庭人均可支配收入变化

资料来源：国家统计局数据库。

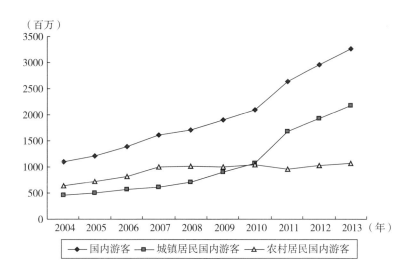

图 4-6　2004 ~ 2014 年中国城镇居民旅游人次变化

资料来源：国家统计局数据库。

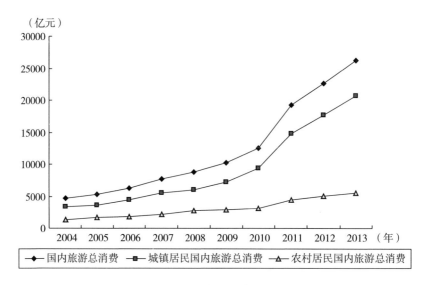

（亿元）

图4-7　2004～2014年中国城镇居民旅游总消费变化

资料来源：国家统计局数据库。

从城镇居民人均旅游消费来看，增长比较缓慢，但是城镇居民的人均消费要比农村居民多500元（见图4-8），这成为乡村旅游实现效益的重要保障。

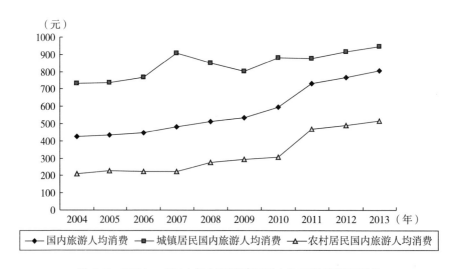

（元）

图4-8　2004～2014年中国城镇居民人均旅游总消费变化

资料来源：国家统计局数据库。

5. 城镇居民私家车拥有量迅速增长：交通工具支撑

私家车是乡村休闲度假的重要工具，其数量的持续增长，为乡村旅游发展解决了交通工具问题。从城市家庭平均汽车拥有量来看，从2004年每百户2辆到2014年已经增长到每百户近29辆（见图4-9）。湖南省2014年个人轿车保有量达到216.02万辆，平均每百人拥有民用车达到14.7辆。长沙、常德、娄底、邵阳、岳阳和株洲6个市州的民用车拥有量均超过70万辆；长沙民用车拥有量已突破180万辆，民用汽车达到144.40万辆，平均每6人拥有1辆私家车。

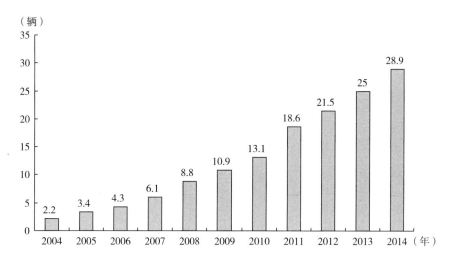

图4-9　2004～2014年中国城镇家庭私家车拥有量变化

资料来源：国家统计局数据库。

（三）乡村旅游需求趋势的"四大方向"

1. 品质化需求：产品提质

多数乡村旅游游客，已经从单纯的观光游，向休闲养生度假游转变，更加强调放松自我和休息享受，休闲养生度假体验游，成为主流旅游需求。

2. 多元化体验：产品融合

现在，游客的旅游体验更强调旅游与休闲度假和文化体验的有机结合，更加重视立体化的多重体验。多数游客在乡村的停留时间开始增长，从观光游向享受型休闲游憩结合的立体化体验转变，这种趋势为旅游与农业、旅游与文化、旅游与生态的深度融合提供了重要的市场支撑。

3. 差异化消费：产品扩容

游客消费更加重视个性化与体验化，不同游客的消费需求表现出巨大的差异性，有的游客偏好以农家乐为主的大众化旅游产品，也有不少游客更倾向于运动休闲、户外拓展、养生健体等高端旅游产品。

4. 原生态选择：产品创意

游客在旅游地选择中，更加偏爱自然和原生态之地，追求自然美景、享受本真化生活、体验原生态民俗和文化，这可成为湘西乡村旅游发展的重要机遇。

二、摸透湘西州旅游客源市场的集中特征

目前，湘西州的景区基本都集中在农村，因此湘西州乡村旅游市场与总体旅游市场有很大程度上的重合性。由于缺乏专门的乡村旅游市场数据，此处以调查问卷、整体旅游的市场的基本情况分析来反映湘西州乡村旅游市场的特征。

（一）旅游客源集中

1. 客源职业集中：企事业人员

来湘西旅游的游客中 25 ~ 44 岁年龄组游客比重高，达到 60% 以上。来湘西州旅游的游客以中青年为主，少年、老年旅游者比重较低，湘西州乡村旅游的现有旅游产品对老年市场缺乏足够的吸引力。乡村旅游的游客中，男女比例基本均匀，但是男性旅游者人数始终略高于女性。调查显示，湘西州的游客职业集中在企事业人员。各种职业类型的旅游者所占的比重相差较大，企事业管理人员占比为 40%；其次是公务员，占比为 30%。这部分游客思想开明，消费观念先进，出游意识强烈，偏爱自然生态环境优美的旅游目的地。因此，在产品开发上可以重点考虑休闲度假产品，并且将其作为重点营销对象。

2. 客源地域集中：州内、本省及周边省市

乡村旅游具有邻近城市、回归自然、交通便利、费用较低等特点，

已成为城镇居民周末和节假日休闲度假的首选目的地。湘西州乡村旅游的国内游客中，短线自驾游游客的比重占全州旅游市场总量的60%以上，大部分来自本州和本省，辐射区域还不够广阔，品牌化不够突出。凤凰的乡村游客主要是古城的溢出游客，与古城的游客来源一致性比较高，其他地区的游客受凤凰的溢出效应很低。

调查显示，湘西州的旅游客源地以周边省市地区为主，主要分布华中、西南、华南和华东地区（见表4-1）。乡村游客中本州游客比例达到35%以上，是目前的游客主体，特别是坪郎等城郊景区中，本州游客比例达到50%以上；省内的长沙、株洲、湘潭是最大的客源地，张家界、常德等外地游客的比例比较少；邻近的重庆、贵州、四川、湖北及广东游客，占20%左右，也是湘西州的重要客源地。湘西州旅游国外游客数量比较少。2014年湘西州接待境外游客32.07万人次，占游客总数不足2%。国外游客到湘西州乡村旅游的偶然性比较大，一般来说多以探险、学研为主，但普遍被湘西的神秘生态文化所吸引。

表4-1	湘西州客源市场分布	
客源区域	游客比例（%）	特征
湘西州内	35	基础客源
湖南省内（长沙、株洲、湘潭等）	30	第一重要客源
周边地区（重庆、湖北、广东、贵州）	20	重要客源
其他地区	10	机会客源

（二）出游行为集中

1. 旅游目的地集中：重点景区

游客在湘西的空间分布差异比较明显（见表4-2）。数据显示，2015春节假日期间全州监测的11个重点景区累计接待游客100.91万人次。其中，凤凰景区共接待游客57.18万人次，占全州的42%，门票收入634.34万元，游客数量有两天位列全省首位；吉首矮寨奇观景区接待游客19.5万人次，占全州的20%，门票收入385.18万元；龙山县春节假日期间共接待游客14.27万人次，占全州的15%，实现旅游综合收入7135万元；永顺芙蓉镇接待游客1.4万人次，门票收入52.2

万元；州内其他重点景区接待人次、门票收入比例都比较低。

表 4-2　　　　　　　　　　　湘西州游客目的地分布

目的地区域	游客比例（％）	特征
凤凰（山江苗寨群）	42	第一目的地
吉首（矮寨景点群）	20	第二目的地
龙山（惹巴拉土家村寨群）	15	重要目的地
保靖（吕洞苗寨群）、永顺（老司城）、花垣（金龙）		重要目的地

2. 出游方式集中：自驾游

随着大众旅游时代的来临，特别是湘西州进入"高速时代"以来，旅游服务体系逐渐完善，自助自驾游和家庭游、亲朋好友结伴游等出游方式比例明显提高，特别是节假日高速免费期间，各景区的自驾游人数都会大幅上升。调查显示（见表 4-3），2013 年以来，以自由行为主的散客成为本州旅游市场主体，以自助游、半自助游、自驾游等为主的散客占据半壁江山，达到 50% 以上。如 2013 年国庆黄金周期间，南方长城、矮寨奇观、边城茶峒、里耶古城等重点景区，散客接待人次均超过或持平团队接待人次。

湘西州内各景点游客出游方式差异较大，凤凰山江苗寨景区、南长城景区以及吉首的矮寨景区等，由于旅游市场相对比较成熟，单位组织和旅行社组织的团游比例比较高，超过 50%。其他地区由于缺乏大型的旅游景点支撑，主要是选择个人与亲友结伴出行方式，特别是不少乡村旅游景点团队游的可进入性较差，大多数人选择以自驾游的方式出游。如吕洞山游客中自驾车游客占到 90% 以上，芙蓉镇景区散客比率达 70% 以上。

表 4-3　　　　　　　　　　　湘西州游客目的地分布

景区类型	游客出游方式
凤凰（山江苗寨群）、吉首（矮寨景点群）	50% 为自驾游
龙山（惹巴拉土家村寨群）、保靖（吕洞苗寨群）永顺（老司城）、花垣（金龙）	90% 以上为自驾游

3. 旅游信息渠道来源集中：网络媒体

调查显示（见图4-10），移动多媒体和亲朋介绍是目前湘西州游客主要的信息渠道，应充分重视此类营销手段。另外，亲人、朋友、同事是主要的出游同伴，因此应充分考虑旅游的人性化服务。

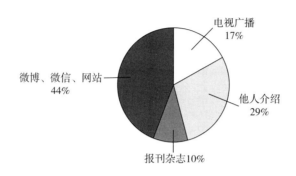

图4-10 游客旅游信息来源渠道

4. 出游时间集中：周末及节假日

从湘西州的旅游市场规律来看，每年的4～10月为旅游旺季，其他时间为淡季，游客量偏少。其中，乡村旅游景点表现更为突出。湘西州的假日旅游持续火爆，元旦、春节、清明、五一、端午、中秋、国庆七个假日游客比较集中，2014年假日共接待游客497.86万人次，占全年游客数量的17.6%。另外，游客的季节性出游特征显著，不少景区的游客只有一季，如马颈坳的桃花山庄，游客集中在春季桃花盛开期间旅游观光。乡村旅游景点的游客出行时间主要集中在周末和十一、春节两个黄金周，特别是举办大型节庆活动期间，更是游客集中时期。

（三）旅游消费集中

1. 停留时间集中：一天

调查显示，来湘西的游客中多数为一日游游客。2013年国庆黄金周的调查显示，一日游游客92.2万人次，占旅游市场的60%；过夜游游客61.5万人次，占旅游市场的40%，过夜游客人均停留天数达到2.6天，人均消费突破1000元。2014年春节黄金周，全州共接待游客108.35万人次，其中过夜游客48.76万人次，一日游游客59.59万人次；2014年国庆黄金周，全州共接待游客171.95万人次，其中一日游游客111.77万人次，占旅游市场的65%；过夜游游客60.18万人次，占旅游市场的35%。从乡村旅游来看，游客几乎100%是一日游游客，游客消费比较少。调查显示，游客在乡村旅游上的消费水平普遍比较低，半数以上游客平均每天消费不超过200元。

2. 购买商品类型集中：土特产

从购物类型上来看，游客主要关注土特产品，其次是手工艺品，对于旅游纪念品和其他产品的关注度不高。2013年国庆黄金周的调查显示，织锦、蜡染、银饰及土特品等旅游商品畅销，抽样分析显示，来湘西州游客购物支出占出行花费的35%以上。2014年五一假期调查显示，土家织锦、菊花石雕、苗族银饰、古丈茶叶等旅游商品受到游客青睐。2014年国庆与春节黄金周期间，织锦、蜡染、银饰及土特产等旅游商品畅销，乾州古城、凤凰古城、古丈神土地等旅游商品销售区（点）购销两旺。游客消费中，娱乐消费所占比例较小，娱乐产品吸引力不强（见图4-11）。

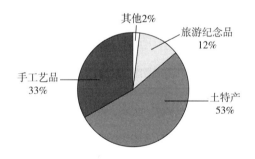

图4-11　游客购物偏好

（四）旅游偏好集中

1. 乡村旅游动机集中：休闲养生

调查显示（见表4-4），休闲度假和旅游观光仍然是游客旅游的主要动机，比例达到一半以上。但是，必须注意的是，运动健身和体验娱乐正在流行，探秘神奇生态山水、欣赏独特民俗风情和感受厚重历史文化已逐渐成为游客的主要旅游目的。2013年国庆黄金周的调查显示，游客出游多以山水休闲为主要目的，乡村游、探险游等旅游趋势强势增长，徒步、自行车等新型出游方式逐步兴起。2014年清明小长假仍以中短线出游为主体，古城古镇游、扫墓探亲和踏青休闲游成为假日旅游热点，占据假期游客1/3，大批湘西籍在外人士携亲朋好友回来扫墓；本地居民大多选择爬山健身、踏青赏花、采摘和观光休闲。

表 4-4   旅游目的排序

旅游动机	位次
休闲度假养生	1
农事、农业观光体验	2
民俗风情与文化体验	3
历史文化体验	4
户外运动探险	5
变换生活环境、摆脱日常生活烦扰	6
研学考察	7

2. 旅游关注要素集中：生态文化

近年来，湘西州乡村旅游的可进入性、接待条件、市场影响力等均显著提升。2015年春节期间，龙山惹巴拉日均接待游客达4000人次以上；永顺司城村共接待游客1.89万人次；保靖吕洞山、泸溪红土溪村、吉首坪朗村等乡村旅游区（点）备受游客青睐；永顺不二门温泉走俏市场，润雅乡火龙山温泉每天接待游客达500人次。调查显示，游客在选择目的地的时候，生态环境和特色文化成为首要考虑因素，同时卫生和距离也是重要考虑因素（见图4-12）。

3. 旅游制约要素集中：基础设施

从目前乡村旅游发展的制约要素来看，最大问题是基础设施尚待完善，其次是交通制约，卫生条件和旅游内容单一也是重要的制约因素（见图4-13）。

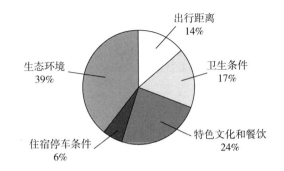

图 4-12 选择旅游地因素

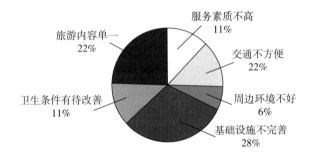

图 4-13 乡村旅游制约因素

三、预测湘西州乡村旅游市场的发展动向

（一）湘西州乡村旅游市场过去的时空动态分析

1. 客流增长总体平稳

从图 4-14 中数据显示，湘西州的旅游市场客流量增长比较稳定，从 2006 年的 500 万人次增长到 2014 年的 2800 多万人次。2014 年实现旅游收入 174.51 亿元，游客人均停留天数达到 1.55 天，人均消费达到 635 元，已经进入全国十大旅游热点地区。但是与周边相比，竞争压力大：与张家界相比处于弱势，怀化在高铁开通后旅游发展将会更加迅速，湘西州旅游未来面临巨大的发展压力。

2. 县市发展差异显著

从各县的旅游业发展现状比较可以发现（见图 4-15），目前，湘西州各县之间的旅游业发展差异较大。其中，吉首和凤凰两地的游客占全州游客总量的 60% 以上。2010 年之前，湘西州旅游市场以凤凰为核心，旅游收入占湘西州旅游总收入的一半以上，其他地区的收入比较低。2010 年以后，各县都得到了较快的发展，如永顺、龙山、古丈发展势头较为强劲。

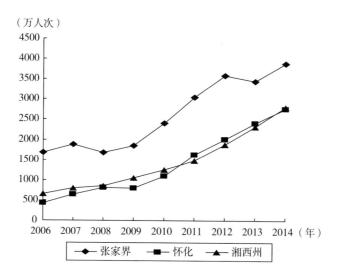

图 4-14　2006 ～ 2014 年湘西州旅游人次变化

资料来源：湖南统计局网站。

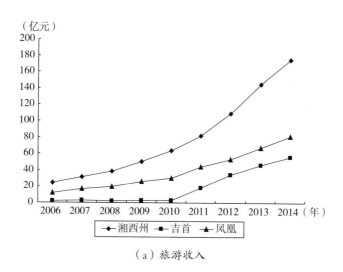

（a）旅游收入

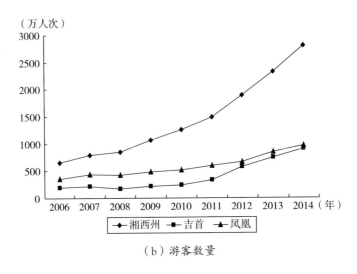

（b）游客数量

图 4-15　2006 ～ 2014 年湘西州旅游收入和游客人次变化

资料来源：湖南统计局网站。

　　当前，原始古朴的民族村落、独具特色的民族建筑、浓郁醉人的民俗文化已经形成独特的旅游卖点和消费热点。但从总体来看，湘西州的乡村旅游还处于起步阶段。凤凰县 2014 年乡村旅游共接待中外游客 35.12 万人，实现旅游收入 5268 万元。2014 年国庆黄金周，全州共接待游客 171.95 万人，重点监测的 8 个乡村游景点，累计接待游客 20.94 万人，其中龙山惹巴拉接待 2.06 万人，凤凰山江苗寨接待 8.03 万人，保靖夯沙接待 6.33 万人，永顺老司城接待 1.04 万人。

（二）湘西州乡村旅游市场未来的定量发展测算

1. 预测依据和假设

　　结合乡村旅游发展的规律，考虑到湘西州乡村旅游正处于起步阶段，假设乡村旅游的增长速度是递增的，其增长率在发展初期低于旅游业的平均速度，发展中期与旅游业的发展速度相当，发展后期高于旅游业发展的平均速度，其稳定期增长速度与国民经济增长速度相当，并且其增长的规模极限为现代西方乡村旅游发达国家中乡村旅游占旅游业的比重，或是乡村旅游资源占旅游业资源的比重。

　　这是一种资源卡口法（市场与资源匹配原则）。按此思路类推，日本的乡村游客比例为 50%，中国目前为 33%；根据湘西州的相关统计数据，

2014年的乡村游客比例达到300万人，占所有游客的比例为10.5%，未来会迅速增长。中国的乡村资源比例为70%，湘西州应高于该比例，可能达到90%。考虑到湘西州乡村旅游市场基础比较薄弱，资源开发的难度偏大，因此我们假设未来（2030年）乡村旅游市场的比例极限为70%。

　　根据相关的统计数据，中国乡村旅游人次和收入比例在国内旅游总收入中的比重正在迅速的提升。根据相关的统计数据，乡村游客的比例已经从2009年的15%增长到2014年的33%。2014年中国国内游客36.1亿人次，国内旅游收入30312亿元，增长15.4%；乡村旅游人次占国内游客的比例达到33%，收入比例超过10%，乡村旅游经济效益系数为0.3。2014年湘西州的乡村旅游收入达到10亿元，门票收入达到3600万元，乡村旅游收入比例接近6%，乡村旅游经济效益系数达到0.54，远高于全国的经济效益。由于湘西州的旅游资源事实上集中在乡村，可以将2015年的效益系数估计为全国水平的0.55；考虑到乡村旅游收入的实际效益难以达到城市水平，借鉴其他规划的做法，将未来经济效益系数设定为0.7，详情见图4-16。

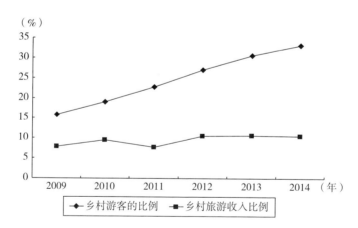

图4-16　2009～2014年中国乡村游客与乡村旅游收入占比变化
资料来源：相关新闻报道和统计公报。

2. 预测结果

　　以湘西州2000～2014年的旅游产业时间序列数据为基础，先利用时间序列方法对湘西州的全部旅游人次和旅游收入进行预测，再根据乡村旅游的剥离系数和经济效益系数推算乡村旅游的游客人次和收入。利用统计软件进行拟合的结果发现，两个变量采用时间序列中的二次平滑模型（指数平滑法的一种）效果最好，解释力度都超过98%，具体预测结果如图4-17和图4-18所示。

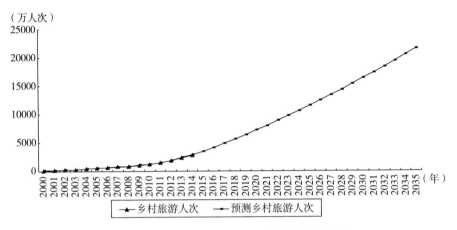

图 4-17　湘西州 2000 ~ 2035 年旅游人次预测

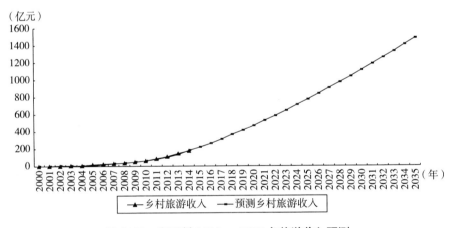

图 4-18　湘西州 2000 ~ 2035 年旅游收入预测

综上预测数据，根据湘西州的实际情况，采用均值法，按照保守估计，把2015年乡村旅游的剥离系数设定为0.11，把乡村旅游人次增长极限界定为全部旅游人次的70%，假定均匀变化，并在2035年达到该极限。假定湘西州的乡村旅游经济效益系数由2015年的0.55增长到2035年的0.7，也假定为均匀变化，最后可得到湘西州2015 ~ 2035年的乡村旅游人次和收入预测结果，详情见表4-5。

表4-5　2015～2035年湘西州乡村旅游人次和收入预测

年度	预测旅游人次（万）	增长率（%）	剥离系数	预测乡村旅游人次（万）	增长率（%）	预测旅游总收入（亿元）	增长率（%）	效益系数	预测乡村旅游收入（亿元）	增长率（%）
2015	3461.75	—	0.110	380.793	—	217.44	—	0.550	13.155	—
2016	4131.76	19.355	0.140	576.381	51.363	262.3	20.631	0.558	20.399	55.068
2017	4839.91	17.139	0.169	817.945	41.911	310.2	18.262	0.565	29.619	45.198
2018	5581.13	15.315	0.199	1107.854	35.444	360.72	16.286	0.573	40.993	38.398
2019	6351.8	13.808	0.228	1448.210	30.722	413.56	14.648	0.580	54.689	33.412
2020	7149.25	12.555	0.258	1840.932	27.118	468.53	13.292	0.588	70.880	29.605
2021	7971.4	11.500	0.287	2287.792	24.274	525.44	12.147	0.595	89.727	26.590
2022	8816.61	10.603	0.317	2790.457	21.972	584.18	11.179	0.603	111.398	24.152
2023	9683.5	9.832	0.346	3350.491	20.070	644.62	10.346	0.610	136.053	22.133
2024	10570.93	9.164	0.376	3969.384	18.472	706.69	9.629	0.618	163.861	20.439
2025	11477.91	8.580	0.405	4648.554	17.110	770.3	9.001	0.625	194.982	18.992
2026	12403.59	8.065	0.435	5389.360	15.936	835.38	8.449	0.633	229.580	17.744
2027	13347.22	7.608	0.464	6193.110	14.914	901.87	7.959	0.640	267.819	16.656
2028	14308.12	7.199	0.494	7061.057	14.015	969.73	7.524	0.647	309.869	15.701
2029	15285.71	6.832	0.523	7994.426	13.219	1038.9	7.133	0.655	355.891	14.852
2030	16279.43	6.501	0.553	8994.385	12.508	1109.34	6.780	0.662	406.053	14.095

年度	预测旅游人次（万）	增长率（%）	剥离系数	预测乡村旅游人次（万）	增长率（%）	预测旅游收入（亿元）	增长率（%）	效益系数	预测乡村旅游收入（亿元）	增长率（%）
2031	17288.8	6.200	0.582	10062.082	11.871	1181.01	6.461	0.670	460.523	13.414
2032	18313.37	5.926	0.612	11198.626	11.295	1253.88	6.170	0.677	519.472	12.800
2033	19352.72	5.675	0.641	12405.094	10.773	1327.92	5.905	0.685	583.070	12.243
2034	20406.48	5.445	0.671	13682.545	10.298	1403.08	5.660	0.692	651.480	11.733
2035	21474.28	5.233	0.700	15031.996	9.863	1479.36	5.437	0.700	724.886	11.268

注：表中不考虑价格变动因素，以2014年为基期。

第五章 发展模式

充分研究和吸收国内外乡村旅游发展的成功模式和先进经验，结合湘西州乡村旅游资源分布、特征和发展现状，规划湘西州乡村旅游的发展模式。

一、借鉴国内外乡村旅游开发的成功模式

（一）借鉴国外乡村旅游开发的成功模式

1. 法国"乡村特色"开发

法国的乡村旅游，比较重视乡村特色，通过购置一些古旧的家私等人工手法来添加乡村元素，重点恢复、发展传统建筑文化遗产，特别关注特色古老的村舍。旅游产品类型包括普通的观光产品，种类齐全的休闲农场（农产品农场、骑马农场、教学农场、探索农场、狩猎农场、露营农场等），开发不同主题文化类型的旅游产品等。推行乡村旅游品质认证制度，法国不论是在餐饮、住宿，还是购物方面，都通过认证来进行规范化管理。

2. 英国多景点联合互补开发

英国乡村旅游，大多采取以农场为主体的经营方式。英国乡村旅游大多定位于"农业开展多种经营的一个方面"的层面上，乡村旅游紧密依托于农业生产活动的开展。采取"多景点、联合互补"的开发模式，逐渐形成了旅游规划复合系统 TPCS。多景点联合开发模式是一个复合系统，这个系统是由各个地理位置相互联系和游资源互补的旅游景点组成。

3. 西班牙改造城堡建成乡村旅游社区

改造城堡或大农场，建成乡村旅游社区。西班牙政府早在1967年就启动了农户度假规划。规划要求：公众性，要求农户要有适当的组织；官方支持（法律和财政）；乡村吸引城市人口的信息传播。西班牙国家和地方政府，就乡村旅游制定了很多行业标准，政府要对参与乡村旅游开发的农户进行严格考核，向具备条件的接待农户颁发"旅游接待许可证"，用行业标准确保乡村游质量。

4. 美国不断创新旅游项目和内容

主要通过农场推进，农场主努力经营，推动了乡村旅游的健康发展，在乡村旅游的内容和项目上不断推陈出新。除了采摘果品、露营野炊、绿色食品展、乡村音乐会、冬天破冰垂钓、饲养小动物等传统活动外，还新增了"玉米田迷宫""珍稀动物展览""农场博物馆"等活动。许多农场主学习各种与乡村旅游开发相关的课程，世界著名学府康奈尔大学，还专为农场主开设了如何成为农业企业家的课程和讲座。

5. 日本"生产、研发、休闲"农园农业模式

在进行乡村旅游资源开发和规划时，日本非常重视在原有的一些遗址上，进行复原和整修，尽可能保持其传统的、旧式的、古董的、原貌的民俗景点或建设博物馆，使之成为乡土式的综合博物馆。日本的农村生产加工、科技研发、休闲农业等都体现了日本式农园特色，农园实行农业、农村、农民一体化经营管理，营造的是无围墙的公园，农民在公园里生产、生活、休闲，生产、加工、销售一体化运作，提升的是农产品附加值和经营效益，最终致富当地农民。市民农园通过推广和宣传，吸引市民到农村租地经营，全程自己劳动、管理和收获，成为真正意义上的参与农业、体验农业。

（二）借鉴国内乡村旅游产品开发经验

1. 台湾休闲农业

台湾农业旅游，重视原生态保护，景点配套设施建设，大都在现存的农业生产用房、棚舍等相关设施的基础上改造而成。兼顾农业生产和旅游双重功能，人造景观较少，给人一种自然、朴质、整洁的感

觉。不同服务领域观光、住宿、餐饮、娱乐通过合作分工，实现了综合利用，很好地改变了家家户户开展雷同的服务活动，降低了成本，增加了效用。经营类型多样，包括休闲农场、市民农园、农业公园、观光农园、旅游胜地等形式，不仅提供实物的产品，还提供奇观、氛围、风景和主题等"情境消费"的产品。

2. 成都"五朵金花"农家乐

成都是中国乡村旅游的发源地，多年的乡村旅游发展实践，形成了"政府主导、部门联动、社会参与、市场带动、基地生产、企业经营"的互动模式。"五朵金花"是其中的典型代表，其以规模化的花卉培植基地为基础，由政府主导规划建设，集花卉销售、生产、科研、信息和观光旅游于一体，实现了农房改造景观化、基础设施城市化、配套设施现代化和景观打造生态化。在发展中重视以文化提升产业，挖掘幸福梅林的梅花传统文化，赋予荷塘月色音乐、绘画艺术内涵，再现江家菜地的农耕文化，展现东篱菊园"环境＋人文＋菊韵＋花海"的菊花韵味，变单一的农业生产为吸引市民体验、休闲的文化活动，推出赏花、休闲、体验等多种形式的旅游项目。成都"农家乐"依托城市大市场，发展周末休闲度假旅游。"五朵金花"模式通过塑造差异化的产品，避免了乡村旅游的低水平重复建设和同质化竞争，实现了乡村旅游产业的升级。

3. 贵州"文化保护与传承"村寨游

贵州省开展的民族乡村旅游，主要依托省内特色村寨及其群落开发的乡村深度体验型产品，这种旅游产品，文化特性非常突出，结合了传统的文化旅游活动与村寨田园风光，游客从境外游客到研究学者，面广且不断扩展。这种模式属于景区依托型，主要是依托民族村寨或其他大型旅游景点来开展的乡村旅游。典型代表是黔东南州的西江千户苗寨，已经逐步形成了"景区管理局＋景区公司＋农户＋外来投资＋旅行社"的西江旅游模式，景区管理局在整个模式中处于主导地位，主要负责管理；景区公司则主要经营电瓶车、歌舞表演；农户则根据自身资源情况，以经营餐饮、住宿，销售手工艺品、出租店面等形式参与旅游业；外来投资则对农家院住宿的低档次进行升级改造，经营级别相对较高的宾馆；旅行社负责景区的宣传、促销，负责组织客源。

4. 乡村旅游"北京模式"

通过近年来的乡村旅游升级规划，北京不断深入挖掘北京郊区乡村旅游的文化内涵，乡村旅游逐渐凸显出鲜明的特色，"一区（县）一色""一沟（村）一品"就是北京乡村旅游在"产品特色"上的实践体现。通过不断培养，形成了北京乡村旅游的新产品体系，包括景观类旅游产品、民俗旅游村、休闲度假村、观光农业示范园以及节庆类旅游产品。目前，北京正积极打造新型业态旅游产品，推出了乡村酒店、国际驿站、生态渔村、养生山吧、休闲农庄、山水人家、民族风情园等八大新型业态类型。

（三）中国"美丽乡村"创建的十大模式

2014年2月，农业部从村寨的自然资源禀赋、社会经济发展水平、产业发展特点以及民俗文化传承等方面综合分析，总结出全国"美丽乡村"创建的十大模式，即产业发展型、生态保护型、城郊集约型、社会综治型、文化传承型、渔业开发型、草原牧场型、环境整治型、休闲旅游型、高效农业型（见表5-1）。这些模式虽然是在全国"美丽乡村"创建的基础上凝练提取出的，但其包含内容广泛，其中对于乡村"环境美""生活美""产业美""人文美"四美的追求正是乡村旅游发展中需注重的关键要素。对照国内外关于各类发展模式的分析和总结，上述十大模式堪称范本。因此，在思考湘西州乡村旅游发展模式时，要将其作为重要支撑。

表 5-1　　　　　中国美丽乡村的十大发展模式内涵概述

发展模式	主要分布地区	发展特点	国内示例	州内村寨示例
产业发展型	沿海等经济相对发达地区	1. 农民专业合作社、龙头企业发展基础好 2. 产业化水平高，实现了农业规模化经营，初步形成"一村一品""一乡一业" 3. 农业产业链条不断延伸，产业带动效果明显	江苏省永联村（华夏第一钢村）	坪朗村、洞坎村洗车村、马王溪村

发展模式	主要分布地区	发展特点	国内示例	州内村寨示例
生态保护型	生态优美、环境污染少的地区	1.山水资源和森林资源等自然条件优越，具有传统的田园风光和乡村特色 2.生态环境优势明显，把生态环境优势变为经济优势的潜力大，适宜发展生态旅游	浙江省家堂村（画卷里的山村）	岩排溪村、金龙村小溪村、卡木村夯沙村、吕洞村矮坡村、乌龙山村
城郊集约型	大中城市郊区	1.经济条件较好，公共基础设施较为完善，交通便捷 2.农业集约化、规模化经营水平高，土地产出率高，农民收入水平相对较高 3.大中城市重要的"菜篮子"基地	上海市泖港镇（上海市"三农"工作综合试点区）	坪朗村、洗车村长春村
社会综治型	人数较多，规模较大，居住较集中的村镇	1.区位条件好 2.经济基础强，带动作用大 3.基础设施相对完善	吉林省广发村（新农村建设）	州内村寨规模都偏小，目前难以达到这一准定的发展水平
文化传承型	具有特殊人文景观，包括古村落、古建筑及传统文化的地区	1.乡村文化资源丰富，具有优秀民俗传统以及非物质文化 2.文化展示和传承的潜力大	河南省平乐村（中国牡丹画第一村）	扪岱村、老寨村板栗村、司城村双凤村、洞坎村长春村、夯吉村双凤村、德夯村中黄村、首八峒村拉豪村、老司岩村岩门村、十八洞村齐心村、捞车河村
渔业开发型	沿海和水网地区的传统渔区	渔业在农业产业中占主导地位	广东省冯马三村（岭南沙田水乡文化典型代表）	毛坪村、沙湾村

发展模式	主要分布地区	发展特点	国内示例	州内村寨示例
草原牧场型	牧区半牧区县（旗、市）	草原畜牧业是牧区经济发展的基础产业，是牧民收入的主要来源	内蒙古脑干哈达嘎查	州内养殖业成规模，有发展高山草原牧场潜力的村寨
环境整治型	农村脏乱差问题突出的地区	1. 农村环境基础设施建设滞后，环境污染严重 2. 当地农民群众对环境整治的呼声高、反应强烈	广西红岩村	州内同建同治较差的村寨
休闲旅游型	适宜发展乡村旅游的地区	1. 旅游资源丰富 2. 住宿、餐饮、休闲娱乐设施完善齐备 3. 交通便捷，距离城市较近 4. 适合休闲度假，发展乡村旅游潜力大	江西省婺源县江湾镇（中国最美村落）	捞车河村、金龙村司城村、十八洞村小溪村、夯沙村吕洞村
高效农业型	农业主产区	1. 以发展农业作物生产为主，农田水利等农业基础设施相对完善 2. 农产品商品化率和农业机械化水平高 3. 人均耕地资源丰富，农作物秸秆产量大	福建省三坪村	马王溪村

通过对外乡村旅游经典案例的整理，上述发展模式还可以进一步归纳整理，分为按地理区位、经营主体、资源特色划分三类，具体内容见表 5-2。

表 5-2　　　　　　　　　乡村旅游发展模式分类表

分类	具体内容
按地理区位划分	城镇近郊型——依托城镇的城乡互动模式
	景区边缘型——依托景区的联合开发模式
	边远山区型——依托特色村寨的社区参与模式
	综合发展型——依托各类优势的连横合纵模式

分类	具体内容
按经营主体划分	合作社模式、公司＋农户模式、公司＋社区＋农户模式
	公司制模式、股份制模式、政府＋公司＋农户模式
	政府＋公司＋农村旅游协会＋旅行社模式、个体农庄模式
按资源特色划分	农旅双收模式、民俗风情模式、主题文化模式
	休闲度假模式、研学体验模式、运动健身模式

借鉴上述成功的模式与经验发展湘西乡村旅游，以环境整治型为基础，以生态保护型、文化传承型为核心发展极，以城郊集约型、产业发展型、高效农业型、渔业开发型、草原牧场型为优化提质突破口，以休闲旅游型、社会综治型为终极延展目标，谋划整体区域的乡村旅游发展方向。发展基础——环境整治型：对接州内"同治同建"工作，进一步改善各村寨的人居环境。核心发展极——生态保护型、文化传承型：对接本土资源特色，充分凸显湘西州的生态环境和文化内涵。优化提质突破口——城郊集约型、产业发展型、高效农业型、渔业开发型、武陵山区特色草场牧场型：对接村寨发展潜力，力求多元化、综合性发展。终极延展目标——休闲旅游型、社会综治型：对接国家发展乡村旅游、"互联网＋"行动的潮流，整合各类资源，打破州内乡村发展困境，打造成为国内乡村旅游发展的精品村寨。

二、确立"连片村寨群"和"立体廊道线"空间模式

1.集中连片村寨群

湘西州地处武陵山区腹地，地貌形态以山地为主，兼有丘陵和小平原。境内村寨多零散分布，村庄规模体量小与资源发展潜力大的矛盾普遍存在。因此，各村在发展乡村旅游时，要跨区域协作、联合发展，将分布零散但有类同文化底蕴、生态环境的村寨进行集中连片整合，协作共享，打造大园林型乡村旅游目的地。

2. 多元立体廊道线

每个县市规划建设 1 ~ 2 条示范性徒步行绿道、自行车骑行绿道、自驾游绿道。在沅水和酉水及支流择地开辟游艇、画舫、快艇、竹筏等工具的水上游道。条件成熟时，在白云山、腊尔山、吕洞山、八面山、高峰坡、高望界等高山台地开辟直升机临空旅游走廊。水陆空游道种植四季花卉果木，以土家、苗族民族文化元素的标识、标牌和壁画装饰，形成湘西特色的生态文化景观大廊道，让在乡村行进的路线成为旅游景观产品。

三、推行"村民能手 + 乡村创客带动"组织模式

村民能手作为乡村旅游发展的核心要素之一，其是否具有极强的市场分析、村民组织、产品运营等能力，直接影响着该村乡村旅游发展的进程速度，如古丈毛坪村和凤凰山江苗寨旅游的飞速发展就是得益于当地精英能手的组织和带动。同时，从在乡村旅游中萌发的国家农业公园、休闲农牧场、乡村运动营地、乡村庄园、艺术村、市民农园、高科技农园、乡村民宿、农家乐、文化创意农园等新业态来看，以艺术家、建筑师、规划师等专业人士甚至是在华生活的"老外"为主的"乡村创客"群体已成为发展乡村旅游的新生主力，特别是在乡村旅游的发展创意和视觉呈现上有着不可取代的作用。因此，湘西的乡村旅游发展除了要遵循传统的组织管理模式之外，还要注重"村民能手 + 乡村创客"这一新型模式的推广，以点带面，借助产业、文化、科技、创新等各领域人才的智慧，壮大乡村旅游发展的人才队伍，推动农业专业合作社、农业联合协会、乡村创客基地等组织的建立，以期做到乡村旅游的全域化、特色化、精品化发展。

四、吸收四大投融资新模式

（一）启动 PPP 投融资模式

PPP 即英文 Public—Private—Partnership 三个词的首字母缩写，是指政府与私人组织之间，为了建设基础设施或是提供某种公共物品和服务，以特许权协议为基础，并通过合同来明确双方的权利和义务，

形成一种伙伴式的合作关系。重庆"十二五"期间大力推进 PPP 模式，进行基础设施建设取得突出成效。湘西州应大力启动 PPP 模式，推动乡村旅游基础设施建设。

（二）实施旅游扶贫小额信贷

湘西州是国家新阶段扶贫攻坚的主战场之一，是全国连片特困地区中先行先试的核心样本。2013 年 11 月，习总书记到湘西调研时，更明确指出，将花垣县作为"旅游扶贫试点县"。所以，在湘西推广旅游扶贫小额信贷这一模式有良好的政策和资金基础。再者，乡村旅游发展项目并非动辄成千上亿，大量的微小型精品项目有待开发，为湘西发展乡村旅游的发展留下了市场蓝海。而对于当地村民而言，借助旅游扶贫小额信贷，发展农家乐、采摘园、乡村民宿、民俗风情表演等项目，可实现真正意义上的"就地致富"。

（三）推进农业众筹

近年来，农业众筹的兴起，为乡村创业者提供了一种筹措资金的新方式。此模式借助互联网，特别是移动互联网社群的联合，根据订单决定生产，使广大创业者能够抱团发展，互通有无，消除因过多中间环节的耗损。这恰巧是目前乡村旅游发展所急缺的。特别是对于各方面条件都不尽成熟的湘西地区而言，此种方式可为湘西乡村旅游项目的开发、农特产的营销推广、乡村旅游产品的经营管理搭建一条真正意义上的高效之路。

（四）推进乡村旅游项目资产证券化

纵观湘西州的经济发展史，出于各种原因，一直存在大型项目融资困难的问题，使当地错失了许多赶超发展的机会。当下，乡村旅游热的到来，急需大量投资项目作为牵引推动。这就迫使湘西州必须改变发展观念，和项目投资商一起，积极推动"资源——资产——资本——证券"的逐步转化，为湘西乡村旅游的项目发展募集到最大量的资金，解决乡村游发展的资本"瓶颈"。

五、推广十种乡村旅游盈利模式

近年来，乡村旅游作为旅游消费的新热点，已形成了一套涉及面广、层次丰富的盈利系统，具体盈利点高达上百项。结合湘西地区的经济基础和资源特色来看，湘西的乡村旅游发展应将"湘西五卖"作为核心点，有序延展相关产业链，进而完成独特化、精致化发展之路。"湘西五卖"是卖湘西乡村生态、卖湘西乡村文化、卖湘西乡村休闲、卖湘西体验快感、卖湘西心动情感。积极推动十大盈利模式，具体内容见表5-3。

表5-3 湘西乡村旅游十大盈利模式

序号	类别	主要内容
1	餐饮	特色早茶、农家饭菜、自助烧烤、特色预订、宴会接待、特色外卖等
2	住宿	乡村别墅、农家客房、青年旅馆、露营基地、特色生态住宿等
3	活动	艺术表演、集体婚礼、交友派对、夏令营、纪念年会、乡村趣味运动会等
4	康乐	养生园、乡村茶馆、乡村KTV、乡村酒吧、花园足浴、狩猎场、乡村高尔夫俱乐部、拓展训练基地等
5	体验	私家菜园、果蔬采摘、钓鱼捕鱼、农事活动等
6	培育	特种养殖、有机果蔬、药材茶叶、花卉苗木、野菜蔬果等
7	手工	铁器、竹器、陶艺、银器、剪纸、木雕、织锦制作等
8	加工	谷酒、腊味、泡菜、干菜、粮油等
9	艺术	收藏展馆、婚纱摄影基地、艺术家创作基地等
10	定制	农科教中心、双语国际幼儿园、青少年课外活动基地、社区学校等

第六章 空间布局

一、遵循科学的空间布局原则

（一）点轴理论布局：亮点—连线—造廊—集群

以"点轴理论"为引导，以湘西州知名景区景点为核心依托，以高速铁路、高速公路、国省干线为主轴，以具备旅游基础的古村、古镇、名村为亮点，以名景、现代农业生产基地、农业产业化龙头企业、水利风景区、森林公园等为旅游吸引物，以文化生态旅游融合为中心内涵，连点成线，串景成廊，构建"生态文化长廊—特色村寨集群—精品线路连接"的"廊—线—点"精品旅游产品空间格局。打造亮点—连线—造廊—集群方式。

（二）交通网络依托：空、陆、水立体网络

沿机场、高铁、高速、高等级公路，依托沿线高级别景区，构建湘西景观长廊；依托国、省干线，串接长廊内可成为独立旅游目的地的节点，打造文化生态旅游精品线路；围绕精品线路上的节点，串联特色村镇，打造特色景点集群。针对廊道、精品线路和特色景点集群，布局旅游公共设施，建设特色鲜明的文化生态旅游目的地，推进湘西州文化生态旅游特色化、集约化、规模化、品牌化发展。打造湘西州地区文化生态旅游融合发展示范区。

（三）区域联动发展：湖南省—大湘西—武陵山区

1. 联动湖南省

湖南省旅游的区域联动关系的总体构架呈现"龙腾虎跃"之势。龙腾，即以张家界生态旅游为龙头，以凤凰和吉首的历史民族民俗文化旅游为咽喉，以湘西南生态文化旅游为主体，形成大湘西文化生态旅游"龙腾"之势。虎跃，即以长、株、潭湘楚文化与红色文化旅游为虎首，以岳阳、常德、益阳、娄底、衡阳历史文化生态旅游为载体，形成"3+5"城市群生态文化旅游"虎跃"之态。

2. 联动大湘西

（1）"景观廊道"是以大湘西文化生态旅游景观呈现四横两纵的"梯状"结构，以大湘西生态风情景观长廊与湖湘文化生态景观长廊为"梯柱"，以世界遗产生态景观长廊、湘西民俗文化景观长廊、湖湘名人文化景观长廊、湘西南山地景观长廊为"梯步"，形成梯状"廊道景观"。

（2）"景观板块"是以大湘西旅游景点空间分布呈现"核心—边缘—外围"的区域空间结构，特别形成如张家界武陵区生态景点群、湘西自治州凤凰古城文化景点群、怀化侗族文化景点群等规模较大、旅游优势明显的景观板块。

（3）"景观基质"是以大湘西旅游的基质由整个大湘西的大地景观构成。大湘西基质特点即多山，属于山地型景观，保护生态环境和营造大地景观是整个大湘西旅游的品质保证。

3. 联动武陵山

西北线联动湖北恩施州，通过龙山—来凤对接，与湖北恩施州土家族文化形成竞合之势。西中线联动重庆渝东南翼，通过边城—洪安对接，与重庆渝东南冀民族民俗文化形成竞合对接。西南线联动贵州铜仁市，通过凤凰—铜仁对接，与贵州铜仁苗族文化形成竞合之势。南线联动怀化麻阳，通过凤凰—麻阳对接，与麻阳生态文化形成竞合之势。东南线联动怀化辰溪，实现浦市—辰溪对接。中南线联动怀化沅陵，实现泸溪—沅陵县城、古丈草塘与沅陵乌宿、古丈镇溪和小溪与沅陵凤滩对接。东北线联动张家界市，实现青坪—张家界对接。北线龙山和永顺有三条通道进入张家界桑植县八大公山景区。

（四）对接上位规划："土家探源"与"神秘苗乡"

湘西州旅游规划必须与湖南省编制的两个上位规划进行无缝对接：一是《大湘西生态文化旅游圈旅游发展规划（2011-2020年）》；二是省发改委编制的《大湘西地区文化生态旅游融合发展精品线路建设实施方案》（简称"实施方案"）。省发改委编制的《实施方案》，确立的全省12条精品旅游线路，与湘西直接相关的两条。

1."土家探源"

串联永顺、古丈、保靖、龙山等县，依托浓郁的土家族民俗资源和深厚的历史文化资源，以芙蓉镇、猛洞河漂流、小溪、红石林、坐龙峡、老司城遗址、八部大王遗址、洛塔、惹巴拉和里耶古城为核心，以G209、S10、S304、S259公路线和酉水河、猛洞河为发展轴，形成东接张家界和怀化沅陵、西连重庆的土家族风情线路。

2."神秘苗乡"

串联花垣、吉首、保靖、古丈、泸溪、凤凰等县市，依托浓郁的苗族民俗资源和神秘的乡土文化资源，以花垣边城茶峒、吉首德夯苗寨、矮寨大桥和吉首乾州古城、凤凰古城、黄丝桥古城、泸溪白沙、浦市和保靖吕洞山为核心，以包茂高速、凤大高速为发展轴，形成北接重庆、南连怀化和贵州铜仁的苗族乡村风情线路。

二、确立"金掌、银纹、钻心五珠"的空间格局

把湘西州建设成"国内外知名的生态文化公园"的思路，具有国际视野和本土特色。从地理结构和版图造型上看，湘西州如同一只伸出的"金手掌"，"生态文化"就是湘西未来发展的"金矿"。地理版图的金手掌形和资源潜力的"金矿"结合在一起，具有深刻寓意。"金手掌"是湘西乡村游的品牌形象，具有不可替代的唯一性、形象性。在这只"金手掌"上，形成乡村游六大村寨集群（见图6-1）。

（一）金手掌：全州乡村旅游总格局

湘西整个地理版图造型，是一只在乡村游发展战略中抓金抓银之手掌造型。

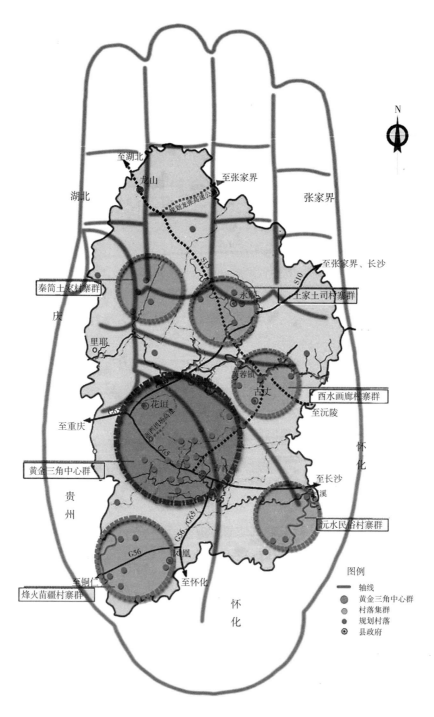

图 6-1 湘西州乡村旅游空间总体布局

湘西自治州
乡村旅游发展研究

（二）银纹："土家探源"和"神秘苗乡"两条精品线

湘西州世居土家族和苗族的发展路径和生活聚居地，正处在湘西州地理版图南北两向，各自形成相对独立比较完整的迁徙线路和生存路径。"土家探源"和"神秘苗乡"两条精品线，就像金掌中两条鲜明的纹路，铺展在南北，构成两条精彩的民族发展路径，是"金手掌"中的"银纹"。"银纹"横贯东西走向，两大主体民族经典的发展路线以及附着其上的精彩节点，都是乡村游的重要发力处。

（三）钻心五珠：六大村寨集群

依据地理集聚性、文化类似性和村寨特色个性，按照"集中连片村寨群"的打造模式，在全州打造六大集中连片村寨集群，形成"一心五珠"的"金手掌"空间格局。"钻石之心"即高山峡谷村寨群，是"金掌"掌心，依托全州政治经济文化教育中心州府吉首，拥有德夯、金龙、吕洞山和十八湾等诸多知名的乡村旅游景区，在通达性、食宿标准化、景点吸睛力、产品成熟度等方面拥有集中优势，是主要目的地和集散地，是乡村游的主阵地。"五珠"即五大村寨集群。铺展在整个手掌心周围的还有五大村寨集群，就像五颗宝石镶嵌在湘西州，形成互为支持、互相烘托之势。这五颗宝石是烽火苗疆村寨群、秦简土家村寨群、土家土司村寨群、酉水画廊村寨群、沅水民俗村寨群。

表 6-1　　　　　　　　湘西州"金手掌"支撑下的旅游村寨集群

地域集群类别	第一批发展村寨	依托	资源特色	开发方向
高山峡谷村寨群（德夯—金龙—吕洞）	17个村：德夯村、坪朗村、中黄村、家庭村、齐心村、金龙村、扪岱村、老寨村、板栗村、十八洞村、夯沙村、吕洞村、梯子村、夯吉村、矮坡村、毛坪村、龙鼻村	矮寨大桥金字招牌	百年路桥奇观、千年苗寨风情、万年峡谷风光	苗寨民俗风情、自然景观、休闲度假、乡村生活体验等为代表的高端乡村旅游产品

地域集群类别	第一批发展村寨	依托	资源特色	开发方向
烽火苗疆村寨群	6个村：拉豪村、勾良村、舒家塘村、老家寨村、早岗村、老洞村	凤凰古城金字招牌	南方长城边墙、峡谷风光、苗族风情	苗寨民俗风情、边墙军事防御文化、休闲户外体验综合型旅游产品
秦简土家村寨群	14个村：捞车河村、长春村、乌龙山村、六合村、洗车村、里耶中孚社区、麦茶社区、大板村、首八峒、沙湾、碗米坡、押马、陇木洞、惹把拉	里耶古城金字招牌	秦简文化、八面山草场、惹巴拉土家风情、乌龙山峡谷风光、洛塔石林	民俗民风体验、生态环境体验、传统村寨旅游完美组合体验型旅游产品
土家土司村寨群	8个村：司城村、双凤村、洞坎村、那必村、卡木村、颗砂村、吊井村、麻岔村	老司城金字招牌	土司文化遗址、土家文化遗产、猛洞河风光	土司文化体验、土家民族风情体验、探险户外旅游综合型旅游产品
酉水画廊村寨群	5个村：毛坪村、老司岩村、列溪村、岩排溪村、小溪村	芙蓉镇酉水风情	古商镇、酉水风情、渔村文化	以生态旅游、文化体验、康体养生为主题特色产品
沅水民俗村寨群	7个村：红土溪村、岩门村、铁山村、马王溪村、黄家桥村、红岩村、上堡村	依托沅水风光优势	沅水风情、楚巫文化、古商镇	以生态旅游、文化体验、休闲养生为主题的旅游产品

1. 高山峡谷村寨群：金龙—德夯—吕洞村寨群

以矮寨大桥金字招牌为中心的生态文化旅游村寨集群。

（1）基础优势。该区域交通便利，地处重大项目湘西机场附近，且包茂高速、张花高速交汇，靠近州府吉首市，社会经济发展水平较高，德夯苗寨发展乡村旅游起步早，有经验，可带动发展。

（2）开发方向。以周边吉首市为依托，以城市居民近郊休闲市场为导向，以全面提升乡村旅游品质为方向，开展城郊高端乡村旅游品牌，打造湘西乡村旅游中心。

（3）旅游产品。主要满足休闲度假需求，开发以苗寨民俗风情、自然景观、休闲度假、乡村生活体验等为代表的高端乡村旅游产品。

（4）发展模式。以田园风光—特色村寨—绿色产业为发展理念，规划乡村农庄化、村寨景观化、产业精品化"三位一体"的乡村旅游发展模式，主要依托城市居民客源市场，打造高端乡村旅游品牌。

2. 烽火苗疆村寨群

以凤凰古城金字招牌为中心的生态文化旅游村寨集群。

（1）基础优势。该区域主要依靠凤凰古城核心带动，地处铜仁·凤凰机场附近，而且包茂高速和杭瑞高速交汇，靠近州府吉首市，以勾良苗寨为代表的周边苗寨，乡村旅游有良好的基础。

（2）开发方向。以凤凰古城为依托，以古城旅游溢出市场为根本，形成"凤凰古城""凤凰苗寨"旅游双核格局，以全面提升乡村旅游品质为方向，建立城郊高端乡村旅游品牌。

（3）旅游产品。积极发展古城文化游、名人寻踪游、兵站文化游、民族风情游、神秘村寨游、山水风光游，有机融入商务会议、体育休闲、养生度假、文化创意等功能要素产品。

（4）发展模式。作为凤凰古城旅游的延伸发展，探索边墙文化、感受石头城堡，开发以苗寨民俗风情、自然景观、休闲度假、乡村生活体验等为代表的乡村旅游产品。

3. 秦简土家村寨群

以里耶古城金字招牌为中心的生态文化旅游村寨集群。

（1）基础优势。该区域主要优势是依托里耶历史文化品牌、八面山高山草场和乌龙山峡谷风光。依托里耶景区和惹巴拉（捞车河）景区，以秦文化与土家文化为核心辐射周边村庄。该区包括里耶后花园长春村、惹巴拉后花园六合村和星火村、霉豆腐之乡洗车村等。

（2）开发方向。该区域内独特的人文景观与生态环境优势宜发展特色旅游。该地区发展乡村旅游具有明显的区位优势：以里耶秦文化区位为依托，整合捞车河村、洗车村等乡村旅游资源，借助已有的旅游服务基础设施，带动景区周边农村发展乡村旅游，逐渐改善农村生产生活环境，开发农家乐特色的吃、住、行、游、购、娱全方位复合功能的旅游产品系列，并逐渐延伸旅游产业链到靛房等乡镇。

（3）旅游产品。主要满足游客感悟土家文化的需求。传统土家村寨与酉水民俗文化相结合，依托秦文化与酉水风光，将土家族民俗民风体验、生态景观体验、传统村寨旅游产品完美组合，提供体验性强的旅游产品。

（4）发展模式。土家文化是土家族长期的社会实践中所创造的物质财富和精神财富的总和。无论在器物文化、制度文化层面，还是在精神文化层面，都有深厚的底蕴和杰出的创造。通过游线组织形成"一线串珠"式的发展格局，创新发展现代化生态园区、乡村民俗村寨展示、主题庄园等多种乡村旅游发展模式。

4. 土家土司村寨群

以老司城金字招牌为中心的生态文化旅游村寨集群。

（1）基础优势。该区域以老司城遗址公园为核心，以"土家第一村"双凤村为重点，区域内主要包括土司千年祖师殿、彭氏宗祠、摆手堂、古墓葬、石坊、石碑等文物古迹，是一座天然的土家族"露天博物馆"。另外，周边还有传统造纸工艺保存完整的洞坎村和依山傍水的那必村及山水优美的卡木村。

（2）开发方向。该区域发展围绕土司文化和自然生态旅游资源展开，重点开发山地自然景观、老司文化遗产等特色旅游资源，结合造纸工艺、茶叶加工，提升农村资源旅游价值，形成绿色生态之旅、山地养生之旅、新村观光之旅和历史文化探秘之旅的四大乡村旅游特色产品。

（3）旅游产品。传统土家乡村旅游产品与生态历史教育产品组合。依托区域内的高山峡谷和水域风光以及丰富的自然资源，打造以生态旅游、文化体验、康体健身为主题的特色旅游产品。

（4）发展模式。基于其本身自然生态环境与人文历史环境的条件，建设具有历史、地域及土家族特色的山地乡村，建立以老司城景区为依托的个性化文化民俗发展模式。

5. 酉水画廊村寨群

以芙蓉镇、栖凤湖为主体的酉水画廊生态文化村寨集群。

（1）基础优势。该区域处于酉水风滩坝区，以红石林、坐龙峡、芙蓉镇、栖凤湖、高望界和小溪国家自然保护区为依托，旅游发展基础好。区域内地质奇观与生态奇景交相辉映，大溪、小溪、吴家坪、镇溪、施溶溪风光秀美，溪州铜柱遗址文化迷人。

（2）开发方向。该区域发展围绕酉水自然生态旅游资源展开，重点开发山地自然景观、溪州文化、土司文化遗产等特色旅游资源，结合茶叶生产、柑橘产业，提升农村资源旅游价值，形成绿色生态之旅、山水养生之旅、森林度假和历史文化探秘之旅的四大乡村旅游特色产品。

（3）旅游产品。传统土家乡村旅游产品与生态历史教育产品的组合。依托该区域内的高山峡谷和水域风光以及丰富的自然资源，打造以生态旅游、文化体验、康体健身为主题的特色旅游产品。

（4）发展模式。基于酉水自然生态环境与土家族人文历史环境的条件，建设具有历史、地域及土家族特色的山水村寨，建立以红石林、坐龙峡、芙蓉镇景区为依托的个性化乡村旅游发展模式。

6. 沅水民俗村寨群

依托沅水风情、楚巫文化主体的生态文化村寨集群。

（1）基础优势。该区域处于沅水风光带，文化类型丰富多彩，有屈原文化、盘瓠与辛女传说、浦市古商镇文化、古驿道等。泸溪县经济基础好，新农村建设成效显著，马王溪村被誉为湘西华西村。

（2）开发方向。该区域发展围绕沅水自然生态旅游资源展开，重点开发沅水自然景观、盘瓠与辛女文化、浦市古商镇文化等特色旅游资源，结合新农村建设、柑橘产业开发，提升农村资源旅游价值。

（3）旅游产品。依托区域内的沅水水域风光以及丰富的生态资源，形成沅水生态观光、山水养生、农业体验和农事旅游和楚巫文化探秘的乡村旅游特色产品。

（4）发展模式。基于沅水自然生态环境与苗族、瓦乡人人文历史环境的条件，建设具有历史、地域，以及苗族、瓦乡人特色的山水村寨，建立以适应城乡居民休闲养生度假为主的个性化乡村旅游发展模式。

第七章 建设土家族乡村旅游精品线

"土家探源"是湖南省规划全省 12 条精品线路中涵盖湘西州土家族文化资源优势区的旅游线路，是全州重点规划建设的乡村旅游精品线路之一。

一、优化"土家探源"精品线走向

（一）建成"土家探源"生态文化绿色旅游廊道

遵循生态文化绿色廊道设计理念与方法。以"土家文化造廊、以地域邻近集群、以水陆交通连线、以资源特色亮点"为设计原则。规划土家族生态文化乡村旅游精品线路。以里耶秦简和世界文化遗产老司城土司文化遗址两大金字招牌为基点，以世界土家源为旅游开发的核心，借助吉恩高速、张花高速和焦柳铁路的便利，围绕秦简土家村寨群、土家土司村寨群、酉水画廊村寨群三大村寨集群，做好秦简文化、土司文化、土家祭祖文化、红色剿匪四大主题的旅游体验转换，同时依托酉水、洗车河、杉木河等几大水系优渥的生态资源，融汇相应的文化内涵，将沿岸村落打造成度假休闲目的地，着力显现土家族文化的博大及所赖以栖居的山川秀色、奇洞险谷、碧水深林的壮美，让这一线路成为世界土家文化博览园、中国土司文化遗址旅游示范区，秦简文化样板体验点，土家风情度假理想休闲地。将"土家探源"建成"国内外知名生态文化公园"的土家族生态文化绿色旅游廊道。

106

（二）串联"土家探源"州内外县市旅游线路

串联永顺县、古丈县、龙山县、保靖县，依托浓郁的土家族民俗资源和深厚的历史文化资源，以芙蓉镇、猛洞河漂流、小溪、红石林、坐龙峡、老司城遗址、洛塔、惹巴拉和里耶古城为核心，以G209、S10、S304、S259公路线和酉水河、猛洞河为发展轴，形成东接张家界和怀化沅陵，西连重庆的土家风情线路。

（三）落实"土家探源"省级规划框架

湖南省发改委规划"土家探源"精品线走向是从张家界市走S10公路进入永顺县，往西沿S10、S006、S252、S254、G352、S304、G209、S259公路到达龙山县，往南到达花垣县，或从里耶古城沿酉水河乘船而下到达保靖县城。可串联的精品线路：东可由永顺小溪到凤滩水库；西南可由龙山里耶古城到花垣边城茶峒（见图7-1）。

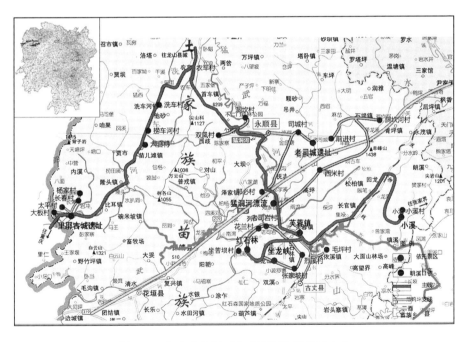

图7-1　湖南省规划"土家探源"精品线走向

上述线路走向没有形成环线，因为无论是从里耶起始，经农车、王村到小溪，还是从小溪、王村到农车、里耶，首尾无法连接，不利于旅游线路安排。

（四）优化"土家探源"环型精品线

根据旅游线路尽量形成环线不走回头路的原则，本规划在省规划的基础上，设计成8字环型线路：永顺小溪（张家界方向和沅陵凤滩方向进出）—永顺芙蓉镇—永顺麻岔—永顺颗砂—永顺灵溪镇—农车村（来凤龙山方向进出）—洗车村—捞车村—里耶镇（保靖清水坪和龙山内溪方向进出）—首八洞村—保靖县城迁陵镇—古丈老司岩村—芙蓉镇（张家界方向进出）—罗依溪镇（吉首方向进出）—栖凤湖—永顺小溪（张家界方向和沅陵凤滩方向进出），共有5个进出节点（小溪、芙蓉镇、农车村、里耶镇、罗依溪镇），如图7-2所示。

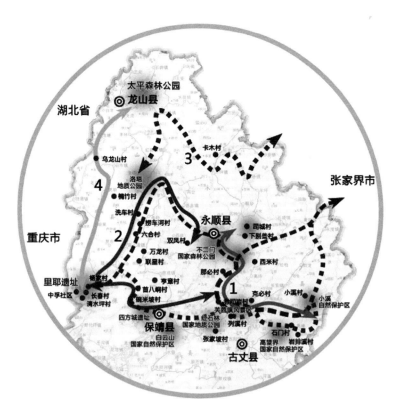

图7-2　优化后的"土家探源"精品线走向

（五）明确"土家探源"精品线节点村寨的旅游资源

1. 串联30个精品村寨

"土家探源"精品线串联的村寨见表7-1。

表7-1　　　　　　"土家探源"精品线串接节点及景区景点

县市区	节点	景点集群	称号	资源特色
永顺县	小溪（国家级自然保护区）	小溪乡小溪村	国家乡村旅游扶贫重点村、中国传统村落	原始次森林；峡谷、峰林地貌；低海拔动植物基因库
		小溪乡杉木溪村		小溪国家级自然保护区
	小溪（国家级自然保护区）	朗溪乡王木村	国家乡村旅游扶贫重点村	土家族吊脚楼群、独特山水风光、娃娃鱼养殖基地
	老司城遗址（世界文化遗产）	灵溪镇司城村	国家乡村旅游扶贫重点村、中国少数民族特色村寨、中国传统村落、中国历史文化名村	全国重点文物保护单位老司城遗址
	老司城遗址（世界文化遗产）	塔卧镇塔卧居委会	国家乡村旅游扶贫重点村	全国重点文物保护单位湘鄂渝川黔革命根据地旧址；全国爱国主义教育示范基地；全国百个红色旅游景点和三十条红色旅游精品线路之一
	老司城遗址（世界文化遗产）	勺哈乡洞坎村	国家乡村旅游扶贫重点村	传统造纸技艺、竹编技艺；特色民居
		大坝乡双凤村	国家乡村旅游扶贫重点村、中国传统村落、中国土家族第一村	土家族摆手舞、毛古斯舞；特色民居群落
	猛洞河漂流（国家AAAA级旅游景区）、芙蓉镇（国家AAAA级旅游景区）	高坪乡西米村	国家乡村旅游扶贫重点村	省五星级乡村旅游点山水牛郎寨
		芙蓉镇保坪村	国家乡村旅游扶贫重点村	兰花洞溶洞奇观、猕猴桃产业观光园
		芙蓉镇克必村		猛洞河国家级风景名胜区核心区、石林景观、溶洞景观、土家族传统村落、洞茶产业

县市区	节点	景点集群	称号	资源特色
永顺县	猛洞河漂流（国家AAAA级旅游景区）、芙蓉镇（国家AAAA级旅游景区）	石堤镇v	国家乡村旅游扶贫重点村	马拉河漂流；峡谷、独特山水奇观
		青坪镇洞坎河村	国家乡村旅游扶贫重点村	尖山红叶十里画廊、露营基地
		罗依溪镇毛坪村	国家乡村旅游扶贫重点村	栖凤湖省级风景名胜区、酉水河风光带、特色饮食
古丈县	坐龙峡（国家森林公园）	红石林镇张家坡村	国家乡村旅游扶贫重点村、省少数民族特色村寨、省特色旅游名村	坐龙峡国家森林公园、土家民俗、特色饮食
		红石林镇列溪村	国家乡村旅游扶贫重点村、省"六到农家"示范村	坐龙峡国家森林公园、生态茶园、土家族民俗
	红石林（国家地质公园、国家AAAA级旅游景区）	红石林镇老司岩村	国家乡村旅游扶贫重点村、中国传统村落	明清古建筑、土家族博物馆
		红石林镇花兰村	国家乡村旅游扶贫重点村	红石林景区
		断龙山坐苦坝村	国家乡村旅游扶贫重点村	红石林景区、生态茶园
龙山县	洛塔（省级自然保护区、国家地质公园）	洛塔乡楠竹村	国家乡村旅游扶贫重点村	洛塔省级自然保护区、国家地质公园、喀斯特石林地貌
	惹巴拉景区	洗车河镇洗车村	国家乡村旅游扶贫重点村、中国少数民族特色村寨	特色美食
		洗车河镇新建村	国家乡村旅游扶贫重点村、中国少数民族特色村寨	土家族特色民居；打溜子、摆手舞、梯玛歌、织锦等土家族民间文化艺术；明清古建筑

县市区	节点	景点集群	称号	资源特色
龙山县	惹巴拉景区	苗儿滩镇捞车河村	国家乡村旅游扶贫重点村、中国少数民族特色村寨、中国历史文化名村、中国传统村落	惹巴拉景区
		苗儿滩镇六合村	国家乡村旅游扶贫重点村、中国传统村落	特色民俗文化
		苗儿滩镇星火村	省少数民族特色村落、省美丽乡村建设示范村	土家族特色民居、传统民居群
	里耶古城	里耶镇杨家村	国家乡村旅游扶贫重点村	土家族特色民居建筑
		里耶镇长春村	国家乡村旅游扶贫重点村、中国少数民族特色村寨、中国传统村落	特色民俗文化
		里耶镇大板村		全国重点文物保护单位里耶大板遗址与墓群；土家族特色民居
		里耶镇比耳村	全国"一村一品"示范村、省小康建设示范村	土家族聚居区；国家地理标志商标"里耶脐橙"基地
保靖县	碗米坡	碗米坡镇首八峒村	国家乡村旅游扶贫重点村、中国传统村落	特色民俗文化、"八部大王庙"遗址
		碗米坡镇陇木洞村	中德农业生物多样性可持续管理示范村	蔷薇莓采摘园、土家族民俗、打溜子、毛古斯

2. 依托景区、城镇和公路干线

依托 5 大核心景区：张家界进入—永顺小溪国家级自然保护区—永顺芙蓉镇国家历史文化名镇、猛洞河国家级风景名胜区—古丈红石林国家地质公园、坐龙峡国家森林公园—永顺老司城国家遗址公园—龙山里耶国家考古遗址公园—可经 S259 到花垣，依托 7 个主要城镇：龙山县城、永顺县城、古丈县城、保靖县城、里耶古镇、罗依溪镇、芙蓉镇。依托 8 条公路干线：G209、G352、S317、S259、S304、S10、S252、S254。

二、确立"神奇酉水河，天下土家源"的线路形象

以水为魂（酉水河），探寻土家文化源流，感受土司文化厚重。即以酉水自然生态景观、土家族风情和土司文化为核心，彰显"智者爱水"的湘西休闲养生体验型乡村旅游主题。

"土家探源"精品线主要依托土家族母亲河酉水道——对接"长江经济带"国家战略，即沿酉水流域打造土家族生态文化乡村游精品线，向下对接沅陵凤滩，联动酉水、沅水流域一体化发展，开辟酉水—沅水—洞庭湖—长江黄金旅游新线路。

（一）"神奇酉水河"的生态线路定位

酉水被称为土家族的母亲河。酉水河发源于湖北省宣恩县，流经重庆市的酉阳、秀山县，再到湖南湘西，注入沅水，后流入洞庭湖。酉水全长 427 公里。流经龙山的里耶、隆头，保靖的比耳、碗米坡，永顺的王村、古丈罗依溪等乡镇，湘西境内 300 余平方公里。酉水流域风光雄奇，山秀水幽，生态植被保持好，气候适宜，有"天然氧吧"之称，被誉为最适合人类居住的地方。酉水沿岸，优美的自然风光孕育了独特的民族文化，在这里，可以触摸历史的痕迹，可以聆听远古的天籁之音。可以依托生态文化黄金旅游廊道，对接"长江经济带"国家战略。即沿酉水流域打造土家族生态文化乡村游精品线，向下对接沅陵凤滩，联动酉水、沅水流域一体化发展，开辟酉水—沅水—洞庭湖—长江黄金旅游新线路，融入国家"长江经济带"发展战略。

（二）"天下土家源"的文化线路定位

酉水流域是中国土家文化的源头。据史书记载，秦国灭巴国以后，

巴子五氏流散到酉、辰、巫、武、沅五溪地区，由此成为土家先民的主体。土家人的创世歌谣《摆手歌》描写的就是土家人沿着酉水逆流而上，在湘西广大地区开疆拓土、繁衍生息的历史记忆。由于特定的自然原因，加上民族文化的交流与融合，酉水流域是巴土文化的主要沉积带，也是与巴楚文化、汉文化、苗文化交流融合的重要地带，历史文化源远流长，民族文化绚丽多姿。酉水流域地灵人杰，现存有里耶秦汉古城、古井遗址，出土了里耶秦简等一大批重要文物，揭示了远古湘西土家族先民的历史状况，填补了多项历史的空白。酉水沿岸现有土家族祖先八部大王庙遗址，有土司王出征的古码头遗址，有全国重点文物溪州铜柱，世界文化遗址老司城遗址。在第二次国内革命战争时期，是湘鄂川黔根据地的主要组成部分，保存着丰富的红色革命文化。酉水流域物产资源富集，众多特色产品堪称物华天宝，驰名天下。

三、推出"土家探源"精品线的五款主题产品

"土家探源"精品线由5大主题产品构成，其中核心线两条，即土司文化探源精品线、土家文化探源精品线；辅助线3条，即红色主题旅游精品线、剿匪主题旅游精品线、特色农业观光与休闲养生旅游精品线。

（一）主线一：探秘"土司王朝"主题

1.资源现状

主线一主要涵盖世界文化遗产老司城遗址、千年古镇王村、"土家第一村"双凤村、灵溪河、猛洞河漂流等景区点，区位优势明显，交通通达便利。该线路以土司文化探秘为主，探秘八百多年土司王朝历史文化。以世界文化遗产老司城遗址为核心，以千年古镇王村（土司王设有行宫）、会溪坪（溪州桐柱原址）为节点，区域内有土司城遗址、千年祖师殿、彭氏宗祠、翼南牌坊、摆手堂、溪州铜柱、土王祠、古码头、古墓葬、石坊、石碑等文物古迹。

2.线路走向与产品开发

线路走向：永顺县城—司城村（世界文化遗产地）—颗砂村（土

司王拟定的新都城，素有"新司城"之美誉）—那必村（土司第一峒寨）—芙蓉镇（原"王村镇"，土司王设有行宫）—毛坪村—会溪坪（溪州桐柱原址）—施溶溪—大小溪—吴家坪—镇溪。感受司河、猛洞河、酉水河绝美风光，探秘八百年土司王朝密码。依托区域内的得天独厚的土司文化、民族文化、山水风光以及丰富的自然资源，打造以文化体验、学术研讨、康体健身、休闲度假、科普教育为主题的特色旅游产品。特色产品有鸭蛋、贡藕、土家织锦、茶叶、蜂蜜、米豆腐、牛头宴等。

3. 建设内容

主要是加快老司城景区游客服务中心建设，加强各村寨、景点游道、星级农家乐、星级厕所及垃圾处理中心等基础设施的投入力度，进一步完善基础服务设施，提高游客接待能力。

4. 建设效益

从经济效益看，该线路主要集中永顺县土司文化旅游资源，是中国土司文化的集聚区，加快对土司文化的挖掘和开发，促进区域内经济发展，拓宽农民创收渠道，增加农民就业机会，促进社会全面发展。从社会效益看，加大基础设施建设，加快该区域内的新农村建设进程，增加就业岗位，改善村容村貌，提升农村文明程度，传播永顺土司文化，将永顺土司城到王村，建设成为世界土司文化的核心区。从生态效益看，促进文化遗址的保护，促进民族文化的传承和影响，促进区域内的环境保护，形成以资源环境可持续开发和利用为前提的创新型旅游经济发展方式。

5. 沿线特色村寨

特色村寨包括司城村、那必村、下别些村、洞坎村、双凤村、西米村、麻岔村、洞坎河村，见表7-2。

表7-2　　　　土司文化探源核心精品线规划情况

拟建精品线路名称	土司文化探源核心精品线
串接的主要村镇	司城村、颗砂村、那必村、芙蓉镇（原王村镇）、会溪坪、施溶溪、大小溪、吴家坪、镇溪
依托的主要景区景点	世界文化遗产土司城遗址、土家传统建筑、土王祠、祖师殿、灵溪河、万马归朝、神仙打眼、秀屏拱座、土司钓台

拟建精品线路名称	土司文化探源核心精品线
与依托景区景点的最近距离	县城距各景点均在 50 公里范围内
现有主要特色文化旅游项目	土家织锦、土家风情演艺、土司城遗址观光、灵溪河漂流、民族风情观光
线路现有特色产业	鸭蛋、茶叶、蜂蜜、土法造纸、竹器
现有接待能力（游客服务中心、住宿餐饮、停车场等）	县城接待游客住宿、餐饮

（二）主线二：探寻"土家风情"主题

1. 资源现状

主线二以里耶古城、惹巴拉景区为核心，以酉水河流域为主要分布，区域面积较大，是湘西土家族风情最浓郁的村寨集群线，土家族文化形态多样，活态传承，包含村落多。有社巴节、土家年、"八部大王"土家祭祖、土家腊肉、土家织锦、百合、霉豆腐、米豆腐、蜂蜜、茶叶、颗砂土司贡米和传统造纸工艺等特色产业。

2. 线路走向与产品开发

主要线路为永顺县城—双凤村—洞坎村—农车村—洗车村—捞车村—六合村—里耶镇—首八洞村；沙湾村—保靖四方城遗址—老司岩—列溪村—张家坡；或里耶古镇—六合村—捞车河村—洗车村—楠竹村—龙山县城。感受酉水、洗车河绝美风光，探源土家族悠久历史和灿烂文化。开展的特色项目有民族风情游、休闲度假、农业生态游、自然观光、农事体验、乡村公园、民族节日体验、水上廊道游等。

3. 建设内容

主要是里耶景区游客服务中心建设，加强各村寨、景点游步道、停车场、星级厕所及垃圾处理中心和农家乐等基础设施的投入力度，进一步完善基础服务设施，提高游客接待能力。

4. 建设效益

从经济效益看，该线主要集中在龙山县、保靖县、古丈县三县，通过开展乡村旅游，增加农民经济收入，创造就业机会，促进农村收入的多元化，加快该区域的旅游发展。从社会效益看，通过基础设施建设和旅游业投入，促进民族文化保护，促进新农村建设，拉动就业，以旅助农，城乡互动，加快广大农村地区脱贫致富。同时探索湘西文化生态保护区活态保护的试点。从生态效益看，促进环境保护，提高居民的环保意识，推动高效节能的循环模式的推广运行，实现农村环境连片整治。

5.沿线特色村寨

特色村寨主要有隆头、比耳、老司岩村、列溪村、张家坡村、岩排溪村、毛坪村、石门村、捞车河村、洗车村、六合村、楠竹村、万龙村、联星村、亨章村、清水坪村、首八峒村、沙湾村、陇木村、老司岩、列溪村、张家坡。见表7-3。

表7-3　　　　　　　土家文化探源核心精品线规划情况

拟建精品线路名称	土家文化探源核心精品线
串联的主要村镇	双凤村、洞坎村、农车村、洗车村、捞车村、里耶镇、首八洞村、沙湾村、六合村、楠竹村、老司岩、列溪村、张家坡
依托的主要景区景点	里耶古城、惹巴拉风景区、洗车河镇、碗米坡水库、酉水河景观
与依托景区景点的最近距离	大部分村寨离依托景点距离不超过50公里
现有主要特色文化旅游项目	土家织锦、土家风情演艺、土家年、民俗观光体验、非遗传习项目、土家传统建筑、自然风光游
线路现有特色产业	百合、土家织锦、苗市腊肉、蜂蜜、茶叶、渔业
现有接待能力（游客服务中心、住宿餐饮、停车场等）	里耶古城具有较完善接待游客住宿、餐饮的能力，惹巴拉景区、亨章村有一定的接待能力

（三）辅线一：探研"红色村寨"主题

1.资源现状

辅线一以红色旅游为主，主要涵盖龙山县茨岩塘、兴隆街、塔卧湘鄂川黔革命根据地旧址、万坪镇十万坪大战遗址、李烛尘故居、郭亮县苏维埃政府旧址等红色旅游景区点。其中塔卧景区被列入全国百家红色旅游经典景区名录之一和全国 30 个红色旅游精品线名录之一，是全国爱国主义教育基地。

2. 线路走向与产品开发

龙山县城—兴隆街（贺龙住的吊脚楼）—茨岩塘（湘鄂川黔革委会旧址）—洛塔界（华国锋视察地）—万坪（十万坪大捷）—塔卧（湘鄂川黔革委会旧址）—连洞（谢家祠堂红军标语）。该线路主要涵盖塔卧红色旅游经典景区、茨岩塘湘鄂川黔省革命委员会旧址、万坪镇十万坪大战旧址、杉木河水库休闲度假区等景区点，区位优势明显，交通通达便利。红色旅游、休闲度假、科普观光、爱国主义主题等。特色产品有石雕、特色豆腐、特色酸菜等。

3. 建设内容

主要是加快塔卧景区游客服务中心、景区游步道、生态停车场、星级厕所及垃圾处理中心等基础设施的投入力度，进一步完善基础服务设施，提高游客接待能力。

4. 建设效益

从经济效益看，该线路主要集中永顺县、龙山县红色旅游资源，是湘西州红色旅游资源的集聚区，加快红色旅游发展，壮大红色旅游在旅游业的比重，可带动当地经济的发展。从社会效益看，加大红色旅游基础设施建设，加快塔卧镇、万坪镇小城镇化建设进程，增加就业岗位，提高以红色旅游产业为主的第三产业在县域经济中的比重。从生态效益看，以"红"促"绿"，实现"红""绿"相结合。

5. 沿线特色村寨

龙山县兴隆街、茨岩塘、颗砂乡颗砂村、万坪镇、毛坝乡、塔卧镇。见表 7-4。

表 7-4　　　　　　　"红色村寨"主题旅游精品线规划情况

拟建精品线路名称	红色主题旅游精品线
串接的主要村镇	龙山县兴隆街、茨岩塘、洛塔，永顺颗砂乡颗砂村、万坪镇、毛坝乡、塔卧镇

拟建精品线路名称	红色主题旅游精品线
依托的主要景区景点	贺龙革命遗迹、红色苏区旧址、颗砂土司新司城旧址，万坪镇国家森林公园（杉木河林场）、郭亮县苏维埃政府旧址和十万坪大战遗址；毛坝乡贺龙十万坪大战指挥部旧址和李烛尘故居；塔卧镇湘鄂川黔革命根据地旧址（国家红色经典景区）和全国爱国主义教育基地
与依托景区景点的最近距离	颗砂、塔卧均在省道 S230 沿线，距县城 40 公里
现有主要特色文化旅游项目	颗砂九拱桥、古街等遗迹；万坪杉木河水库休闲度假区；以塔卧为中心辐射周边万坪、毛坝等乡镇湘鄂川黔边革命根据地旧址群和战场遗迹的红色旅游
线路现有特色产业	颗砂贡米、万坪豆腐、火腿和塔卧红军酒等特色食品；毛坝莓茶等特色农产品；万坪竹编、塔卧石雕等特色工艺
现有接待能力（游客服务中心、住宿餐饮、停车场等）	县城和乡镇政府所在地均可接待游客住宿、餐饮，塔卧红色旅游配套服务设施逐步完善

（四）辅线二：探奇"湘西剿匪"主题

1. 资源现状

辅线二以里耶古城—八面山景区—乌龙山国家地质公园为主要景点，打造以剿匪为主题的特色旅游精品线。以里耶古城为集散地，分成两条线路。景点资源有永顺五连洞剿匪遗址、古丈高峰乡剿匪遗址等。

2. 线路产品

该线路主要涵盖里耶古城、八面山、乌龙山国家地质公园等景区点，区位优势明显，交通通达便利。交通线路主要有里耶—八面山—燕子洞—自生桥—长春村—杨家村；或里耶—乌龙山大峡谷—惹迷洞—乌龙洞—龙山县城；特色项目包括剿匪主题体验、自然风光、科普体验、户外探险、高山度假等。特色产品有猕猴桃、柑橘、高山萝卜等。

3.建设内容

主要是加快乌龙山景区游客服务中心建设，加强各村寨、景区游步道、生态停车场、星级厕所及垃圾处理中心等基础设施的投入力度，进一步完善基础服务设施，提高游客接待能力。

4.建设效益

从经济效益看，该线路主要集中龙山县剿匪题材旅游线，还有优美的自然峡谷风光、溶洞风景。通过发展乡村旅游，推动经济发展，促进农民增收，促进农村经济发展的多元化，促进农村经济结构调整。从社会效益看，该线路以剿匪为题材，以自然风光为依托，开发探险线路，通过旅游，推动地区旅游精准扶贫战略。从生态效益看，该区域内自然风光优美，通过旅游建设，促进自然环境保护，提高居民的环保意识，实现乡村旅游的可持续发展。

5.沿线特色村寨

特色村寨有长春村、乌龙山村、中孚社区、杨家村，见表7-5。

表7-5　　　　　　　　　　　剿匪主题旅游精品线规划情况

拟建精品线路名称	剿匪主题旅游精品线
串接的主要村镇	里耶古镇、乌龙山村、长春村、吴家寨
依托的主要景区景点	里耶古镇、八面山景区、乌龙山国家地质公园
与依托景区景点的最近距离	10公里
现有主要特色文化旅游项目	峡谷观光、自然溶洞、科普体验、高山风光
线路现有特色产业	猕猴桃、柑橘、牛羊养殖、高山萝卜
现有接待能力（游客服务中心、住宿餐饮、停车场等）	里耶古城具有较完善接待游客住宿、餐饮的能力

（五）辅线三：探验"生态农庄"和"森林养生"主题

1.资源现状

辅线三以青坪万亩红叶基地、洞坎河谷生态观光、松柏镇万亩现代烤烟示范基地、万亩猕猴桃基地、万亩优质水稻基地、松柏水库湿地公园和石堤镇羊峰山风力发电工业观光区、羊峰山草场、高寒区大棚反季节蔬菜基地等众多农业观光园为主，打造永顺县特色乡村农业观光旅游精品线路。还有永顺小溪和高望界原始次森林。从张家界出发沿张罗公路，可途径石堤镇羊峰山、松柏镇，交通便利通达。

2. 线路产品

主要线路为不二门温泉—润雅温泉—青坪万亩红叶基地—洞坎河谷生态观光—马拉河漂流—牛栏山寨—羊峰山生态农业观光—小溪森林度假养生旅游。该线路主要涵盖松柏镇万亩现代烤烟示范基地、万亩猕猴桃基地、万亩优质水稻基地、松柏水库湿地公园和石堤镇羊峰山风力发电工业观光区、羊峰山草场、高寒区大棚反季节蔬菜基地等众多农业、工业观光园。特色产品有烤烟、猕猴桃、优质大米、反季节蔬菜等特色农产品、农事体验、现代农业科普观光、乡村公园、绿色生态游、蔬菜节庆、水果节庆。特色餐饮有土家特色宴十大碗。

3. 建设内容

进一步完善农业观光园的基础服务设施，提高游客接待能力。加快松柏水库基础设施建设，加大生态文明、环境保护等方面的宣传力度。

4. 建设效益

从经济效益看，该线路主要集中永顺县农业观光旅游资源，是烤烟基地、猕猴桃基地、优质水稻基地的集聚区。加快农业旅游观光园发展，进一步推动全县乡村旅游的发展，带动当地经济的发展，促进农村经济结构调整，推动农业转型。从社会效益看，园区在向社会提供大量高质量的农副产品，园区农民的生活水平也明显提高，培养、锻炼了一支科技队伍，对区域农业与旅游业的发展产生深远影响。从生态效益看，观光园建设过程中，人民的生态环境意识得到提升，人居环境得到改善，生活质量大幅提高。园区农民在受益后，懂得了环境保护的重要意义，自觉成为生态农业的积极建设者。游客和消费者在游览和购买生态水果时，也会学习到不少农业新技术和受到环保的教育，见表7-6。

表 7-6　　　　"特色农业观光与休闲养生"旅游精品线规划情况

拟建精品线路名称	特色乡村农业观光文化旅游线路
串接的主要村镇	润雅、青坪、洞坎、马拉河、牛栏山寨、羊峰山、小溪
依托的主要景区景点	花桥村国家万亩现代烤烟示范基地、万亩猕猴桃基地、万亩优质水稻基地、松柏水库湿地公园、羊峰山风力发电工业观光区、万亩草场、野牡丹花海、大棚村高寒山区反季节蔬菜基地
与依托景区景点的最近距离	县城距松柏镇以上各景点均在 50 公里范围内
现有主要特色文化旅游项目	烤烟、猕猴桃、优质水稻和反季节蔬菜等特色农业基地观光体验；水库湿地公园休闲垂钓；草场、花海观光
线路现有特色产业	烤烟、猕猴桃、优质水稻和反季节蔬菜等特色农产品
现有接待能力（游客服务中心、住宿餐饮、停车场等）	县城和松柏镇政府所在地均可接待游客住宿、餐饮

第八章 建设苗族乡村旅游精品线

"神秘苗乡"是湖南省规划全省 12 条精品线路中涵盖湘西州苗族文化资源优势区的旅游线路，是全州重点规划建设的乡村旅游精品线路之一。

一、优化"神秘苗乡"精品线走向

（一）建成"神秘苗乡"生态文化绿色旅游廊道

遵循生态文化绿色廊道设计理念，以"高速交通造廊、地域邻近集群、水陆交通连线、资源特色亮点"为设计原则，规划苗族生态文化乡村旅游精品线路。以德夯矮寨大桥和凤凰古城两大金字招牌为基点，以天下苗家美为旅游开发核心，借助吉首作为州府的区位优势，以及包茂、杭瑞、张花高速和铜仁·凤凰机场、湘西机场的便利，围绕峡谷风光村寨群、烽火苗疆村寨群、沅水民俗村寨群三大村寨集群，做好蚩尤文化、盘瓠文化、吕洞山苗家祭祖文化、篁军文化、苗府风云、瓦乡家园等主题的旅游体验转换，同时结合屈原、沈从文、黄永玉等文化名人效应的牵引力，依托峒河、沅水等水系的生态条件，突出文化体验、户外探险、度假休闲、教育考察等旅游形态的特色。让这一线路成为全球苗族绚烂历史和文化风情的经典体验区、世界峡谷奇观探险的神秘乐园。

（二）串联"神秘苗乡"州内外县市旅游线路

主要串联的县市有花垣县、吉首市、保靖县、古丈县、泸溪县、凤凰县。线路主题依托浓郁的苗族民俗资源和神秘的乡土文化资源，以边城茶峒、古苗河—紫霞湖景区、矮寨奇观景区、保靖吕洞山、凤凰古城、乾州古城、浦市古镇为核心，以包茂高速、凤大高速为发展轴，形成北接重庆、南连怀化、西通贵族的神秘苗乡风情线路。

（三）落实"神秘苗乡"省级规划总框架

湖南省发改委规划"神秘苗乡"精品线走向，可以从西北面由G65进入花垣县，也可以从东面经G56进入泸溪县，经G56、G65、G354、G209公路，往西到达凤凰县，往南到达麻阳县（再往南到达怀化市区）。可串联的精品线路：北可由花垣边城茶峒串连龙山里耶古城；南可由凤凰经包茂高速串连荆坪古村。

上述线路走向仍然没有形成环线，因为从边城到南方长城，首尾没有连接，不利于旅游线路安排。见图8-1。

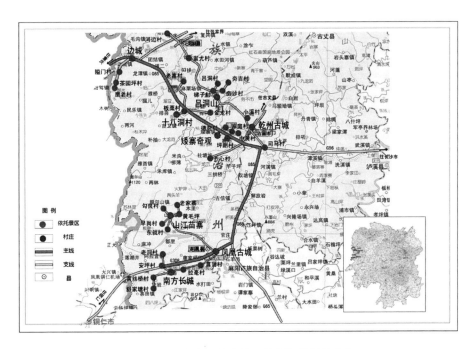

图8-1 湖南省规划"神秘苗乡"精品线走向

（四）优化"神秘苗乡"环型精品线走向

根据旅游线路尽量形成环线不走回头路的原则，湘西州规划在省规划的基础上进行优化设计：花垣边城（重庆方向进出）—"古苗河—紫霞湖"景区—蚩尤部落群—吉首德夯—保靖吕洞山—乾州古城—吉首河溪—泸溪白沙镇（张家界和沅陵方向进入）—浦市镇（辰溪方向进出）—达岗镇—凤凰木江坪—凤凰古城（麻阳和吉首方向进入）—黄丝桥（铜仁方向进入）—麻冲—山江—腊尔山—雅酉扪岱—吉卫老卫城—"古苗河—紫霞湖"—花垣镇蚩尤村—花垣边城，共有5个进出节点（边城、白沙镇、浦市镇、凤凰古城、黄丝桥）。

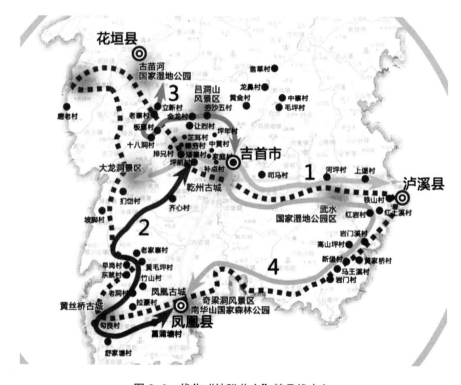

图8-2 优化"神秘苗乡"精品线走向

（五）明确"神秘苗乡"节点村寨旅游资源

1. 串联54个精品村寨

"神秘苗乡"精品线串接的村寨见表8-1。

表 8-1 　　　　　　　　　　"神秘苗乡"精品线串接节点及景区景点

县市区	节点	景点集群	称号	资源特色
保靖县		清水乡河边村	国家乡村旅游扶贫重点村	生态农业基地
花垣县	边城茶峒（国家AAA级旅游景区、国家水利风景区）	边城镇隘门村	中国少数民族特色村寨	百家书法园、沿河吊脚楼、国立茶师旧址、香炉山
		边城镇茶园坪村	国家乡村旅游扶贫重点村	红色文化
		花垣镇蚩尤村	中国少数民族特色村寨、全国文明村镇	大鲵、大闸蟹养殖基地、休闲垂钓、林木花卉、精品果蔬
		道二乡紫霞村		紫霞湖、猕猴桃基地
	十八洞村	排碧乡十八洞村	国家乡村旅游扶贫重点村、省精准扶贫示范村、2015全国旅游扶贫试点村	苗族民俗文化、溶洞奇观、苗绣
		排碧乡板栗村	中国少数民族特色村寨、中国传统村落	巴代之乡、苗族古寨、太阳会
		麻栗场镇老寨村	国家乡村旅游扶贫重点村	鬼洞、文笔峰、碧峰寺、苗绣、苗戏
		排料乡金龙村	国家乡村旅游扶贫重点村、中国少数民族特色村寨	悬崖苗寨、樱桃会
		雅酉镇扪岱村	国家乡村旅游扶贫重点村	石头建筑群、传统酿酒
		雅酉镇坡脚村	国家乡村旅游扶贫重点村	特色苗寨、乾嘉苗民起义遗址

县市区	节点	景点集群	称号	资源特色
保靖县	吕洞山（国家 AAA 级旅游景区）	夯沙乡吕洞村	国家乡村旅游扶贫重点村、省美丽乡村建设示范村	特色苗寨、保靖黄金茶、古树群落
		夯沙乡梯子村	国家乡村旅游扶贫重点村	特色苗寨
		夯沙乡夯吉村	国家乡村旅游扶贫重点村	特色苗寨
		夯沙乡夯沙村	国家乡村旅游扶贫重点村、中国传统村落、2015 全国旅游扶贫试点村	特色苗寨、瀑布群、峡谷
		夯沙乡矮坡村		苗族传统村落、黄金茶产业基地
		葫芦镇黄金村	国家乡村旅游扶贫重点村、省级农业旅游示范点	特色苗寨、保靖黄金茶原产地、明清古茶园、3570 棵古茶树
		水田河镇金落河村	国家乡村旅游扶贫重点村	野生猕猴群、猴群峡谷、溶、特色苗寨
吉首市	矮寨奇观（国家 AAAA 级旅游景区）	矮寨镇德夯村	中国少数民族特色村寨、中国传统村落、省特色旅游名村	苗鼓之乡、民俗表演
		矮寨镇中黄村	中国少数民族特色村寨、省特色旅游名村	重午古苗寨、传统建筑群
		寨阳乡坪朗村	中国少数民族特色村寨、省美丽乡村建设示范村	清朝古民居、豆腐作坊、鲜果采摘基地

县市区	节点	景点集群	称号	资源特色
吉首市	乾州古城（国家AAAA级旅游景区）	峒河街道小溪村	中国少数民族特色村寨、中国传统村落	原始次森林
		马颈坳镇隘口村	省级生态村	万亩黄金茶园、八仙洞、白虎洞、桃花园、千年古树、苗族村寨（石家镖局）、苗疆边墙
		马颈坳镇枫香村		梨园、桃园、玫瑰园、油菜产业园等
		排绸乡河坪村	中国传统村落	特色民居300余栋、苗族民俗、3000亩椪柑采摘园、调年节
		河溪镇张排村	省级生态村	太阳岛市民休闲度假地、省工业旅游示范点边城醋业公司、美国红提葡萄采摘基地
		社塘坡乡十八湾村	省级生态村	金秋梨、反季节蔬菜、十八湾精神发源地
		太平乡司马村		古井（铜壶滴漏）、天马山、张一尊故居；唱山歌、玩花灯、踩高跷
古丈县		默戎镇龙鼻村	国家乡村旅游扶贫重点村、中国少数民族特色村寨、中国传统村落	苗族四方鼓舞、苗族武术、茶叶、苗歌、苗鱼

县市区	节点	景点集群	称号	资源特色
古丈县		默戎镇毛坪村	国家乡村旅游扶贫重点村、全国"一村一品"示范村、省社会主义新农村建设示范村、2015全国旅游扶贫试点村	夯吾苗寨、"黛勾黛丫"茶叶、特色美食
泸溪县	浦市古镇（国家AAA级旅游景区）	白沙镇铁山村	国家乡村旅游扶贫重点村	铁山古寨、瓦乡人风俗、辛女生态公园、十里画壁
		白沙镇红土溪村	国家乡村旅游扶贫重点村、省特色旅游名村	盘瓠辛女文化发源集中地、省四星级乡村旅游点盘瓠文化生态园、盘瓠洞、盘瓠庙、辛女庵、辛女岩、苗族跳香
		白沙镇红岩村	国家乡村旅游扶贫重点村	盘瓠辛女文化的发源地、辛女桥、辛女岩、辛女祠、辛女溪、特色古民居
		浦市镇黄家桥村	国家乡村旅游扶贫重点村	吉家三重院、国民党陆军监狱旧址、万荷园、贺龙井、桐木垅古墓群
		浦市镇马王溪村	国家级生态村、省社会主义新农村建设示范村、省"六到农家"示范村	千亩现代生态休闲农业基地、蔬果采摘园、陶艺中心（鑫隆紫砂陶瓷厂）、水库休闲地、浦市铁骨猪
		浦市镇高山坪村	国家乡村旅游扶贫重点村	千年古驿道、菊花石、溶洞群

县市区	节点	景点集群	称号	资源特色
泸溪县	浦市古镇（国家 AAA 级旅游景区）	浦市镇新堡村	省美丽乡村建设示范村	十代千户侯的历史文化、千亩花卉种植基地、溶洞、温泉、代朝山
		浦市镇岩门溪村	国家乡村旅游扶贫重点村	楠木洞、五金坡、仙人播鼓、仙人晾衣等自然景观；天王庙等人王景观；菊花石、水上旅游资源
		武溪镇黑塘村	国家乡村旅游扶贫重点村	狮子山葡萄、椪柑、省四星级乡村旅游点红山椪柑山庄
		武溪镇上堡村	国家乡村旅游扶贫重点村、省级生态村	千亩椪柑标准化生产基地、天桥山风景区、杜鹃溪景区、军亭界大峡谷、省五星级乡村旅游点军亭界度假村、古民居
		达岚镇岩门村	国家乡村旅游扶贫重点村、中国传统村落	省级文物保护单位岩门古堡寨、明清古建筑群
凤凰县	山江苗寨	山江镇黄毛坪村	国家乡村旅游扶贫重点村	山江苗族博物馆
		山江镇老家寨村	国家乡村旅游扶贫重点村、中国传统村落	千潭湖、苗族民俗
		山江镇早岗村	国家乡村旅游扶贫重点村、省历史文化名村、省"六到农家"示范村	传统民居、苗族民俗

县市区	节点	景点集群	称号	资源特色
凤凰县	山江苗寨	山江镇雄龙村		林下经济、猕猴桃、花卉等观光农业
		山江镇东就村	国家乡村旅游扶贫重点村、中国少数民族特色村寨、省特色旅游名村	古苗寨、苗族民俗
	南方长城	阿拉营镇黄丝桥村		全国重点文物保护单位黄丝桥古城、古兵营遗址
		落潮井乡塘桥村	国家乡村旅游扶贫重点村	生态观光农业
		落潮井乡勾良村	国家乡村旅游扶贫重点村	苗歌第一村、古苗寨
		麻冲乡老洞村	国家乡村旅游扶贫重点村、中国少数民族特色村寨、中国传统村落、2015全国旅游扶贫试点村	老洞古寨
	凤凰古城（国家AAAA级旅游景区、中国历史文化名城）	麻冲乡竹山村	中国少数民族特色村寨、中国传统村落	竹山苗寨
		麻冲乡拉毫村	国家乡村旅游扶贫重点村、中国少数民族特色村寨、中国传统村落	南方长城古兵营遗址
		都里乡椿木坪村	中国少数民族特色村寨、中国传统村落	特色建筑
		廖家桥镇昔菖蒲塘村	国家乡村旅游扶贫重点村	水果苗木基地

2. 依托景区、城镇和干线公路

依托主要景区：花垣边城中国历史文化名镇（经 G65 进入）—

十八洞村—吉首矮寨奇观景区—保靖吕洞山景区—吉首乾州古城—泸溪白沙景区—浦市古镇景区—凤凰山江苗寨、凤凰古城、南方长城（经凤大高速连贵州铜仁）。依托的主要城镇：州府吉首市、花垣县城、边城镇、保靖县城、凤凰古城、山江镇、泸溪白沙镇、浦市镇。依托的主要干道：G56、G65、G354、G319、G209、S262、S253、S252公路。

二、确立"神秘圣祖山，天下苗乡美"的线路形象

以山为魂（腊尔山、吕洞山），体会苗族文化神秘，感受苗寨山境秀美。即以腊尔山、吕洞山和沅水生态景观、苗族风情和边墙军事防御文化为核心，彰显"仁者乐山"的湘西休闲养生体验型乡村旅游主题。

"神秘苗乡"精品线主要依托高速交通廊道。通过包茂和杭瑞高速融入国家战略和湖南省战略。在花垣、吉首、保清、凤凰、泸溪的相关范围内，沿包茂高速和杭瑞高速（湘西段）打造苗族生态文化乡村游精品线，向西对接成渝经济区、向南对接桂林旅游区、向东对接长株潭"5+3"城市群，融入国家"一带一路"倡议和湖南省"一带一部"战略。

（一）"神秘圣祖山"的生态线路定位

湘西苗族是个靠山而居的民族。腊尔山台地是云贵高原的延伸部分，总面积333.23平方公里，一般海拔在800米左右，台地边缘的腊尔山海拔1200米，是台地上的最高峰。这里自古就是湘、黔、川（渝）边区苗族人民聚居的核心地带，中国南方长城的缘起以这里强悍的苗族人民为最主要防御对象；载入史册的"清朝中衰之战"乾嘉苗民起义的导火索就是从这里点燃。这里苗族的民风淳朴、粗犷、倔犟、豪爽又疾恶如仇。近年来，随着旅游开发热潮，台地上的吕洞山已成为"吕洞秘境、苗祖圣山"，乡村旅游发展势头很好。

（二）"天下苗乡美"的文化线路定位

该线路苗族文化遗产丰富，类型多样，有苗族民间文学、传统音乐、传统舞蹈、传统戏剧、曲艺、杂技与竞技、传统美术、传统医药、

传统民俗等，且保持完整，特色鲜明，分布密集，具有典型的苗族非物质文化遗产聚集地。凤凰腊尔山台地已被文化部确立为"苗族文化生态保护核心区"（见《武陵山（湘西）土家族苗族文化生态保护实验区总体规划》）。这里峡谷、溪涧、瀑布、古村、古井汇聚，苗寨星罗棋布，风景秀丽。这里有全国和省级重点文物保护单位100余处，周边有吉首德夯、乾州古城风景名胜区，有凤凰南华山国家森林公园、凤凰国家地质公园、峒河国家湿地公园等，有凤凰历史文化名城，吉卫与吉信历史古镇，有中黄村、德夯村、齐心村、十八湾村、小溪村、拉毫村、黄茅坪村、舒家塘村等数十个历史文化名村等。蚩尤部落群紧邻吉首德夯、保靖吕洞山区，区内生态旅游资源丰富，苗族风情浓郁，悬崖苗寨苗族绝技令人惊叹，让烈、桐木寨、芷耳、板栗、十八洞、老寨、蚩尤、立新村等苗族原生态村寨集群且保存完好，古苗河、紫霞湖毗邻吉茶高速、湘西机场，湿地生态保存完好，为休闲度假胜地，蚩尤传说让人流连忘返，无愧于"天下最美苗乡"之称。

三、推出"神秘苗乡"精品线的五款主题产品

"神秘苗乡"精品线由5大主题产品构成，其中核心线两条，即"谷韵绿道"峒河国家湿地公园生态文化乡村旅游大廊道、"烽火苗疆"乡村旅游主题精品线。三条辅线，即蚩尤部落主题旅游精品线；农业精品园主题精品线；辛女家园主题精品线。

（一）"谷韵绿道"主题：洞河国家湿地公园大廊道

1.资源现状

峒河及支流流经花垣、吉首市、泸溪县，属国家湿地公园，总面积0.93万公顷，涵盖河流湿地、水库水塘湿地、滩涂湿地、农田湿地等。动物植物资源丰富，有维管束植物有1142种、602属、180科，其中国家一级保护植物4种、二级保护植物10种，中国珍稀濒危保护植物12种，列入国际公约保护植物名录CITES附录Ⅱ的兰科植物12种。动物资源有野生脊椎动物256种，其中水生脊椎动物33种、陆生脊椎动物223种。分布有国家一级重点保护动物2种，国家二级重点保护动物23种，是不可多得的基因库。该线路人文景观古朴深厚，德

夯的苗鼓、矮寨的公路奇观、乾州的古城、八仙湖的千年悬棺、农耕文化遗存等，无一不具有厚重的历史、深远的文化、浓郁的民族风情。区位优势明显，交通通达便利。近年来吉首市打造"谷韵绿道"取得了重要的生态文化效益。

2.线路产品

"谷韵绿道"线路走向为大龙洞（德夯村）—矮寨镇—坪朗村—曙光村—吉首市—河溪镇—潭溪镇—洗溪—武溪镇；或吉首—太平司马—排绸河坪—泸溪白沙。特色项目有依托区域内的独特的苗鼓文化、山水风光和丰富的自然资源，打造以文化体验、学术研讨、康体健身、休闲度假、科普教育、亲子旅游为主题的特色旅游产品。特色产品有草莓、葡萄、高山蔬菜、豆腐、板鸭、桃花虾、黄金茶、椪柑、铁骨猪等。

3.建设内容

加快特色椪柑、草莓、葡萄、花卉苗木等特色生态农庄和产业基地建设，确立农旅融合发展优势，推进农产加工旅游产品开发；加快峒河休闲健身游道和湿地休闲度假村建设，形成城市居民休闲健身基地。加快沿线游客服务中心建设，加强景点游道、星级农家乐、星级厕所及垃圾处理中心等基础设施的投入力度，进一步完善基础服务设施，提高游客接待能力。

4.建设效益

从经济效益看，吉首市、泸溪县沿洞河开发特色产业优势，在适宜区域和主导产业相对集中连片的区域，高起点、高标准、高水平地规划建设，在洞河沿岸开发了万亩椪柑、万亩茶叶、万亩蔬菜、万亩中药材、万亩珍稀花卉苗木、万亩金秋梨示范功能强、带动面宽、产业效益好、规模大的农业万亩特色产业园区。从社会效益看，着力挖掘民族文化内涵，做好历史文化传承文章，将自然的湿地风光、质朴的田园风情、原生态的农耕文明、浓厚的民族历史文化资源有机融合，实现人文景观与自然生态景观的和谐统一。从生态效益看，充分保护峒河湿地公园独特野生动植物多样性等生态自然资源，开展植被修复、加大区域生态建设力度，将峒河湿地公园内森林划入公益林进行妥善保护，加大对峒河湿地公园乱砍滥伐、随意征占林地等违法行为的整治打击力度，在调节气候、保持水土、涵养水源、防风固沙、维护生物多样性、构建生态免疫体系等方面的功能将得到极大提升，湿地公园沿河乡村人居环境明显改善。

5. 沿线特色村寨

主要有吉斗寨、坪年村、德夯村、坪郎村、家庭村、补点村、中黄村、太平村、新寨坪、下都村、大陂流村、黑塘村、上堡村等，见表8-2。

表8-2　　　洞河国家湿地公园生态文化乡村旅游大廊道规划情况

拟建精品线路名称	洞河国家湿地公园生态文化乡村旅游大廊道
串接的主要村镇	吉斗寨、坪年村、德夯村、坪郎村、家庭村、补点村、中黄村、太平村、新寨坪、下都村、大陂流村，黑塘村、上堡村
依托的主要景区景点	德夯苗寨、矮寨公路奇观、乾州古城、八仙湖千年悬棺、红山椪柑山庄、天桥山风景区、军亭界度假村
与依托景区景点的最近距离	距各景点均在40公里范围内
现有主要特色文化旅游项目	苗寨苗家绝技表演、矮寨公路观光、特色生态农庄（农事采摘）、特色花卉苗木基地；峒河绿道（休闲康体游道）、休闲度假村、休闲健身、矮寨大桥和德夯有一定品牌影响
线路现有特色产业	草莓、葡萄、豆腐、板鸭、椪柑；军亭界度假村、红山椪柑山庄、神秘湘西醋业；老爹生物科技有一定产业规模
现有接待能力（游客服务中心、住宿餐饮、停车场等）	德夯—吉首—泸溪住宿、餐饮比较齐备，泸溪服务中心停车场不足

（二）"烽火苗疆"主题

1. 资源现状

以乾嘉苗民起义为代表的历代多次苗民起义，在苗族聚居地留下了多处遗址遗迹和民间传说。如以吴八月命名的八月湖，齐心村的擒头坡地名。凤凰禾库天星山是乾嘉苗民起义的根据地之一，兀然独立，古木参天，藤萝密布，周围山多林茂，景色宜人，为苗族聚居区腹地。在中国南方长城线上，散布着大量苗族村落，是凤凰区域性防御体系的重要组成部分，由镇城、营城、汛堡、屯堡、碉楼、哨卡、边墙7

大类别 15 个保存相对完整、最具代表性的军事防御遗址构成。包括凤凰古城、中国南方长城、黄丝桥古城等在内的凤凰区域防御体系，是中国南方目前具有特殊性遗存面积最大、保存最好、功能最齐全的明清时期军事遗址之一。伴随着凤凰区域防御体系而形成的楚文化与土著文化、苗文化与汉文化的碰撞交融，也造就了凤凰厚重的历史文化景观。

2. 线路产品与产品开发

线路走向：古丈龙鼻村—九龙寨—坪坝且武营—吉首八月湖—齐心村—十八湾村—禾库—腊儿山—山江（老家寨、早岗村、黄毛坪、冬就村）—麻冲（老洞村、竹山村）—落潮井（沟良村）—阿拉营（舒家塘）—廖家桥（菖浦塘村）—拉毫村—凤凰古城。特色项目有依托区域内的独特的苗鼓文化、山水风光以及丰富的自然资源，打造以文化体验、学术研讨、康体健身、休闲度假、科普教育、亲子旅游为主题的特色旅游产品。特色产品有苗绣、苗族银饰锻造业、苗家腊肉、苗家农家乐、猕猴桃产业、葡萄种植、柚子种植等。

3. 建设内容

依托山江苗寨，打造特色苗寨群，做好村寨特色建筑保护，传承苗寨特色民族文化；依托猕猴桃产业基地和橘柚种植基地，建设生态农庄，推进农旅融合发展。加快沿线游客服务中心建设，加强各村寨、景点游道、星级农家乐、星级厕所及垃圾处理中心等基础设施的投入力度，进一步完善基础服务设施，提高游客接待能力。

4. 建设效益

经济效益：开发特色产业，大力发展猕猴桃、椪柑、柚子、茶叶、蔬菜、中药材、花卉苗木、金秋梨等。社会效益：着力挖掘兵站文化、边墙文化和苗族文化内涵，做好历史文化传承文章，将峡谷地貌、田园风情、原生态的农耕文明、浓厚的民族历史文化资源有机融合，实现人文景观与自然生态景观的和谐统一。生态效益：充分保护好腊儿山台地生态资源，保护独特野生动植物，开展植被修复、加大区域生态建设力度。

5. 沿线特色村寨

齐心村、老家寨、早岗村、黄毛坪、冬就村、老洞村、竹山村、沟良村、阿拉营、菖浦塘村、拉毫村等。见表 8-3。

表 8-3　　　　　　　烽火苗疆乡村旅游主题精品线规划情况

拟建精品线路名称	烽火苗疆乡村旅游主题精品线
串接的主要村镇	龙鼻村、九龙寨、坪坝旦武营、齐心村、老家寨、早岗村、黄毛坪、冬就村、老洞村、竹山村、沟良村、阿拉营、菖浦塘村、拉毫村
依托的主要景区景点	八月湖、十八湾公路奇观、天星山峡谷、苗人谷景区、屯堡和石头寨、老洞明清建筑群、黄丝桥唐代古城、飞水谷、古妖潭等
与依托景区景点的最近距离	距各景点均在 40 公里范围内
现有主要特色文化旅游项目	苗家绝技表演、特色苗寨群、山江苗族博物馆、农事采摘、特色生态农业观光园 特色苗寨有一定的影响
线路现有特色产业及规模	苗绣、苗舞、苗银饰锻造业、苗家腊肉、苗家农家乐、猕猴桃产业、柚子种植业 银饰和猕猴桃产业有一定规模
现有接待能力（游客服务中心、住宿餐饮、停车场等）	村寨普遍欠缺接待能力

（三）"蚩尤部落"主题

1. 资源现状

此线资源丰富，自然生态有悬崖苗寨金龙村，古苗河湿地生态、尖岩风光等；人文有苗族鼓舞、苗歌、苗族绝技、樱桃会、赶秋、蚩尤始祖崇拜等。此条线路的资源十分独特：十八洞村是习近平总书记视察过的苗寨，在这里提出了"精准扶贫"的战略思想，这为通过旅游开发带动苗寨脱贫提供了重大契机。

2. 线路走向与特色项目

吉首—夯沙—吕洞—金龙村（省委组织部扶贫点）—十八洞（习近平总书记到过的苗寨）—板栗村—老寨村—蚩尤村（新农村建设展示点）—花垣县城—边城茶峒。依据金龙村高山峡谷风光，板栗村、老寨村、芷耳村等苗寨民族民俗艺术文化演艺及非遗项目展示，打造以新红色教育、峡谷观光、农事体验、康体健身、休闲度假、科普教育、亲子旅游为主题的特色旅游产品。

3. 建设内容

依托"精准扶贫"思路，展示民族文化风情，建设进准扶贫示范村群；依托特色种植和养殖基地，加快特色产业发展。加快沿线游客服务中心建设，加强各村寨、景点游道、星级农家乐、星级厕所及垃圾处理中心等基础设施的投入力度，进一步完善基础服务设施，提高游客接待能力。

4. 建设效益

从经济效益看，大力发展樱桃、猕猴桃、湘西腊肉、"苗汉子"系列农副产品、"苗外婆"系列苗家酸菜、苗绣、苗族花带等产业。从社会效益看，精准扶贫是习总书记提出的指导贫困片区的战略决策，发展乡村旅游，实施旅游扶贫，产生良好的示范效应。从生态效益看，通过发展乡村旅游保护好苗寨的文化生态系统和苗寨的自然生态系统。

5. 沿线特色村寨

金龙村（省委组织部扶贫点）、十八洞（习近平总书记到过的苗寨）、板栗村、老寨村、蚩尤村（新农村建设展示点）。见表8-4。

表8-4　　　　　　　精准扶贫示范主题旅游精品线规划情况

拟建精品线路名称	蚩尤部落主题旅游精品线
串接的主要村镇	金龙村（省委组织部扶贫点）、十八洞（习近平总书记到过的苗寨）、板栗村、老寨村、蚩尤村（新农村建设展示点）
依托的主要景区景点	矮寨大桥、金龙村峡谷风光、十八洞风光、尖岩山、石栏杆石林、紫霞湖风光、古苗河、边城等
与依托景区景点的最近距离	距各景点均在40公里范围内
现有主要特色文化旅游项目	特色苗寨观光体验，苗家绝技表演，农事采摘
线路现有特色产业及规模	樱桃、猕猴桃、湘西腊肉、"苗汉子"系列农副产品、"苗外婆"系列苗家泡菜、苗绣、苗族花带等
现有接待能力（游客服务中心、住宿餐饮、停车场等）	需依托线路上的乡镇节点和旅游节点建设游客服务中心、住宿餐饮、停车场等

（四）"农业精品园"主题

1. 资源现状

有古苗河—紫霞湖风光，尖岩山风光，千亩大马士革玫瑰花基地、金秋梨基地、德龙牧业黄牛养殖基地、特种生态养殖（青蛙）基地。是湘西州现代农业科技园、精品园和示范园区。自然景观有排吾乡石栏杆青石林、吉卫镇夯来村红石林，人文景观有老卫城遗址等。

2. 线路走向与产品开发

线路走向：吉首—尖岩山—紫霞湖—排吾—吉卫—补抽—雅酉。打造以精品农业示范园、苗河观光、农事体验、康体健身、休闲度假、科普教育、亲子旅游为主题的特色旅游产品。

3. 建设内容

依托特色种植和养殖基地，加快特色产业发展，建设特色产业生态观光园。加快沿线游客服务中心建设，加强各村寨、景点游道、星级农家乐、星级厕所及垃圾处理中心等基础设施的投入力度，进一步完善基础服务设施，提高游客接待能力。

4. 建设效益

从经济效益看，大力发展特色生态种植和精深加工业，开发玫瑰花系列产品，依托生态农业基地，大力发展牧业（养牛），大力扶持特种养殖（青蛙），带动农户脱贫致富奔小康。从社会效益看，精准扶贫是习总书记提出的指导贫困片区的战略决策，发展乡村旅游，实施旅游扶贫，产生良好的示范效应。从生态效益看，通过发展乡村旅游保护好苗寨的文化生态系统和苗寨的自然生态系统。

5. 沿线特色村寨

雅酉坡脚村、扪岱村、道二乡紫霞村，见表8-5。

表8-5　　　　精准扶贫示范主题旅游精品线规划情况

拟建精品线路名称	农业精品园主题旅游精品线
串接的主要村镇	雅酉坡脚村、雅酉扪岱村、道二乡紫霞村
依托的主要景区景点	矮寨大桥、金龙村峡谷风光、十八洞风光、尖岩山、石栏杆、紫霞湖风光、古苗河、边城等
与依托景区景点的最近距离	距各景点均在40公里范围内

拟建精品线路名称	农业精品园主题旅游精品线
现有主要特色文化旅游项目	特色苗寨观光体验，苗家绝技表演，农事采摘，特色生态农业观光园、种植园、养殖园等
线路现有特色产业及规模	玫瑰花基地 1000 余亩，德龙牧业养殖基地、养蛙基地等，有一定的产业基础（企业投资）
现有接待能力（游客服务中心、住宿餐饮、停车场等）	需依托线路上的乡镇节点和旅游节点建设游客服务中心、住宿餐饮、停车场等

（五）"辛女家园"主题

1. 资源现状

盘瓠与辛女神话传说，发祥于沅水流域的泸溪县，2011 年被国务院列为国家级第三批非物质文化遗产保护名录。生活在沅水一带的湘西苗族支系（称为"瓦乡人"）尊辛女为"神母"、尊盘瓠为"神父"，是中国民间文学（口头文学）宝库中极为重要的资料和珍贵的文化遗产。盘瓠与辛女神话传说集中了民俗学、神话学、宗教学、语言学、口头文学等文化现象，同时衍生出服饰、舞蹈、歌谣、医药、工艺和民俗风情等众多的文化现象，值得深入发掘的旅游资源。沅水一带还是爱国诗人屈原的流放地，是文学大师沈从文作品的笔耕地，还是瓦乡人聚居地，瓦乡文化浓烈。

2. 线路走向

线路走向：吉首—上堡村—黑塘村—白沙镇—铁山村—红土溪村—红岩村（辛女溪村）岩门溪村—高山坪村—黄家桥村（浦市镇）—新堡村—马王溪村—岩门村—凤凰木江坪—凤凰古城。特色项目：依托区域内的独特的盘瓠文化、瓦乡文化、古镇古村、山水风光以及丰富的自然资源，打造以文化体验、休闲体育、养生度假、亲子度假、商务接待、学术研讨、科普教育为主题的特色旅游产品。特色产品：原生态特产重点开发草莓、葡萄、茶油、稻花鱼、椪柑、铁骨猪等。依托踏虎凿花、苗族挑花、菊花石雕、杨柳石雕、傩面具、辰河戏脸谱、陶艺品等民间非遗技艺，开发艺术品和时尚用品等文化旅游商品；结合盘瓠辛女传说及浦市古镇开发旅游纪念品。

3. 建设内容

依托沅水风光带，开发特色水上休闲健身项目；依托盘瓠生态文化园，推进特色产业发展，提升村寨文化内涵，打造盘瓠文化品牌；依托浦市古镇，推进旅游产业融合发展，提升古村文化内涵，打造商旅古村品牌。加快沿线景区景观和游客服务中心建设，加强景点游道、农家乐、厕所及垃圾处理中心等基础设施的投入力度，推动接待设施的提质升级，提高游客接待能力。

4. 建设效益

从经济效益看，泸溪沿沅水开发特色产业，重点开发万亩油茶、万亩椪柑等特色农产品，在沅水沿岸开发千亩河滩游乐场、水上游乐场等休闲健身区，提高居民收入。从社会效益看，将民族文化与特色产业有机结合，强化瓦乡文化传承，挖掘盘瓠辛女文化内涵，实现沅水沿岸人文景观与自然生态景观的和谐统一。从生态效益看，充分保护沅水干流独特野生动植物多样性等生态自然资源，开展植被修复、加大区域生态建设力度，妥善保护河道景观，加大对违法采砂、破坏河道、垃圾倾倒、排污等违法行为的整治打击力度，沅水流域乡村人居环境明显改善。

5. 沿线特色村寨

铁山村、红土溪村、红岩村（辛女溪村）、黄家桥村（浦市镇）、马王溪村、岩门村。见表8-6。

表8-6　　　　　　　　沅水盘瓠辛女文化精品线规划情况

拟建精品线路名称	沅水盘瓠辛女文化精品线
串接的主要村镇	铁山村、红土溪村、红岩村（辛女溪村）、黄家桥村（浦市镇）、马王溪村、岩门村
依托的主要景区景点	沅水风光带，盘瓠生态文化园，浦市古镇景区
与依托景区景点的最近距离	距各景点均在30公里范围内
现有主要特色文化旅游项目	盘瓠辛女文化风情园，瓦乡文化风情村（铁山村铁掌帮总舵），沅水游轮观光，马王溪特色生态农庄（陶艺定制体验中心），岩门古堡观光

拟建精品线路名称	沅水盘瓠辛女文化精品线
线路现有特色产业及规模	合水茶油，兴隆场玻璃椒，白沙稻花鱼，浦市铁骨猪养殖，马王溪陶艺中心，浦市荸荠及莲藕
现有接待能力（游客服务中心、住宿餐饮、停车场等）	白沙与浦市有一定住宿、餐饮接待能力，其他村寨急需建设接待设施

第九章 个性打造

一、凝练全州乡村旅游的个性特色

基于湘西乡村旅游资源的现有基础与优势特点，打造和突出湘西州乡村旅游和国内外其他地区乡村旅游的个性特色，彰显独特性、唯一性、差异生、创意性，具体从以下 10 个方面进行打造。

（一）村寨聚落：高山峡谷湿地的立体式聚落景观

湘西州位于武陵山脉腹地的中海拔地带，石灰岩广布，喀斯特地貌发育充分。全州独特的孤峰、峰丛、溶洞、石芽、溶沟、漏斗、落水洞等峡谷岩溶地貌遍布，以土家族和苗族为主体各民族村寨星罗棋布在这些地貌中。在吉首、保靖、花垣、古丈四县市围成的"吕洞、金龙、德夯"大三角片区十分典型，龙山乌龙山大峡谷、凤凰天星山大峡谷、永顺猛洞河流域、古丈坐龙峡都属这一类型。形成奇特的立体式的村寨聚落景观：有高山台地村寨，在八面山、腊尔山、吕洞山等台地上村寨星罗棋布；有悬崖上村寨，如吉首的吉斗寨、家庭村、花垣的金龙村等；有峰林村寨和多瀑村寨，以德夯村最为典型；有河谷湿地、水谷、水边村寨，如司城村、小溪村、中黄村等；有河湾苗寨，如坪朗村；有沿坡阶梯苗寨，吕洞山的五行苗寨，形成独特的"高山峡谷湿地"生态村寨聚落奇观。

（二）农耕文化：孕育了高山峡谷湿地生态系统的奇特农耕文化

湘西州奇特的高山峡谷湿地自然生态系统，孕育了奇特的、古老的农耕文化、民俗文化和民族风情，形成了具有高山峡谷村寨集群特色的农耕地田形貌、农耕工具、四季农事和独特农耕节庆习俗，赋予了高山峡谷湿地景观以特殊的文化魅力。农耕地田形貌方面有古丈岩排溪村的古梯田、花垣的尖岩山风光等；农耕工具、村舍建筑、四季农事方面是适应高山峡谷湿地的地形、气候、物种；形成了独特的农耕节庆习俗，如土家族摆手舞、社巴节、苗族赶秋节、四月八等，就是典型的湘西农耕文化符号。因此，湘西州要依托独特的立体式村寨聚落景观和独特的农耕民族文化，来申报世界农业遗产，提升乡村旅游的世界品牌。

（三）生态养生："中国绿心"休闲度假养生特色旅游

湘西州的生态环境无与伦比，空气质量连续多年排全省第一，负氧离子、PM2.5等指标全国全省最优，被誉为"中国绿心"。整合湘西1.5万多平方公里的土地上遍布的53个国家级生态文化旅游品牌，从自然保护区到森林公园，从地质公园到重点风景名胜区，从湿地公园到世界地质"金钉子"，串联各村各寨，以气候上的微生物发酵带、土壤中的富硒带、植物群落间的亚麻酸带的独特优势和高达66.9%的森林覆盖率，打造国际知名休闲养生胜地。

（四）中国土司：世界遗产土司文化特色旅游

借助土司城世界文化遗产的品牌力和800年土司波澜壮阔的传奇历史，打造以学术为主题的中国土司文化考古、研学、教育中心，打造以体验为主题的土司文化军政、农事、礼仪、日常生活考察、展览与互动中心，同时开发土司文学和影像作品、土司王玺与公文、土司弓弩、土司陶艺等特色旅游产品。

（五）地质奇观："金钉子"等地质奇观特色旅游

紧扣湘西独一无二的地质资源，如红石林地质奇观、金钉子地质奇观、吕洞—金龙—德夯峡谷群奇观、乌龙山溶洞群奇观、龙山石林地质奇观、花垣吉首交界的阴沉木化石地层奇观，打造地质奇观目的地游和环地质奇观乡村游。

（六）湘西三绝：绝技、绝活、绝品

通过湘西神秘绝技"上刀梯""红犁信步""空中踩纸""悬崖刀梯"等展示，以及四月八、六月六、太阳会、樱桃会、挑葱会，以及社巴日、祭青苗龙、土家年等风情浓郁的特有节庆的展演，同时，提供保靖黄金茶、湘西第一期货，打造洗车霉豆腐、湘西腊肉、百虫宴、凤凰纸扎、土家织锦、苗族银饰、踏虎凿花、苗画、苗绣、苗药等独有产品的购销平台。

（七）里耶秦简：秦代历史文化特色旅游

以里耶秦简的世界级考古奇迹为引爆点，着力开掘以秦简为媒介的秦文字旅游文化产品，以秦武士为代表的军事文化旅游产品，以秦简考古学术研究的划时代成果为舆论契机，将里耶古镇及其周边村落的秦文化主题整体化、精细化。打造继陕西西安之外中国最大的秦文化古城。做集研学、影视、度假、休闲和娱乐于一体的秦文化旅游综合体，做湘西文化对接中原文化、边地文化对接主流文化最鲜亮的风景线。

（八）苗疆边墙：军事文化与凤凰区域防御体系

以凤凰区域防御体系恢弘壮阔的景观为吸引物，围绕防御体系内镇城、营城、汛堡、屯堡、碉楼、哨卡、边墙7大类不同景致，在楚文化与土著文化、苗文化与汉文化的碰撞与交融中寻找旅游引爆点，深入挖掘军事文化旅游的教育、娱乐、研学的功能和可互动性项目，将算军文化、苗王文化、营盘文化与凤凰古城和周边险山奇谷等连点带面，做厚、做实凤凰区域防御体系旅游的内涵。

（九）祭祖文化：土家族和苗族祭祖文化特色旅游

将以吕洞山五行苗寨和首八峒八部大王遗址为核心，分别打造世界苗族祭祖文化与世界土家族祭祖文化中心。将苗族、土家族的原始信仰、祖先崇拜的文化肌理，结合湘西民间民俗活动和文化艺术展演，以情感旅游与节庆旅游为牵引力，打造祭祖文化展示与体验的世界级平台。

（十）名人名家：中外名人与湘西乡村特色旅游

以名人名家为着力点，将习近平、朱镕基、胡锦涛、温家宝等党和国家领导人视察过的村寨，与贺龙、萧克、华国锋等已故党政军要人有重要关联的遗迹、村寨，以及沈从文、黄永玉、宋祖英等文艺界著名人士的故乡或其名著、名作场景地，以鲜明的政治主题、划时代的历史事件和不可替代的文化吸引力，以教育学习、追缅崇仰、文化娱乐等方式，做活、做强湘西村寨名人主题游。

二、彰显"六大村寨集群"个性特色

（一）高山峡谷村寨群：湘西州乡村旅游主战场

主题定位：百年路桥奇观，千年苗族风情，万年峡谷风光

1. 突出高山峡谷湿地村寨集群的资源特色

高山峡谷村寨群拥有万年峡谷风光、千年苗寨风情和百年路桥奇观的德夯大峡谷作为塔尖，依托吉首德夯、乾州古城、花垣边城茶峒、保靖吕洞山景区，沿 G56、G65、G319 等交通干线向北延伸至花垣十八洞—板栗—金龙村村寨群和保靖的夯沙乡吕洞村寨群，向南辐射吉首市齐心—中黄—小溪村寨群。旅游产业发展基础好。地质奇观与生态美景交相辉映，德夯大峡谷、谷韵绿道、擒头坡、黄龙洞、大烽冲瀑布群、大九冲瀑布群、吕洞山、"金钉子"、悬崖苗寨、洽比河、天马山、丹青河风光秀美；民族文化与历史文化水乳交融，重午苗寨、"高界吞"炮台、苗族祭祖圣地民族文化浓郁，历史文化厚重。这一村寨群的旅游定位为"高山峡谷甲天下，苗寨群落名四方"。

2. 集群打造 30 个重点村寨

吉首市德夯苗寨、寨阳乡坪朗村、矮寨镇中黄村、矮寨镇家庭村、社塘坡乡齐心村、矮寨镇排兄村吉斗寨、矮寨镇坪年村、寨阳乡补点村、太平乡司马村、排绸乡河坪村，花垣县排料乡让烈村、排料乡芷耳村、排料乡金龙村、麻栗场镇立新村、麻栗场镇老寨村、排碧乡板栗村、排碧乡十八洞村、道二乡紫霞村、花垣镇蚩尤村、保靖县夯沙乡夯沙村、夯沙乡夯吉村、夯沙乡吕洞村、夯沙乡梯子村、夯沙乡矮

坡村、葫芦镇黄金村、水田河镇金落河村、古丈县默戎镇龙鼻村、默戎镇毛坪村、默戎镇中寨村、默戎镇翁草村。

3. 建设高山峡谷村寨群旅游产品体系

打造13条进出线路：（1）吉首—补点村—坪朗村—德夯—排兄村吉斗寨—家庭村；（2）吉首—太平乡司马村—排绸乡河坪村；（3）吉首—齐心村—凤凰禾库镇—米良乡—矮寨—吉首；（4）吉首—己略乡—矮寨镇坪年村—吕洞山；（5）吉首—隘口—黄金村—吕洞山—中黄村（黄金茶主题游）；（6）保靖—梅花乡—水银乡—水田河镇—吕洞山；（7）古丈—默戎镇—葫芦镇—吕洞山；（8）边城茶峒—边城镇磨老村—老卫城—雅酉扪岱—凤凰古城；（9）吉首—德夯—排料（芷耳村、让烈村、金龙村）—夯沙；（10）吉首—德夯—板栗村—十八洞—麻栗场（立新、老寨）—吉卫老卫城—雅酉扪岱—凤凰古城；（11）凤凰—腊尔山—雅酉扪岱；（12）边城茶峒—团结水田—花垣县城—蚩尤村—古苗河—紫霞湖—麻栗场（立新、老寨）—十八洞—板栗村—吉首矮寨；（13）边城茶峒—古苗河—紫霞湖—德夯—麻栗场（立新、老寨）—十八洞—板栗村—排料乡（金龙、芷耳、让烈）—保靖夯沙—吕洞山。开发9项功能产品：苗族祭祖文化旅游产品、观光休闲体验旅游产品、度假亲子体验旅游产品、民族风俗观光体验旅游产品、家庭农庄体验型旅游产品、山地探险与文化探秘类旅游产品、苗族风情休闲度假乡村旅游产品、苗族风情艺术采风乡村旅游产品、精准扶贫示范苗寨产品。推出6款旅游商品：农耕文化园手工作坊小商品、苗族信仰主题类旅游商品、保靖黄金茶、高山有机绿色食品系列、石雕石刻苗绣手工艺品、巴代陶塑和傩面具。

4. 搞好特色村寨的个性创意策划

围绕德夯万年峡谷风光、千年苗寨风情、百年路桥奇观做立体式的深度旅游开发。围绕中黄村苗族建筑、苗族民俗进行民俗观光体验产品深度开发，尤其要做好"水田四月八"、苗族鼓舞等民俗活动发源地的深度挖掘文章。围绕坪朗、补点、司马村、河坪、家庭等村搞农业产业开发，做现代农业观光休闲体验旅游深度开发，尤其是要做好度假亲子体验旅游产品。做好"互联网＋"文章，推出网上（实地）交钱认领，网络实时跟踪的开心农庄项目。同时，围绕洽比河风光、丹青河自然风光、峒河湿地公园等优美的自然生态景观，做生态旅游产品深度开发，尤其是要做好城市人群休闲度假、养老旅游产品开发。围绕齐心村"南天门"景区、比高东都和待秦都炮台、"两山洞"和"禾消摆"瀑布、"九龙沟"和黄石洞库区奇观，开发山地自行车赛、极限攀岩、水上垂钓等探险旅游产品；围绕民俗文化、石寨、"高界吞"炮台开发出文化探秘旅游产品。围绕吕洞山景区这个核心，整合夯吉村、梯子村、夯沙村、矮坡村、吕洞村、黄金村、金落河村等周边村寨资源，打造吕洞山苗寨群。夯吉村要以休闲、避暑、艺术采风为主题打造的旅游项目；梯子村要以古树科普和苗药开发为主题，打造成集"休闲、教育、生产"于一体的古树公园；夯沙村要以苗家农耕文化为基调，以太极梯田为核心，打造集"观光、教育、避暑"于一体的苗家田园休闲目的地；矮坡村要基于原始次森林的特色，传播中国最朴素的生态观，打造成摄影、美术艺术圣地；吕洞村要围绕吕洞圣山，打造苗家祭祖的核心品牌；同时，借助吕洞山传说以及苗族原始信仰的传播，开发具有母系氏族社会特征的阿公阿婆公仔产品，和神秘的苗老司陶制艺术品；黄金村要以黄金古茶树为资源，深度挖掘黄金茶文化，打造"黄金村"庄园和主题公园；金落河村要围绕金落山（河）自然风光和夯沟溪大峡谷做文章，打造峡谷探险类的旅游产品。围绕乾石三保与嘉苗民起义历史故事，把坡脚村打造成历史遗址探秘的研学型驿站；围绕苗族隆氏为核心，将扪岱村浓郁的苗族风情与天下隆氏融合一体，打造世界华人隆氏宗族朝圣之地，开发扪岱独一无二的隆氏铭牌及其他纪念品；同时基于独特的苗家石头寨的景观魅力，打造以美术、摄影、电影等为主题的艺术家小寨。老寨村要以文笔梯田独特景观为核心，举办户外探险、休闲观光、赛诗作文等活动，以"尖山似笔，倒写蓝天一张纸"千古上联为媒介，开展楹联擂台赛，并建名联景观墙。开发文笔峰为主题的状元笔等文房四宝系列产品，对接高端游客。以苗戏为节点，举办各级别苗家歌舞戏展演节事，提升旅游文化品质。以引爆热点十八洞村，以习近平总书记对十八洞村精准扶贫工作的指导为核心，工作落实与苗寨风情紧密结合，打造全国精准扶贫示范乡村。以"研学、休闲、农业观光体验"为主题，十八洞乡村游主要展示精准扶贫的示范成绩：整齐的苗寨民居、蓬勃的乡村产业、可互动的乡村生活和农业生产。板栗村以每年举办赶秋节、太阳会为契机，融合民间信仰与民俗活动，以巴代表演为中心，同时展示绺巾舞、师刀舞、农耕舞等苗族传统舞蹈和傩戏及椎牛、上刀梯、踩铧口、吃碗、吞竹筷等苗族传统武术绝技，提升其旅游观赏与体验的品质，同时，以"巴代之乡"为名，开发系列苗族原始信仰的旅游产品。修复寨墙石堡，打造湘西第一微电影艺术基地。金龙村要以樱桃会为契机，以爱情为主题，以悬崖峭壁奇观和万亩樱桃园为背景，打造"湘西爱谷"。村内的民俗和体育竞技活动，均在"爱"的主题下开展。修建百米悬崖玻璃栈道和适量的临崖客栈，打造湘西爱情度假小寨。围绕蚩尤山景点开发做好让烈村的旅游文章，把秀美的自然景观与石头苗寨结合起来，深入挖掘蚩尤文化，打造以蚩尤为主题的旅游产品。以芷耳村地理位置为契机，以德夯之母苗寨为主题，以可以俯瞰到一个不一样的德夯为营销口号，打造"德夯之母"苗寨。围绕苗族武术、苗族鼓舞等非遗文化，把立新村打造成民俗研学与体验的人类学小寨。

5. 提升乡村旅游服务

升级矮寨镇、德夯景区、夯沙乡吕洞山景区、边城茶峒的旅游接待设施，提升旅游接待水平；为村寨群游客提供旅游餐饮、旅游演艺、移动互联网络、旅游厕所、旅游停车及重点景点区导游服务。做好德夯与周边的补点、坪朗、中黄、吉斗、家庭、芷耳村、让烈村、金龙村、十八洞、板栗村等村寨的联动；做好吕洞与夯沙村寨群的联动；搞好村寨群之间对接工作，优化旅游服务水平。做好十八洞村与其产业布局区的交通连接；做好与十八洞村的旅游联动与互补，发挥在苗族民间艺术参与与传承人才方面的优势，打好民俗文化牌。围绕亲子游，在坪朗、补点、司马村、河坪等村建一批家庭旅馆和农家厨房、家庭农庄，为游客提供吃饭、住宿等旅游服务；要围绕亲子活动的开展，建设亲子篮球场、足球场、排球场、羽毛球场、游泳馆等休闲设施，为亲子活动提供服务；建中医药医疗康体中心，为游客提供医疗康体服务。针对开发高山峡谷探险、历史文化与民族探秘的齐心、芷耳、磨老、让列等村寨，鼓励村民建设家庭旅馆及农家厨房，为游客提供吃住服务；建设露天野外营地若干个，为户外露营的驴友提供集中露营的场所；建驴友俱乐部和摄影驿站，为驴友和摄影爱好者提供一个交流的平台；兴建2～3家小酒馆、小客栈，为游客提供个性化的住宿和其他方面的旅游服务。修建一批集度假、休闲、观光于一体的客栈，尤其要开发山居酒店、山居客栈和民族客栈，提升吕洞山景区及夯沙村寨群的接待能力；加强导游、演艺从业人员、客栈及酒店接待人员的培训，发挥吕洞游客中心集散地的功能，提升游客服务水平。

6.明确开发主体职责

（1）村民要严格按照景区、村寨保护与建设规划，新建和改造房屋；对房屋改造时，要坚持"内外有别""村寨差异"的原则，既体现民族特色，又体现地域差异性；既体现现代化、舒适化的要求，又体现个性化、可观赏性要求。要将传统的手工织布、土法造纸、手工编织等技艺和民族风俗传承下去，把苗歌、苗鼓传承下去，尤其是积极参与到民族文化保护与传承工作中；要尽快转变角色，积极投入到旅游演艺、旅游讲解、旅游住宿等服务项目中。搞好房前屋后的绿化和清洁卫生工作；积极参与到家庭农场、农家厨房、农家超市等旅游接待业基础设施建设中来；积极参与到生态农业生产中来，提升家庭旅游接待能力和品质。

（2）政府要制定民族文化与技艺的传承与保护规划，推动非物质文化的传承与保护；要制定相关的制度，不断改善村民、旅游企业、游客等利益相关者间的关系。要利用规划、政策法规、村规民约引导村民参与到旅游市场开发与新农村建设活动中；要推动星级农庄、星级农户、星级采摘基地的评选活动，要注重发挥村集体组织、村规民约和相关法律法规在星级评选过程中的积极作用，搞好乡村游发展的有效监管。要尽快出台"家庭村中小型农庄建设规划细则"，推动家庭村中小农庄建设工作；要推动民族客栈标准化建设工作，出台民族客栈、乡村家庭旅馆评价指标体系建设，引导村民搞好旅游接待设施建设，提升旅游服务质量和水平。要尽快推动相关的户外驴友俱乐部的建立，发挥驴友俱乐部的作用；要建设摄影爱好者驿站，为摄影爱好者提供一个休憩交流的平台；建设5～8个户外露营场所。出台各村寨的保护与发展规划，引导村民根据规划去新建、改扩建房屋；搞好乡村旅游业招商引资的软硬环境建设工作。要加快吉首—德夯、德夯至村寨群内各重要节点，吕洞至夯沙村寨群各村寨等处的旅游交通的新建、升级与改造工作，整饬沿河、沿路的景观带。

（3）开发商要围绕德夯、茶峒、吕洞三个核心，对周边的村寨群进行整体联动开发。做好矮寨镇、吕洞风景区游客接待中心建设，提升旅游服务水平和能力。围绕坪朗、补点、司马村、河坪、家庭等村搞农业产业开发，做现代农业观光休闲体验旅游深度开发，尤其是要做好度假亲子体验旅游产品。同时，对洽比河风光、丹青河自然风光、峒河湿地公园等自然生态地区以及开发休闲度假、养老旅游产品的村寨群，要做好村内停车场、游步道、中医药医疗康体中心、书吧、老年驿站等项目建设工作。对吕洞五行苗寨进行整体开发，凸显金寨艺术采风和黄金茶产业的魅力；木寨的林园观赏价值，以及苗药、木雕等产业的开发；火寨的田园风光、农耕文化、指环瀑布等特色内容的开发。打造集"观光、度假、户外休闲、写生"于一体的高山艺术苗寨，开发三眼铳、苗家背篓等特色旅游产品；打造集"观光、度假、养生、祭祖"于一体的温情苗寨，围绕苗族原始信仰开发一系列寄寓美好愿景的旅游产品。打造集"观光、休闲、文学互动"于一体的苗族风情体验小寨，围绕苗戏以及苗绣开发一系列旅游产品；围绕"天下隆氏，尽出扪岱"做一系列情感旅游的文章；围绕"精准扶贫、乡村希望"做一系列可推广的学习型项目；围绕"巴代之乡、太阳会之乡、苗族文化艺术节事活跃之乡"等做一系列可推广的民俗旅游项目和旅游产品；围绕"悬崖峡谷、高山生态农业、情定樱桃会"等做一系列的户外探险旅游、民俗旅游、生态旅游等项目和旅游产品。

7. 搞好营销策略

大手笔地策划诸如世界攀岩大赛、世界跳伞大赛、世界性自行车大赛等大型世界性活动，利用全媒体对各类世界性活动进行广泛宣传报道，吸引全世界眼球；联合湖南广电集团打造一部反映万年峡谷风光、千年苗寨风情、百年路桥奇观的影视作品，引爆德夯的影视旅游业发展。以洽比河风光、丹青河自然风光、峒河湿地的生态资源为亮点，以草莓节、豆腐节、桃花节、樱桃节、板栗及梨子采摘节等节庆活动，引爆户外休闲、养生度假、农耕体验旅游市场。运用腾讯和网易平台，连续推出"山地探险，文化探密"类的策划，对"山地自行车骑行、极限攀岩等"活动的实况进行直播，对乾嘉苗民起义等故事传说、巴代文化、民国最后一个村公所、苗族武术之乡、"四月八"由来等文化现象进行深度挖掘，引爆一场线上线下的"山地探险，文化探秘"活动。以黄金茶为主题，拍摄系列影视以及音乐作品，进行全媒体宣传。以九龙夺宝的自然奇观、太极梯田景观、古树景观等为主题，推出夯沙—吕洞苗族群。以每年秋季的吕洞山祭祖，引导朝拜祖先的苗族民众及研学考察、修养度假旅游市场。

8. 推进重点项目，强化基础设施建设

升级改造吉首至德夯、中黄、齐心村、补点、司马村、河坪等村旅游交通工程；新建中黄—矮寨、齐心—凤凰禾库镇旅游交通工程；改扩建夯沙—夯吉—黄金村公路，改建夯沙—吉首、金洛—迁陵镇公路；改造德夯—金龙—夯沙的公路，对接包茂高速；改建包茂高速麻栗场出口至老寨的公路；修建老天坪机场与老寨的公路。改建雅酉—补抽—麻栗场的公路，对接包茂高速；改建腊尔山至雅酉的公路。改建麻栗场至板栗村的公路，对接包茂高速；修建停车场；改建麻栗场至十八洞的公路，对接包茂高速；升级改造德夯—让烈村、德夯—芷耳、麻栗场—立新村的旅游公路；升级改造边城茶峒—磨老村旅游交通工程。对所辐射村落实施穿衣戴帽工程，进行整体风貌整治；对矮寨镇—德夯村、吕洞山景区至周边村落沿途整体建筑风貌进行打造；因地制宜，修建大中小型停车场、村内游步道、旅游厕所；实现所有景点（区）、村寨核心景点资源分布区免费 WiFi、移动互联网络全覆盖。加快矮寨镇、夯沙乡、边城茶峒等地游客接待中心建设与升级改造工作。重点做好吕洞山景区至周边村寨群游步道建设与升级改造工作；做好吉首丹青河自然风光、治比河风光带开发。

重点项目包括矮寨镇游客接待中心建设工程；夯沙—吕洞山游客接待中心工程；矮寨镇—德夯村沿途整体建筑风貌打造工程；治比河、丹青河、峒河等地风光带建设工程；吉首—矮寨、吉首—中黄、中黄—矮寨、吉首—社塘坡—齐心、齐心—凤凰禾库镇等旅游交通的新建及改扩建工程；1 星级旅游厕所兴建工程；村村通移动互联网络全覆盖工程；德夯、茶峒、吕洞山景区等地免费 WiFi 全覆盖工程；游步道、家庭农庄、亲子活动中心、中医药疗养康体中心、中黄等村演艺场建设及停车场建设工程。

（二）烽火苗疆村寨群：凤凰古城旅游重要补充

主题定位：烽火边墙名天下，苗疆风情醉四方

1. 突出烽火边墙村寨集群的资源特色

拥有阿拉营镇与山江镇两大核心区域，形成以都里乡、阿拉营镇为中心、辐射周边地带烽火边墙，成为凤凰区域防御体系重要组成部分，是世界文化遗产预备名录大家庭的重要成员；形成以山江镇、腊尔山镇为核心，辐射周边乡镇的苗疆风情，是一个以奇山秀水为底色、以民族风情为蓝本的苗族集中分布区，是苗族风情最为浓郁，苗族生态文化保存最为完好的核心地带。故将这一村寨群落定位为："烽火边墙名天下，苗疆风情醉四方"。

2. 集群打造 10 个重点村寨

凤凰县落潮井乡勾良村、都里乡拉毫村、阿拉营镇舒家塘村、廖家桥镇菖浦塘村、山江镇黄毛坪村、山江镇老家寨村、山江镇早岗村、山江镇东就村、麻冲乡老洞村、麻冲乡竹山村。

3. 建设"烽火苗疆村寨群"旅游产品体系

打造 4 条进出线路：（1）凤凰古城—南方长城—拉豪村—舒家塘村；（2）凤凰古城—山江镇黄毛坪村—山江镇早岗村；（3）凤凰古城—廖家桥镇菖浦塘村—黄丝桥—落潮井乡勾良村—塘桥村；（4）凤凰古城—山江镇（老家寨、东就村）—麻冲乡（老洞村、竹山村）。开发 4 大功能产品：烽火苗疆军事体验型、筸军文化体验型、苗族民俗文化体验型、农业休闲观光体验型。推出 4 类旅游商品，包括烽火苗疆军事体验系列产品（首功剑高仿品、南方长城木雕和石雕模型）、筸军文化体验型系列产品（洞藏筸军酒、CS 系列商品、苗王腊制品）、绿色富硒农业旅游产品（红心猕猴桃、蜜柚、椪柑等）、苗族民俗文化系列旅游产品（老洞苗寨的和气、财气、喜气、福气、运气系列产品；苗族花带缠成的老家寨千千结、苗绣；苗族薰衣草苗绣香包、薰衣草花蜜、薰衣草精油等系列商品、苗族歌集等）。

4. 搞好特色村寨的个性创意策划

军事文化与民族文化深度融合。以拉豪营盘、舒家塘村为中心，

紧紧依托南方长城、黄丝桥古城两个核心景点，利用"凤凰区域性防御体系"申报世界文化遗产的契机，围绕"世界遗产，苗疆营盘""忠勇杨家将 烽火舒家塘"两大主题，做活"明清兵营生活体验"和"古堡遗迹观光"（研学）文章，推动历史文化与民族文化深度融合。以山江镇毛坪村为中心，辐射至周边早岗村、老洞村，依托山江风情小镇的发展优势，紧紧围绕苗王龙云飞，做活"篁军文化体验"文章，开发出再现湘西苗王治下的篁军真实生活、真人CS对决体验型的系列旅游产品。山水自然风光与苗族风情水乳交融。以山江镇毛坪村为中心，联动老家寨、早岗村、东就村、老洞村、竹山村、勾良村，融合山水自然风光与苗族风情，依托苗族民俗文化主题，统一村内整体建筑风貌，整体推出"苗族生态文化核心保护区"标识系统。打造"浪漫勾良""老洞寻宝"等系列旅游产品，让旅游者既感受到秀美山水，又体验浪漫的民族风情和民族艺术。农业观光与农事体验交相辉映。廖家桥镇菖蒲塘村要利用好习总书记视察过的土家村寨，紧紧依托猕猴桃、椪柑、蜜柚等农业产业，搞农产品采摘节；同时，要与落潮井乡塘桥村薰衣草基地一道，共同打造农业观光休闲体验旅游产品。

5. 提升乡村旅游服务

对凤凰山进行整体开发，将它打造成集停车、餐饮、住宿、苗族歌舞表演、薰衣草SPA体验于一体的苗寨风情体验园。在S308省道附近为拉毫村选址修建停车场，提供停车服务；整合拉豪村其他寨子资源，共同做好餐饮、住宿等中小规模的旅游接待服务。发挥阿拉营镇及黄丝桥古城旅游接待中心的大中规模的接待功能；舒家塘村要兴建餐饮、住宿、厕所、停车场等游客接待设施，搞好散客及中小规模的旅游团队的接待工作。发挥山江镇及毛坪村旅游接待中心的团队接待功能；老家寨、早岗村、冬就村要搞好中小团队和散客，尤其要为休闲度假类中高端客源提供个性化的餐饮、住宿等旅游服务。老洞村和竹山村要进行组团发展，共同兴建一座集苗族餐饮、住宿、旅游商品交易于一体的苗家豪宅大院，为游客提供旅游服务。

6. 明确开发主体职责

（1）村民要按照规划的统一要求，对寨内房屋内外部进行穿衣戴帽，把它打造成既体现苗族风情又符合现代市民居家要求的星级家庭宾馆；对营盘寨房屋改造既要搞好营盘寨内石屋改造，又要搞好营盘寨周边房屋的穿衣戴帽工作。要保护好苗族生态文化，尤其是非物质文化遗产，把唱苗歌、"赶边边场"传统恋爱的民族文化一代代地传承下去，把苗族传统苗绣、苗锦、苗画、苗族银饰制作工艺传承下去。

（2）政府要按照"凤凰区域防御体系"申报世界文化遗产的标准，高起点地对拉豪营盘、舒家塘古堡及周边地区做好规划，搞好南方长城及周边地区军事题材资源的整合工作。要尽快出台勾良苗寨、黄毛坪村、老家寨、早岗村、冬就村、老洞村、竹山村等地的村庄保护与利用规划；积极引导和规范村民的建房行为，引导村民对传统村落进行保护和整体风貌整治；不宜居住的古建筑，要引导村民集中搬迁至村外居住。要对山江镇等地的旅游软环境进行整治，规范村内的商业活动与行为；要利用好当地建设文化生态保护试验区的契机，把苗族生态文化保护好。

（3）开发商要对勾良苗寨外的凤凰山进行整体开发，把它打造成苗寨风情休闲体验园；开发个性特色的旅游商品，如苗绣薰衣草香包、薰衣草花蜜等；建一座苗族薰衣草SPA体验馆。对营盘寨和舒家塘古堡进行整体性开发，围绕凤凰区域性防御体系做文章，开发出军事参与和体验性强的旅游产品，实现产品的"故事化、主题化、体验化和时尚化"；旅游接待设施开发时，也要和凸显军事文化氛围。对老家寨、冬就村、老洞村、竹山村的开发，要围绕民俗文化和生态文化做文章，打造如苗寨婚俗度假休闲、古民居观光等旅游产品；搞好苗族婚庆商品及苗绣、苗锦、苗画、苗族银饰等价值较高系列旅游商品的开发。围绕苗王治下的篁军真实生活体验做文章，搞好早岗村、黄毛坪村的篁军文化小栈和苗王府开发工作。

7. 搞好营销策略

要利用凤凰区域军事防御体系申遗的契机，做好南方长城、拉豪营盘、舒家塘古城堡整合营销。要将老家寨打造成为山江风情小镇苗族风情集中展示区，将苗族婚恋文化作为市场营销的主题，将蜜月度假、结婚纪念旅行游客作为主要目标群体，推出"亲，我在老家等你来"的系列营销活动。要将黄毛坪村、早岗村打造成为篁军生活和文化体验区，要和山江苗王府进行整合营销，推出"游苗族风情小镇，探寻苗王故里"的营销活动。要利用腾讯、搜狐等互联网平台，共同策划一期《到老洞寻宝》节目，推介老洞古苗寨。要利用每年举办"四月八"跳花节、"六月六"苗歌节等契机，对山江镇及周边的村寨、勾良苗寨进行整体推介。要利用举办"猕猴桃""蜜柚"采摘节，对廖家桥镇菖浦塘村进行推介；利用举办凤凰塘桥摄影节，对勾良苗寨及塘桥进行推介。

8. 基础设施

对黄丝桥古城至勾良村和塘桥村；阿拉营镇至舒家塘村；山江镇至老家寨、早岗村、冬就村；麻冲乡至老洞村、竹山村；竹山村至老洞村等道路进行扩容提质，并对公路沿线（采石场）进行风貌整治，兴修落潮井乡至麻冲乡的乡村旅游公路。对勾良苗寨、营盘寨、舒家塘古城堡、老家寨、早岗村、老洞村、竹山村等村寨实施穿衣戴帽工程，进行整体风貌整治。在每个村寨修建 1～2 个 1 星级旅游厕所；在勾良苗寨、营盘村、舒家塘村、山江镇茅坪村、劳动村、竹山村等村寨兴建停车场。加快山江镇、黄丝桥古城游客接待中心的建设工作。重点做好山江镇毛坪村至早岗村、老家寨、冬就村的游步道新建与升级改造工作。

重点项目包括勾良苗寨整体风貌整治、凤凰山苗寨风情休闲体验园、苗族薰衣草 SPA 体验馆。廖家桥镇至菖浦塘旅游交通建设及沿途环境整治，菖浦塘村停车场、旅游厕所及现代农业采摘园建设。拉豪村营盘寨及周边寨子房屋改造工程；停车场建设工程；村寨风貌整治工程。舒家塘古城堡保护与开发项目、阿拉营—舒家塘村公路扩容提质项目、停车场和旅游厕所建设项目、苗家风味小吃开发。苗族婚俗文化体验园、山江镇—老家寨游步道建设及沿途氛围打造、苗绣深加工及苗族婚庆产品。山江镇至早岗村旅游交通建设及沿途氛围打造；苗族织布、纺花带、刺绣等深加工项目；篁军文化小栈建设项目。老洞村至麻冲乡、竹山村至麻冲乡、竹山村至老洞村旅游交通建设及沿途氛围打造；苗绣、苗锦、苗画、苗族银饰手工作坊建设及旅游商品开发项目；苗家豪宅大院游客接待中心建设。

（三）秦简土家村寨群：秦简及土家文化旅游核心区

主题定位：秦简文化体验园 土家活态博物馆

1. 突出秦简土家村寨群的资源特色

拥有里耶古镇与苗儿滩惹巴拉为两大塔尖，秦简文化具有无可替代的考古价值和形式多样的旅游产品转化价值，以惹巴拉为中心，以洗车河土家风情风光带为延伸的土家文化圈，保存着古朴完好的土家原生态文化、厚重完整的历史遗迹和俊美的山形水系及生态环境，享有"中国土家之源"等美誉，是湘西土家文化旅游资源最优质，最有利于进行活态保护和开发的传统特色村落。故将这一村寨群的旅游定位为"秦简文化体验园、土家活态博物馆"。

2. 集群打造 17 个重点村寨

龙山县里耶镇长春村、里耶镇中孚社区、里耶镇杨家村、苗儿滩镇捞车河村、苗儿滩镇六合村、洗车河镇洗车村、靛房镇万龙村、靛房镇联星村、洛塔乡楠竹村、桂塘镇乌龙山村、保靖县清水坪镇清水坪村、碗米坡镇首八峒村、陇木村、碗米坡村、普戎镇亨章村、迁陵镇要坝村、土碧村等。

3. 建设"秦简土家村寨群"旅游产品体系

打造 3 条进出线路：里耶秦文化体验游线路，即里耶（中孚社区）—长春村—八面山—杨家村（同时可延伸至保靖县清水坪镇清水坪村）；洗车河土家风情风光带村落旅游线路，即红岩溪—干溪—洗车河—捞车河—六合村—万龙村—联星村—隆头镇；乌龙山大峡谷风情游线路，即龙山民安镇县城—洗洛—湾塘—桂塘乌龙山村—召市镇—洛塔乡楠竹村。开发 3 大功能产品：秦文化土家风情体验区、土家族乡村活态博物馆、乌龙山溶洞观光探险乡村游。推出 3 类旅游商品：秦文化系列产品（秦简字体明信片、秦代武士塑像、长春秦茶（本土刺茶、秦风土家编织工艺品）、惹巴拉品牌土家文化系列产品（惹巴拉土家织锦系列；民俗时尚玩偶，如摆手舞、梯玛、毛古斯、打溜子、咚咚喹；惹巴拉农产品系列，如腊肉、火腿等腊制品、菜油产品、百合、大头菜；系列豆制品，如洗车河霉豆腐及豆制品系列、老菜刀等）、"中国罗宾汉"——乌龙山绿林主题系列商品、工艺品。

4. 搞好特色村寨的创意策划

秦文化与土家文化、汉文化深度融合。以里耶中孚社区为中心，联动长春村、杨家村，融合秦文化、土家文化和八面山户外娱乐，并与保靖县清水坪村西汉文化遗址观光体验呼应，依托里耶古城秦文化主题，统一村内整体建筑风貌，整体推出以秦简为核心的秦文化旅游识别系统。依托长潭水库和长潭河，打造"秦人土家水寨"，"秦人骑射度假园"等让旅游者体验良好的自然生态环境，体验秦文化与土家文化风情的建筑景观、民族艺术与民间风俗。土家风情与生态农耕广泛互动。依托以惹巴拉为核心的洗车河风光带群落，丰富的土家族民间民俗文化艺术遗存，结合农耕文化的参与性，利用其较好的民族建筑景观，将土家族农事活动、日常生活的特色内容纳入"庭院式乡村游"模式中，一个院子就是一种农事活动的展示体验（榨油、摆手舞、民族体育、民间游戏等），让旅游者在参观与体验、学习与娱乐、考察与互动中感知土家族文化艺术的魅力，感受农耕文明的现代乐趣。同时，整合周边村落数千亩成片农田，加强农业种植，并进行"大地艺术"景观设计，优化环境特色，打造以农业观光为主的生态体验旅游景区。加强洗车河古商文化的旅游转化，以坡子街"退后宽"老院子为核心，打造"土家期货发源地"，研发期货主题的旅游活动和产品；打造洗车河水上舍巴节（土家摆手节）、龙舟赛以及豆腐节。户外探险与绿林题材鲜明辉映。以溶洞群和石林为核心，打造休闲、避暑、户外探险为主题的旅游项目；以乌龙山绿林题材和剿匪题材为抓手，开发一系列关于绿林主题系列食品、商品、工艺品及体验项目。

5. 提升乡村旅游服务

打造里耶秦文化古城的后花园，打造湘西第一个秦文化主题村落；与八面山户外探险、摄影活动的游憩小寨，做好与里耶古城、八面山景区节庆活动的对接。将它打造成集停车、餐饮、住宿、休闲于一体的秦文化土家水乡风情小寨。同时与保靖清水坪的汉文化隔河相望，遥相呼应。围绕民族风俗，开发土家风情体验游。要始终以捞车古村土家习俗为灵魂，联通六合、万龙、联星和洗车村，丰富"社巴日"等传统节日和土家民间绝技，复活土家神秘文化，推介古村特色文化，在历史继承性、民俗特色性、文化鲜明性上做文章，打造武陵山区独一无二的土家族原生态文化旅游景区。与苗儿滩镇温泉形成连接，深化旅游服务品质。建好停车场、客服中心、观景台和沿河步道以及度假休闲客栈等设施，做好与惹巴拉景区和苗儿滩温泉、隆头镇沙大沟温泉的旅游连接。以古商埠文化为着力点，修缮洗车河沿河风光带景观，复原渡口、码头的风貌，以及对坡子街建筑的重新改造，将洗车河的豆腐加工、老菜刀（铁匠铺）等产业与商埠集市文化融合于一体，打造土家商埠风情小镇。修建一批集度假、休闲、观光于一体的客栈，做好乌龙山大峡谷户外探险以及科普考察旅游的配套服务，提升乌龙山（东风）水库的度假休闲功能。

6. 明确开发主体职责

（1）村民按照规划的统一要求，对房屋内外部进行修缮，把它打造成符合特定文化气质，还兼容现代生活设施的家庭休闲客栈；针对游客走进农村，体验农家生活、教育下一代的需要，大力发展农家乐休闲服务业，以"吃土家饭，住土家屋，干农家活，享农家乐"为内容，千方百计为游客到乡村休闲游玩提供优质服务。根据现有条件，发展农业种植业，将远近百亩连片平坦田土种植油菜花、水稻等景观型农作物，打造农业生态景观。

（2）政府要积极引导村民对村容村貌升级改造，整饬沿河、沿路及水利设施的景观，要搞好招商引资的软硬环境建设工作。

（3）开发商对长潭村、杨家村进行整体开发，特别凸显长潭水库与长潭河的生态魅力，把它打造成秦文化土家风情小寨；开发秦文化特色的旅游商品，打造清水坪汉文化体验旅游系列产品。对惹巴拉进行整体开发，把它打造成集"休闲、度假、娱乐、教育、学术"于一体的土家活态博物馆。将六合、万龙、联星村的农业生态观光与惹巴拉的人文风情休闲进行整体对接，打造成集生态观光、田园农耕体验、水洲娱乐于一体的乡村游精品。凸显洗车村商埠码头与集市的魅力，把它打造成土家商埠风情小镇；对豆腐制品进行创意开发。对乌龙山峡谷景区进行整体开发，特别凸显乌龙山溶洞群以及洛塔石林户外探险、科普考察在武陵山区的独特价值，把它打造成溶洞探险圣地。

7. 搞好市场营销

利用好里耶古城、八面山风景区的客源，以清水坪与里耶异质文化的对比性，做好多种的营销活动；利用惹巴拉风景区作为土家文化探源考察线路的重镇，借助良好的发展基础，做好多种的营销活动；利用洗车河土家风情风光带村落旅游的集群性特别是与惹巴拉旅游景区的毗邻关系，借助千亩农庄的生态特色与水洲景观的魅力，做好多种的营销活动；利用洗车河土家风情风光带村落旅游的集群性，以及与吉恩高速、C209国道的近邻关系，借助坡子街古商埠、老码头的魅力，做好多种的营销活动；做好豆腐加工制品作坊的互动性营销；发挥乌龙山大峡谷溶洞群奇观，做好户外探险和科普考察为主题的旅游项目；以土匪题材做好特色主题景观的修缮以及相关题材影视作品的宣传；利用湘西乡村游微信平台进行专题推介。

8. 实施重点项目，强化基础设施建设

优化里耶城郊的乡村公路及通往八面山景区的公路；兼顾秦文化与土家文化要素，整体修葺村内建筑与生活区各设施；将村小学改造成新村部和旅游接待中心；整饬长潭水库，变成可观光、可渔猎、可水上娱乐的综合景观；在长潭河沿岸修建一定数量的观光台和风情客栈。加快里耶至苗儿滩镇公路的升级提质改造工程。加快苗儿滩镇与吉恩高速口的公路对接；以捞车土家古建筑群为依托，打造土家民居博物馆。开发建设捞车古村、虎巢溪古村寨、刘家大屋、周家大屋、树比冲天楼等土家四楼两屋一桥土家建筑项目。将土家景观建筑与相应的土家文化遗产展演舞台、体验式作坊、数字化模拟平台相结合。加快里耶至苗儿滩镇、靛房镇的公路的升级提质工程。加快六合村、万龙村、联星村与捞车村的公路对接；打造以大洲山为核心的沿河风光带，打造好捞车河畔第一渡——朱家寨拉拉渡，完成万龙水库和间歇泉的景观修缮。优化洗车镇与红岩溪镇的公路线，加快洗车河与吉恩高速的对接；整合资源，恢复和修缮明清吊脚楼、凉亭桥、石板街、河埠码头、明清古院落；修建互动体现型豆腐加工车间，供游客自主体验。完成龙里公路的升级改造；加快村内民居的修缮与改造工作，统一民居风格；加快乌龙山峡谷景区以及配套设施建设。做好里耶中孚社区与保靖清水坪镇清水坪村的公路对接。修缮魏家寨西汉古城遗址、清水坪汉代古墓群、下码战国古墓群、清水坪清代商埠遗址，打造符号鲜明的汉文化村镇，以呼应里耶秦文化景观。

重点项目包括长潭河沿岸秦文化风光带修建工程；苗儿滩镇与吉恩高速口的公路对接工程；里耶古镇至长潭村公路升级工程；洗车河沿河游道硬化美化工程；村落群民居修建工程；沙洲生态度假山庄；

溪口潭、万龙水库水上乐园；张家寨白鹤林观光带；刘家潭古树林绿道；胡家老码头、"退后宽"老院子、向家大院、关帝宫修复工程；特色豆腐制品加工坊；乌龙山大峡谷游客接待中心；魏家寨西汉古城遗址、清水坪汉代古墓群、下码战国古墓群、清水坪清代商埠遗址修缮工程。

（四）土家土司村寨群：老司城文化遗产旅游核心区

主题定位：土司百年惊世界，溪州山水名天下

1. 突出土家土司村寨群的资源特色

拥有世界文化遗产老司城土司遗址作为塔尖，以双凤土家文化第一村为重点，以富庶的森林植被资源依托，身处土司王朝八百年统治的古都，老司城遗址区、土王祠、祖师殿等文物古迹和多处历史价值较高的建筑。土家文化在语言、习俗、建筑、民间文化等方面遗存完整，成为土家族族群认证的依据和样本。生态上云雾缭绕，林木苍野，沟壑幽深，村貌原始，拥有广袤的竹林、紫荆树林、红石林资源和水库、漂流资源，是世界文化遗产土司遗址旅游地、土家文化人类学科考旅游理想目的地，是湘西户外探险、生态观光休闲度假胜地。这一村寨群的旅游定位为"土司百年惊世界，溪州山水名天下"。

2. 集群打造12个村寨

永顺县灵溪镇司城村、灵溪镇高峰村、大坝乡双凤村、勾哈乡洞坎村、扶志乡那必村、万坪镇卡木村、高坪乡西米村、朗溪乡王木村、芙蓉镇克必村、石堤镇麻岔村、颗砂乡颗砂村、吊井乡吊井村等。

3. 建设乡村旅游产品体系

打造8条进出线路：永顺灵溪镇—司城村；永顺灵溪镇—富坪—勾哈—双凤；永顺灵溪镇—富坪—勾哈—洞坎—下别些—王木；永顺灵溪镇—吊井—万坪—杉木河—卡木村；龙山县茨岩塘—红岩溪—塔卧—卡木；张家界—张花高速扶志—那必村—猛洞河—芙蓉镇—凤凰；司城村—那必村—猛洞河漂流—芙蓉镇—克必；司城村—不二门—那必村—猛洞河漂流。开发8项功能产品：土司文化遗址乡村游、灵溪河水上娱乐游、土家文化研学体验旅游、土家农耕体验乡村游、土法造纸体验乡村游、青苗龙求雨民俗活动体验游、杉木河生态观光乡村

游、竹海竹艺加工体验乡村游。推出 7 大旅游商品系列：土司文化系列产品、双凤土家山珍系列、土法造纸系列产品、土家竹系列制品（竹筒酒、竹笋、竹艺）、卡科土司贡藕、土家第一大力勇士——鲁里嘎巴吉祥物、模型系列（高脚石磴模型、高脚吊脚楼建筑模型）。

4. 搞好特色村寨旅游创意策划

以司城村和双凤村为核心，盘活西米、那必、洞坎、卡木、下别些、王木和克必，整体打造永顺土家农耕文化生态乡村游。以一村一品的思路，走特色化、体验型模式，将永顺壮美辽阔的生态资源，融合土司文化、土家文化的特质，同时激活生态农业的旅游转化，以学术教育游为亮点，以生态观光度假游和农耕文化体验游为支点。打造土司文化体验园、双凤人类学考察基地、第一峒寨农耕园、牛郎寨古梯田、胡玛语言文化研究园、卡木竹海户外度假中心、洞坎古法造纸坊、克必红石林等经典乡村游目的地。

依托土司城这一世界性遗产，按照古诗"福石城中锦作窝，土王宫畔水生波。红灯万盏人千叠，一片缠绵摆手歌"的描述，打造800年土司文化体验园，并融入"考古学术、教育、祭祀、军事文化体验、水上娱乐"等为多功能活态涵。通过互动性仪式或骑射竞技等活动，为游客颁发盖有土司王玺的"盖世英雄""德配天地""花好月圆"等代表美好愿景或人格赞誉的仿古诏书或公文。

依托双凤村高山密林和丰富完整的土家族民间文化艺术遗存，打造成土家文化研学的人类学村寨，以及土家文化体验园。提升村寨土家文化展示展演的品质，修建度假客栈、学术会务中心等。凭借高山深谷的生态环境优势，推出纯天然土家山珍菜谱，将"石磨豆腐、碓舂蒿草粑、石崖野蜂蜜、柴火鼎罐饭"等经典菜肴标准化，以"研学在双凤、美味在高山"为思路，做"云顶"度假研学山庄。

以"土司王朝第一峒寨"为基调，围绕卡科贡藕为核心的一系列土司特色农业项目和农产品。以藕为关联词，做藕与情感、藕与健康等一系列文化互动活动。完善土家第一大力勇士鲁里嘎巴故居，以"勇士"为号召力，举办体育竞技活动，颁发专门设计的第一勇士土家织锦，以及鲁里嘎巴公仔或塑像。整修高脚吊脚楼建筑景观带，设计高脚石磴纪念模型或者高脚吊脚楼建筑模型。

以"土法造纸"为引爆点，打造土家造纸体验园，将土法造纸"放竹麻、石炭浸泡、灌水、打浆、舀、压、揭、晾晒"等10多道工序进行全程展示，并在适当环节提供互动环节，同时允许游客以个人的名义为洞坎纸签印。另外，改进造纸工艺，引导以洞坎为代表乡村造纸从传统作祭祀之用的"麻纸"走向更具特色的书画用纸工艺包装用纸与等。围绕造纸，衍生笔、墨、砚台等书房用品的开发。适时举办千人书法大赛，为名人墨迹建造书法墙，打造湘西乡村书法之乡。

以"竹海"为引爆点，打造集竹林生态观光、竹艺加工、养生度假、户外休闲于一体的体验中心，举办春笋节、竹枝词大赛、竹筒酒歌节、竹艺博览会、杉木河帐篷节、绿谷养生节等互动性活动。以竹与茅草为主要材料，在沿杉木河岸和峡谷红岩崖壁边修建绿谷度假竹屋。开发竹筒酒、竹筒蜂糖、竹筒饭等特色产品。

5. 提升乡村旅游服务

做好土司文化学术考察与研讨会务的接待。同时做好与"万马归朝""神仙打眼""秀屏拱座""土司钓台"等景点的连接。抓住近永顺县城和吉恩高速的优势，做好土家学术考察与研讨会务的接待。优化土家文化展示展演水准，以及扩大旅游接待容量。以有趣、有文化为基调，做好造纸坊、竹艺坊的互动性接待。将杉木河水库、原始次生林、牛郎寨古梯田、紫荆树林、田家湾的休闲旅游与村内的养生度假旅游实现对接，优化旅游服务品质。围绕农耕文化和土家高脚吊脚楼建筑文化，做好生态农业观光体验的旅游接待。做好与猛洞河漂流、芙蓉镇古镇游的乡村对接。

6. 明确开发主体职责

（1）村民应按照土司建制，修缮民居建筑；提升家庭旅游接待的能力与服务品质，规范司河渡船和漂流运营颁发，保证安全。修缮民居建筑；提升家庭旅游接待的能力与品质，积极参与土家文化艺术的传承与表演。

（2）政府要依托土司文化的品牌号召力，搞好招商引资的软硬环境建设工作；打造土家原生态文化中心的第一品牌，搞好招商引资的软硬环境建设工作。引导田园民居改造工程，规划好游道与度假区的建设，搞好招商引资的软硬环境建设工作。

（3）开发商投入资金，围绕"世界遗产 土司王城"的定位，做一系列的学术考察、水上娱乐、文化体验旅游等项目和旅游产品。投入资金，围绕"武陵竹海""湘西第一造纸村"等品牌，开发与主题互动项目和旅游产品。围绕贡藕等土司文化衍生品、高脚吊脚楼、大力英雄鲁里嘎巴的主题，开发农耕体验、土家风情体验等旅游项目和旅游产品。

7.搞好市场营销

以世界遗产为突破点营销，目标受众主要是学术考察团体、土司文化体验游客。以土家人类学第一村寨为突破点营销，目标受众主要是学术考察知识分子、土家民俗体验游客。以湘西造纸第一村和竹艺加工为吸睛点，目标受众主要是文化艺术界人士、土家文化体验游客。以武陵竹海、牛郎寨、紫荆树林、红石林、田家湾的生态资源为亮点，目标受众主要是户外休闲、养生度假、农耕体验的游客。注意对接来往芙蓉镇与猛洞河漂流旅游线区间，以及张家界凤凰旅游区间的游客及团体。

8.强化基础设施建设，实施重点项目

灵溪镇修建永顺县乡村旅游服务中心，各村扩建停车场；改造金勺哈—双凤的公路，对接吉恩高速；优化双凤田园景观和土家标志性生活设施；优化永顺县城至司城村的公路；优化景区内游道与观景设施；优化永顺县城至洞坎、卡木、西米、王木的公路，对接吉恩高速；优化村内河道、游道、卫生等设施；优化那必、克必与张花高速入口的连接公路，对接芙蓉镇与猛洞河漂流旅游线的交通，建设好环村公路。

重点项目包括土司文化综合体验中心、司河水上娱乐项目、双凤土家文化会展中心、对接张花、吉恩高速路口的通村公路、绿谷河道优化工程、民居改造工程、卡木竹海养生度假中心、王木土家边界风情休闲度假中心、卡木竹艺加工示范园、洞坎土家造纸体验园、土司王朝第一峒寨千荷塘整修工程、高脚吊脚楼群景观带。

（五）酉水画廊村寨群：酉水文化主题旅游核心线

主题定位：酉水千里绘丹青，山乡万户飘茗香

1.突出酉水画廊村寨群的资源特色

酉水画廊村寨群以酉水为轴，借吉恩高速和209国道两廊道之便

利，跨保靖、古丈和永顺三县，自保靖县碗米坡镇首八峒村为起首，以碗米坡电站、八部大王遗址、红石林、坐龙峡、芙蓉镇、栖凤湖、牛角山、高望界为精品群，收于凤滩电站，以小溪国家自然保护区为节点，并向怀化延伸。旅游发展基础好。地质奇观与生态奇景交相辉映，大小溪、吴家坪、镇溪、龙鼻溪、施溶溪、猫儿心瀑布、别纳库溶洞风光秀美，古丈毛尖、柑橘种植等其他农特种养殖业发展较好，宋祖英、何劲光等名人效应可挖掘空间大，形成绿色生态观光体验区、山水养生度假中心、森林峡谷休闲探险地以及酉水古商文化探秘区。这一村寨群的旅游定位为"千里酉水绘丹青，山乡万户飘茗香"。

2. 集群打造 14 个重点村寨

保靖县迁陵镇要坝村、土碧村、陡滩村、碗米坡镇首八峒村、碗米坡镇碗米坡村、普戎镇亨章村、古丈县罗依溪镇毛坪村、红石林镇张家坡村、红石林镇老司岩村、红石林镇列溪村、高望界乡石门村、高峰乡岩排溪村、高望界乡石门村、永顺县小溪乡小溪村等。

3. 建设旅游产品体系

开发 9 条线路产品：里耶—清水坪村—首八峒—碗米坡—亨章—保靖县迁陵镇；芙蓉镇—老司岩—保靖县迁陵镇—亨章村—碗米坡村—首八峒；芙蓉镇—牛角山—毛坪村—石门村—小溪；古丈—牛角山翁草村—龙鼻村—毛坪村—中寨村；古丈—高望界—石门村—岩排溪村；古丈—列溪村—张家坡村—坐龙峡；古丈—红石林—老司岩村；王村—酉水—小溪；凤滩水库—小溪。推出 9 项功能产品：土家祭祖文化乡村旅游、古丈毛尖茶文化休闲体验、土家族渔村文化体验型产品、土家民俗文化体验旅游产品、酉水古商历史遗迹观光旅游产品、高山瓦乡民俗文化体验旅游产品、山地丛林探险、摄影等专项旅游产品、山地越野与艺术写生瓦乡风情小寨、原始次森林养生度假乡村游。推出 8 个旅游商品系列：土家信仰主题系列商品、古丈毛尖、西兰卡普织品、四方鼓表演为内容的苗族银饰、苗绣及苗画，木质四方鼓模型、石雕石刻手工艺品、高山富硒农产品系列、瓦乡文化系列产品。

4. 搞好旅游特色村寨创意策划

以每年六月六祭八部大王为契机，将这个影响湘、鄂、渝、黔边区的土家祭祀日打造成融合民间信仰与民俗活动的盛会，将祭祖仪式延伸为集土家文学、梯玛说唱、摆手舞、土家山歌、地方戏曲、舞狮玩龙等于一体的民间文艺展演，提升其旅游观赏与体验的品质。开发八部大王的塑像产品和庙前神兽望天吼的玩偶。打造首八峒—沙湾水上公园，举办水上山歌节，并沿酉水顺流而下，沿河传递并展演土家文化，深化酉水作为土家族母亲河的对外认知度。

以宋祖英故乡的苗寨为依托，综合音乐与影视传播，把酉水画廊村寨群打造成为集武陵山地区茶园展示、茶文化体验（种茶、采茶、手工制茶、茶艺展示等）于一体的现代茶庄示范基地。

联动芙蓉镇，整理和挖掘老司岩"张三千、米八百、黄家只有一个斗篷客"的家族兴衰传说，对传统民居和商埠进行修缮或重建，再现过去湘西古商埠的繁荣景象，重塑酉水黄金水岸往日辉煌。

围绕红石林和坐龙峡，保护好沿线古村落的整体原始风貌、森林植被和民俗习惯，修缮好民居建筑，大力提升原生态山居度假的接待条件。

围绕栖凤湖，打造中国最有特色的渔文化体验园，将土家渔文化展示馆的静态展示和栖凤湖上游客参与捕鱼的动态体验结合起来，完善《血色湘西》的影视场景，让游客全方位地体验土家渔文化与排帮文化的精深与有趣。

围绕默戎龙鼻村四方鼓之乡，深入挖掘民俗文化资源，将四方鼓与苗族日常生活建立起紧密的关联。要营造"四方鼓之乡"浓厚氛围，寨门口、道路两旁、寨中重要位置都要用四方鼓模型装扮。

围绕高望界国家森林公园，文化上以独特的建筑风格为引爆点，利用吊脚楼、转角楼、三合楼，以及湘西独有的"美人靠"景观设计和"捶印壁"装修工艺，原生性打造旅游景观带，并开发相应的民宿客栈以及建筑模型商品；设计身份纪念品，让游客留下特殊的瓦乡印痕。自然风光上，以三面环山的高崖古梯田景观为引爆点，通过油菜花等作物，打造原始次森林里的田园风情。开发高山富硒农作物商品，做好悬崖的文章，开展探险类旅游项目。

以"养生"为引爆点，打造湘西养生第一品牌。举办养生节，修建天人合一的养生馆，创意专属于小溪的养生操、养生课程、养生食谱等，让游客在生态观光中，体验小溪养生独一无二的意义与价值。

以"研学"为主题，建立植物研学基地，博览小溪植物标本，举办学术会议。

5.提升乡村旅游服务

做好与迁清公路的路上对接与碗米坡—酉水的水路对接，根据旅游线路的不同特点，提供相应特色的旅游服务。改扩建一批农家厨房，提高村民餐饮接待水平；建古丈茶文化展示和体验中心，为游客提供"游"方面的服务。修建自驾游营地和游客接待中心，为游客提供自驾游的泊车、餐饮等方面的服务；建休闲体验农庄，为游客提供休闲服务；建摄影（爱好者）驴友交流驿站，为摄影爱好者提供一个学习交流的平台。做好与高望界原始森林的对接，将它打造成集山地越野、驴友、探险、摄影、写生、人类学考察于一体的高山瓦乡风情小寨。围绕养生和研学，做好度假休闲、学术会议接待。

6.明确开发主体职责

（1）村民要修缮民居建筑；做好造纸坊的洁净美化工程；提升家庭旅游接待的能力与服务品质。做好民族文化保护、传承与展演工作。

（2）政府应大力加大基础设施建设，保护好酉水河道，搞好招商引资的软硬环境建设工作。引导好村容村貌的整饬，要规范村民的建房行为和渔业、水运等活动。

（3）开发商要打造集"祭祖、观光、休闲"于一体的水上公园，围绕土家民间信仰开发一系列旅游产品。旅游小商品的研发工作；民俗文化体验旅游商品的开发；民俗演艺节目的更新换代。围绕武陵茶庄做好茶园观光、茶文化体验等旅游产品的开发和项目建设工作。做好古商埠、古码头、古建筑的修缮或重建工作。搞好自驾游营地和游客接待中心建设；建摄影（爱好者）驴友交流驿站。投入资金，围绕"养生 研学"的定位，开发养生旅游项目旅游产品。在保护原生态文化与自然风光的前提；开发瓦乡文化特色的风情旅游项目以及旅游商品。

7.搞好市场营销

引爆点主要围绕每年六月六的八部大王祭祀仪式，目标受众主要是朝拜祖先的四省土家游客、以研学考察、水上娱乐的游客。通过举办中国古丈·武陵茶文化节、茶歌节、茶王赛，为茶文化休闲体验游搭建良好的营销平台。以"张三千、米八百、黄家只有一个斗篷客"

故事为蓝本，拍摄一部名为《斗篷客》的影视作品，向世人诉说着曾经繁荣的湘西，酉水南畔失落的明珠，推介老司岩为代表的酉水古商文化风貌。策划一场声势浩大的栖凤湖土家渔文化节，把土家渔村推向旅游市场；要把栖凤湖毛坪村打造成为影视拍摄基地，利用影视拍摄推介土家渔村。策划或参加全国"鼓文化节"，广邀天下鼓技艺高手，汇集于默戎龙鼻苗寨，进行鼓技比拼。同时，事前要推出"鼓王争霸赛"昭告天下，事中要对比赛进行全媒体实况直播，事后要对评选结果告之天下。策划中国高山摄影节，推介坐龙峡、红石林、牛角山、高望界沿线村寨。利用高望界原始森林的客源，抓住悬崖梯田和独特民居，做好户外休闲探险、艺术体验等多种的营销活动；以湘西休闲养生第一品牌为突破点营销，目标受众主要是养生休闲和生态观光以及植物研学的游客。

8. 强化基础设施建设，实施重点项目

修建首八峒村酉水码头、游客服中心、旅游停车，在八部大王庙遗址与沙湾村之间修建风雨桥；建立囊括首八峒村、沙湾村的八部大王祭祀文化景点圈；复原八部大王庙遗址。优化永顺县城至小溪的公路，对接吉恩、张花高速；优化村内河道、游道、卫生等设施；修建停车场和接待中心。优化村寨群各村与吉恩高速和209国道两大廊道的公路对接。优化酉水航道及码头设施，提质村寨群内的公路设施，修建旅游综合停车场、旅游厕所、进村大巴车道、茶文化展示和体验中心等。优化古丈城区通向岩排溪，以及岩排溪与高望界之间的公路，改善村内通行的路况；兼顾土家文化与瓦乡文化要素，整体修葺村内建筑与生活区各设施，并适度转化成民宿客栈。

重点项目有村寨民居修复工程、环村公路扩建工程、八部大王庙遗址复原工程、沙湾风雨桥、首八峒酉水码头、土家渔文化展示体验馆、栖凤湖码头建设、老司岩古商埠、武陵茶文化展示和体验茶庄、自驾游营地和游客接待中心项目、岩排溪悬崖景观观光带、小溪养生馆、小溪植物博览会展中心。

（六）沅水民俗村寨群：沅水文化主题旅游核心线

主题定位：千里沅水入洞庭 盘瓠辛女会泸溪

1.突出沅水民俗村寨群的资源特色

沅水民俗村寨群以千里沅水为轴,借常吉高速和 G319、X041 等国县道廊道之便利,将武溪镇上堡村、白沙镇铁山村、红岩村、红土溪村、浦市镇马王溪村、黄家桥、新堡村、高山坪村、岩门溪村和达岚镇岩门村串联起来。以浦市、达岚、白沙、武溪等集镇为节点,以沅水风光带为轴线,串联村沅水风光带上的村寨群,构成了一幅优美的沅水风景人文画卷;以盘瓠辛女为文化内核,形成了特有的瓦乡民俗和辛女文化,构成一幅民族风情浓郁的民俗画卷。

2.集群打造 13 个村

泸溪县潭溪镇下都村、新寨坪村、大陂流村、武溪镇上堡村、白沙镇铁山村、白沙镇红岩村、白沙镇红土溪村、浦市镇马王溪村、浦市镇黄家桥、浦市镇新堡村、浦市镇高山坪村、浦市镇岩门溪村和达岚镇岩门村。

3.建设旅游产品体系

(1)打造 5 条进出线路:吉首(河溪、潭溪)—武溪上堡村—白沙镇;泸溪白沙镇—铁山村—红土溪—红岩村;泸溪白沙—达岚岩门—凤凰木江坪—凤凰古城;泸溪白沙镇—马王溪—浦市;泸溪白沙镇—浦市镇(黄家桥、新堡、高山坪村、岩门溪村)。

(2)开发 6 项功能产品:古寨、古堡、古镇遗迹休闲观光体验型;盘瓠辛女文化休闲度假旅游;现代农业观光度假体验旅游产品;沅水风光休闲观光度假游;历史名人(屈原、沈从文)研学游;山地探险、文化探密类旅游产品。

(3)推出 5 大旅游商品系列:瓦乡系列农产品和民族工艺品;健康系长寿列食品(茶油、大米等);盘瓠辛女木雕工艺品;浦市铁骨猪腊肉制品、各种时令水果、陶瓷工艺品;菊花石、傩面具制作、剪纸、手工制作皮箱等。

4.搞好特色村寨的创意策划

(1)沅水风光与盘瓠辛女文化深度融合。以沅水十里画廊为纽带,把铁山村、红土溪、红岩等村串联起来,围绕瓦乡文化和盘瓠辛女做文章,将铁山古寨打造成为一个既能展示瓦乡族真实生活的露天民俗博物馆,将红土溪村、红岩村打造成集中演绎盘瓠辛女文化之村落。

同时，要沿辛女溪建设花卉苗木种植带，打造好武陵百花谷，推动自然风光与辛女文化深度融合。

（2）村寨旅游与中心城镇旅游相结合。以达岚、白沙、武溪、浦市为节点，把岩门古堡、上堡村、新堡、高山坪村、岩门溪村等旅游发展与中心城镇旅游及中心城镇接待水平提升相结合，实现古寨、古堡休闲观光研学游与古镇休闲度假游相结合，实现沅水风光休闲游与沅水村寨民俗体验游相结合。

（3）农事观光体验与民俗文化相互渗透。要将马王溪打造成为集现代农业观、陶艺体验、生态休闲度假于一体的社会主义新农村，做好亲子体验产品和市民生态休闲度假产品；同时，还要通过举办旅游节庆活动，促进农事观光体验与民俗活动融合。要围绕红土溪的盘瓠辛女故事传说，搞好盘瓠文化生态园改扩建工作；同时还要发展稻田养鱼、时令水果种植等现代农业产业，实现农事观光体验与民俗文化相互融合。

（4）历史名人研学游与度假休闲游相得益彰。要推出沈从文文学之旅等旅游产品，把沈从文沅水文学之旅打造成历史名人研学与沅水休闲度假相结合的旅游产品。

5.提升乡村旅游服务

优化升级白沙镇及浦市古镇游客服务中心，提升两大景点区的游客接待和服务水平。在铁山村修建瓦乡民俗文化博物馆，为游客提供体验瓦乡文化旅游服务；建2～3个生态农庄，为游客提供农业观光体验；鼓励村民建设农家厨房和个性化家庭客栈，为游客提供饮食和住宿服务。恢复岩门古镇原貌，建设古堡展览馆；建旅游停车场和游客接待中心（仿造古堡明清建筑样式），为游客提供旅游餐饮、住宿服务。将盘瓠文化生态园打造成红土溪村旅游核心吸引物，建成集餐饮、住宿、观光体验、探秘于一体的旅游接待服务中心。围绕马王溪的现代观光农业做文章，重点打造现代化生态度假农庄，为市民提供生态休闲度假服务；打造现代农业观光园、陶艺体验馆，做好度假亲子体验产品。围绕浦市古镇，差异化打造黄家桥、新堡、高山坪村、岩门溪村，为游客提供古镇观光休闲、现代农业观光体验、休闲度假的多层次性旅游产品，让游客既感受到古镇的质朴和历史的厚度，又能感受到美丽乡村和多彩泸溪的舒适。

6. 明确开发主体职责

（1）村民按照规划的要求，对房屋进行统一风格的改造，对古建筑进行修缮；要搞好自家房前屋后的绿化，营造乡村的绿色氛围。有计划地升级改造农家厨房，新建家庭客栈、家庭旅馆；组建各种类型的文艺队，丰富日常的文化生活，积极投身到乡村旅游发展中来。要积极推动古民居保护与民族文化传承工作，把盘瓠辛女传说与文化传承下去。

（2）政府要积极引导和推动村容村貌的整治工作；要做好瓦乡人民俗博物馆的规划和建设的引导工作；推动相关的旅游基础设施和接待设施的建设工作，尤其要做好农家厨房的升级改造工作；做好瓦乡族物质文化和非物质文化的传承和保护。要尽快推动古堡、古寨、古镇的修缮和部分居民的搬迁工作，搞好搬迁居民的安置；尤其要尽快做好浦市古镇国民党陆军监狱旧址的保护和修缮工作；要推动古镇外的河滩治理工作，搞好沅水河滩和码头的美化。要做好盘瓠辛女文化的挖掘，盘瓠庙、辛女庙的修复，推动文化保护与传承工作；推动盘瓠文化生态园建设工作。

（3）开发商采用与村民合作的方式，建设 2 ～ 3 个生态农庄；建山居客栈、民族客栈，做好相关项目于移动互联互通建设工作。修缮古驿道、古民居；修建民俗表演场和游客接待中心；搞好岩门古堡展览馆建设；做好健康长寿类食品的开发。继续搞好盘瓠文化生态园后期建设工作；搞好盘瓠溶洞群建设工作。打造现代化的生态农庄度假区和陶艺体验馆。对浦市古镇黄家桥村、新堡、高山坪村、岩门溪等村的旅游资源进行整合，把它打造成有人文温度和历史厚度，又有乡土气息和乡村生活体验的休闲度假旅游胜地。

7. 搞好市场营销策略

推出游泸溪白沙，赏铁山古寨，观瓦乡民俗，体验瓦乡农家田园生活的旅游项目。同各大卫视合作，推出《岩门古堡——历史探秘》《岩门古堡——长寿解密》等系列专题节目，引爆岩门古堡遗迹观光休闲游。在央视科教频道推出《盘瓠文化》系列节目，尤其要做好盘瓠溶洞探秘活动的系列专题报道工作，引起轰动效应；定期举办《盘瓠文化》系列研讨活动，通过学界推介盘瓠文化。将辛女打造成兴家旺夫之女神，引爆情人节、三八妇女节、七夕节等节假日旅游市场和具有较强家庭观念之游客群体。通过中央电视台农村频道与湖南电视台《乡村发现》栏目，推介湘西华西村。策划 3 ~ 5 期《浦市黄家桥》《浦市新堡》《浦市高山坪》《浦市岩门溪》的系列微刊，向广大微友推介浦市及其周边村寨。通过策划"沈从文文学之旅"，重走沈从文当年所走之路，引爆研学旅游市场。

8. 强化基础设施建设，实施重点项目

改造升级武溪—白沙、白沙—浦市、浦市—达岚镇的旅游交通，新建达岚—木江坪的旅游公路。修建白沙、浦市游客服务中心，新建 3 ~ 5 个星级旅游厕所，实现移动互联网络和景点区免费 WiFi 全覆盖。在各村寨新建 1 ~ 2 个星级旅游厕所，实现移动互联网络全覆盖；兴建停车场、民俗活动中心和村内游步道；实施好村寨的"穿衣戴帽"和核心景点的"亮化""美化""绿化"工程。优化升级白沙镇、浦市镇到周边村寨旅游公路，并做公路两边的景观带建设；搞好沅水风光带、沅水绿道建设工程；武溪—白沙、白沙—浦市、浦市—达岚—木江坪的旅游交通工程；星级旅游厕所，移动互联网络和景点区免费 WiFi 工程；泸溪—铁山旅游交通；铁山村停车场；瓦乡民俗文化博物馆；生态农庄建设及农家厨房升级改造工程；岩门古堡展览馆、古堡整体面貌恢复及古民居修缮、生态停车场等项目；盘瓠文化生态园后续建设项目；盘瓠溶洞群开发项目；武陵百花谷等项目；生态农庄度假区建设项目、峡谷健身道路及景观台建设、陶艺体验馆、古民居修缮、停车场、旅游厕所等；陆军监狱修缮、设古民居修缮、古城墙恢复、万荷园建设、手工作坊街建设、停车场广场建等项目；中小型邮轮 3 ~ 5 艘；泸溪—浦市沅水航道整治及浦市镇沅水码头建设工程；拉通凤凰县吉信镇（包茂高速、杭瑞高速共线段出入口）到泸溪县解放岩乡公路，李家田村到辛女溪村公路，并在沿途植树造林及封山育林 4000 亩，改造民居 300 栋的相关项目列入全州乡村旅游规划，实现凤凰县与泸溪县中部生态文化旅游线路的大畅通、大融合；开通杭瑞高速公路潭溪镇出入口，完成提质改造朱雀洞到盘古岩、达勒寨、灯油坪公路，芭蕉坪到桌子潭村、池塘村公路，杜家寨到榆树坪村，并沿途植树造林及封山育林 2000 亩，改造特色居 200 栋的相关项目列入全州乡村旅游规划，实现古丈县与泸溪县旅游总环线真正大贯通。将峒河湿地公园、武水湿地公园沿途植树造林及封山育林 2000 亩绿化引鸟，改造特色居 200 栋的相关项目列入全州乡村旅游规划，实现吉首市与泸溪县旅游水轴主廊真正大贯通。

三、突出"生态文化绿色景观廊道"个性特色

沿着河滨、溪谷、山脊、风景道路等自然和人工资源建立，连接旅游景观，内设游憩线路和服务设施，兼具旅游、生态、环保、教育、健身、休闲等功能的线性绿色开敞空间，建设主要城镇通往或联接核心精品村寨的乡村旅游景观廊道，八县市首期可建设 1～2 条示范廊道，中远期扩充延展，形成村村相接、村景相通、州县乡镇村并联的生态绿色景观大网络。高速公路、高铁、城际快铁、航空等只能作为快速进出通道，乡村旅游必须重点依托国省道干线公路和县乡道网络。以"民居保护、精准扶贫、同建同治"等项目工程，推动沿线村寨"穿衣戴帽"，形成生态文化乡村自驾休闲体验观光游氛围，分一期、二期、三期建设。

（一）峒河国家湿地公园生态文化景观大廊道：全国示范廊道

吉首市乡村游以德夯峡谷与世界级景观矮寨大桥为塔尖，以特色鲜明的苗鼓文化为底蕴，借助州府城市的优势，将奇险秀美风光与苗族历史文化结合，大力发展工程旅游、沿谷韵绿道打造苗族历史文化体验游，以及湿地、峡谷生态观光游。确立"谷韵吉首，苗鼓之乡"主题，根据吉首市武陵山旅游中心城市定位，按照"从吉首出发回到吉首"设计思路，优化乡村旅游线路，规划"一廊四环"的空间结构。

1. 建设峒河国家湿地公园大廊道——湘西州乡村旅游示范廊道

沿峒河流域的大龙洞（或德夯村）—矮寨镇—坪朗村—吉首市—河溪镇—潭溪镇—洗溪—武溪镇。沿线村寨全部"穿衣戴帽"整修。建成全州乡村旅游主干廊道、示范廊道，开发亲子旅游、农事体验、康体健身、休闲度假主题产品，推出草莓、葡萄、高山蔬菜、豆腐、

板鸭、桃花虾、黄金茶、椪柑、铁骨猪等特色商品。建成国内外知名的生态文化乡村旅游景观大廊道。

2．"苗寨古风"环线

吉首—坪朗—德夯—中黄村—坪年—吕洞（保靖）—黄金村（保靖）—隘口—枫香—吉首。以苗族古村落景观和农耕文化、民风民俗为核心吸引物，打造苗寨古风体验旅游精品线。节点村为坪朗、德夯、中黄、隘口、枫香、小溪。

3．"烽火苗疆"环线

吉首—八月湖—齐心村（十八湾）—米良（凤凰）—莲台村—大龙洞—吉首。以苗族历史文化（乾嘉苗民起义核心区）和高山石头民居为核心吸引物，打造烽火苗疆旅游精品线。节点村为齐心、大兴寨、莲台、大龙洞。

4．"歌海画谷"环线

吉首—隘口—太平—司马村—排绸（河坪）—排吼—丹青—坪坝（古丈）—墨戎（古丈）—椰木—吉首。以东歌文化和农业生态景观为核心吸引物，打造歌海画谷休闲旅游精品线。节点村为司马村、河坪、丹青、椰木。

5．"湘食乡味"环线

吉首—乾州（板鸭，猕猴桃）—双塘（西瓜）—解放岩（生姜）—河溪（河溪香醋）—河溪镇库区（八仙湖景点）—张排村（太阳岛、葡萄基地）—吉首。以双塘高铁新城为核心，以特色生态食品和农家特产为核心吸引物，打造湘食乡味旅游精品线。节点村为双塘、河溪香醋基地、张排村。

五条精品环线把德夯风景区、矮寨大桥、寨阳草莓采摘基地、坪朗村、河溪香醋产业园、酒鬼酒产业园、双塘高铁新城、百花山庄、隘口黄金茶绿色基地、齐心村、十八湾村等串连起来，涉及 100 多个村寨，是全州"高山峡谷村寨群"主体，是全州和吉首市乡村旅游建设主战场。

（二）凤凰生态文化景观廊道

凤凰乡村游以区域性防御体系苗疆边墙为塔尖，借助申报世界文化遗产、旅游胜地古城凤凰的品牌优势，以及以沈从文、黄永玉为代表的浓厚的文化艺术氛围的熏染，深刻挖掘代表苗族文化精魂的边墙石堡、苗王城苑、筸军传奇以及近现代风云故事背后的旅游牵引力，做以苗疆军事文化深度开发为准心的休闲与体验之乡。确立"天下凤凰，苗魂之乡"主题，根据凤凰古城带动和边墙军事防御体系申报世界遗产的发展目标，规划"1圈2线"的空间结构：一环线为古城—廖家桥—茨岩—茶田—黄合—阿拉营—落潮井—麻冲—板畔—山江—腊尔山—禾库—三拱桥—吉信—奇梁洞—凤凰古城。两大廊道：山江—千工坪—古城；禾库—火炉坪—吉信。"1圈2线"，有4大出入通道，把凤凰古城、沈从文墓地、凤凰红心猕猴桃种植示范基地、拉豪营盘、黄丝桥古城、勾良苗寨、老洞村、南方长城、山江苗寨、老家寨、早岗村、奇梁洞等都串联起来，涉及100多个村寨，构成凤凰县特色生态文化村寨旅游精品线。

（三）永顺土家土司文化景观廊道

永顺乡村游以800年土司文化与传奇为塔尖，以广袤富庶的森林资源、水力资源为生态依托，强化造纸、竹艺、温泉、红色资源对旅游形态的丰富性，做世界文化遗产土司文化的研学、传承与体验之乡，做全球集度假、观光、养生、教育和休闲为主题的最佳生态旅游目的地。确立"山水溪州，土司之乡"主题，根据老司城世界遗产带动和芙蓉镇旅游效应，规划"一环两线"空间结构：一环线为灵溪县城—勺哈—农车—G209—红岩溪—盐井—龙寨—官坝—砂坝—S230—塔卧—吊井—麻岔—石堤—青坪—永茂—回龙—长官—王村—抚志—县城。两大廊道：主廊道从牛路河—王村—小溪—凤滩（水线）；副廊道从吊井—连洞—S230—县城—大坝—泽家—柏杨—龙溪—保靖县城。"一环两廊"，有6大出入通道，把永顺的红色乡村游、剿匪题材、水溪漂流、土家风情、土司文化、影视和古商镇（王村）旅游、羊峰山生态农业观光、小溪森林度假等都连接起来，涉及130多个村寨，构成永顺县生态文化村寨集群。

（四）花垣临空经济乡村旅游廊道

花垣乡村游以边城茶峒的沈从文文学之梦为塔尖，以蚩尤为中心的神秘灿烂的苗家文化为基本底蕴，借助独一无二的高速与机场廊道便利，兼顾特色山水资源和文化主题活动，将文学情怀、祖先崇拜、文化体验、观光探险融为一体，以节庆为媒介，做苗族文化艺术活态传承与展演体验之乡，以廊道为接口，做好临路、临空经济的特色开发与精准打造。确立"边城寻梦，蚩尤之乡"主题，依托湘西机场临空经济优势和边城茶峒旅游效应，规划"一环两廊"空间结构：一环线为边城茶峒—团结镇—龙潭—雅桥—排吾—吉卫—雅酉—扪岱村—禾排—大龙洞—吉首矮寨—排料—董马库—麻栗场—窝勺—花垣县城—团结—边城茶峒。两条廊道是以吉茶、张花高速和209国道、319国道为依托，建设好生态体验、文化休闲两条廊道景观，即吉首矮寨—蚩尤部落群（金龙、十八洞、板栗）—麻栗场老寨—立新—古苗河、紫霞湖—蚩尤村—花垣县城生态乡村旅游廊道；边城茶峒—团结水田—花垣县城—保靖文化休闲景观廊道。"一环两廊"，有4大出入通道，把边城茶峒、金溶村湘西黄牛养殖场、龙潭村民族粉丝生产基地、雅桥电站、大龙洞、小龙洞、金龙村、板栗村、老寨村、蚩尤村、扪岱村、矮寨风景区、矮寨大桥、蚩尤部落群、古苗河—紫霞湖等都串联起来，涉及100多个村寨，构成花垣县特色生态文化村寨旅游精品线。

（五）龙山洗车河土家生态文化廊道

龙山乡村游以举世瞩目的里耶秦简考古奇迹为塔尖，以保存较完整的风情浓厚的土家文化为底色，以八面山、乌龙山险峻绮丽的溶洞奇观和峡谷奇观为吸引物，做秦简文化特色之乡，以惹巴拉等村寨为代表，做土家文化活态体验的休闲之乡，做喀斯特地貌户外体育探险及剿匪题材特色旅游之乡。确立"秦简传奇，土寨之乡"主题，规划"一环两线"空间格局：一环线为龙山民安镇县城—洗洛—湾塘—桂塘—咱果—内溪—里耶—隆头—保靖普戎—龙山坡脚—靛房—他砂—农车—红岩溪—永顺盐井—龙寨镇—杉木乡—永顺官坝—万民—龙山猛必—水田坝—茨岩塘—兴隆街—龙山县城。两大廊道：主廊道是红岩溪—干溪—洗车河—捞车河—苗儿滩—隆头；副廊道是洗洛—砂子坡—茅坪乡—召市—咱果。"一环两廊"，有5大出入通道，把龙山的秦简文化、高山草原（八面山）、红色乡村游、匪事题材（八面山、乌龙山剿匪）、溶洞峡谷石林、土家风情、百合生态农业基地、太平山丹霞地貌和中南地区唯一石窟旅游等都串连起来，涉及150多个村寨，构成龙山县特色生态文化村寨旅游精品线。

（六）保靖吕洞山和酉水生态文化廊道

保靖乡村游以苗族祭祖圣山吕洞山、土家族祭祖圣地首八峒八部大王遗址为重要支撑，以民族根祖文化为引爆点，将原始信仰、祭祖归宗、农耕文明和丰富多彩的民俗文化艺术活动结合一体，做全球苗族、土家族始祖宗源的朝圣之乡，做传统农耕文明体验与特色集群村寨观光、避暑和度假之乡。确立"吕洞秘境，祭祖之乡"主题，规划"一环一廊"空间结构。一环线是吉首—己略—夯沙—黄金村—葫芦镇—仙仁—阳朝—保靖县城—水银乡—水田河镇—吕洞山—夯沙—吉首；一大廊道是里耶—首八峒（沙湾）—碗米坡—天开文运—古丈白溪关。"一环一廊"，有5大出入通道，把保靖吕洞山景区、保靖黄金茶核心产区、黄金村黄金茶园、仙人茶生产基地、袁吉六故居、八部大王庙、碗米坡水电站、天开文运摩崖石刻、里耶古城、白溪关水电站等都串联起来，涉及100多个村寨，构成保靖县特色生态文化村寨集群。

（七）泸溪盘瓠辛女溪生态文化廊道

以国家级非物质文化遗产盘瓠文化为塔尖，以湘西各民族的母亲河沅水的魅力风光为重要依托，借助处于长江经济带上游和湘西东大门、常吉高速入口的区位优势，深挖特色产业的带动功能，依托浦市古镇及周边特色乡村，做沅水生态观光旅游带，做盘瓠文化传承与体验之乡，做湘西现代化新农村示范之乡。确立"沅水风光，盘瓠之乡"主题，规划"一环一廊"空间结构。一环是吉首—河溪—潭溪—洗溪—武溪—白沙—浦市—达岚—合水—踏虎—木江坪—解方岩—双塘—吉首。一廊道是能滩—白洋溪—小章—解方岩—双塘—吉首，也可接兴隆场—踏虎—木江坪。"一环一廊"，有5大出入通道，把泸溪省级放心菜基地、涉江楼、盘瓠文化广场、辛女广场、铁山古寨、辛女生态公园、合水茶油基地、兴隆场（中国辣椒之乡）、双糖高铁新城、乾州古城、凤凰古城等都连接起来，涉及110多个村寨，构成泸溪县生态文化村寨精品线。

（八）古丈毛尖茶谷生态文化廊道

以古丈历史悠久的毛尖茗茶文化为塔尖，借助 S229 国道、吉恩高速和酉水风光带的廊道效应，兼顾何纪光、宋祖英等音乐名家的品牌效应，将土家民族文化、茶乡文化与独特的自然风光融合，做土家渔樵体验之乡，做茗茶研学休闲胜地，做山水生态观光游憩港湾。确立"酉水画廊，名茶之乡"，规划"一环一廊"空间结构。一环线是红石林—断龙白溪大峡谷—保靖仙仁—葫芦—古丈默戎—坪坝—旦武营—河篷—山枣—洞坪—草塘—老寨—银坪—高望界林场—高峰—岩排溪—列溪—红石林。一廊道是吉首—马劲坳—龙鼻默戎苗寨—夯吾苗寨—古阳镇—罗依溪镇—白溪关—沿迁河公路到保靖县城。"一环一廊"，有 6 大出入通道，把古丈酉水画廊、红石林、坐龙峡、老司岩、古丈县武陵山区（中南地区）最大五步蛇养殖基地、白溪大峡谷、龙鼻四方鼓文化、苗族起义军首领龙廷久老家、牛角山生态茶园、宋祖英家乡、土匪张平匪事遗址等都串连起来，涉及 100 多个村寨，构成古丈县特色生态文化村寨旅游精品线。

（九）湘西总环："神秘湘西"乡村自驾游大环线

规划建设湘西乡村旅游总环线，贯通"土家探源""神秘苗乡"两条精品线和六大村寨集群，远期打造成湘西州乡村自驾游大环线。主要走向为由西南至西北线：沱江镇（凤凰县城）—阿拉营—落潮井—麻冲—山江—腊尔山—雅酉—补轴—吉卫—排吾—雅桥—龙潭—团结老雅塘村—毛沟—野竹坪—清水坪（里耶）—内溪—咱果—桂塘—火岩—湾塘—洗洛—民安镇（龙山县城）。西北至东北线：民安镇（龙山县城）—兴隆街—茨岩塘—水田坝—猛必乡西壁村—松竹村—万民乡—砂坝—塔卧—石提—青坪—永茂王村—罗依溪—镇溪村。东北至东南线：镇溪村—高峰—高望界林场—银坪—老寨（宋祖英家乡）—草塘—洞坪—山枣—河篷（美丽穿洞）—良家潭—洗溪—武溪—白沙镇（泸溪县城）。东南至西南线：白沙镇（泸溪县城）—浦市—达岚—合水—小章—解方岩—木江坪—沱江镇（凤凰县城）。

第十章 创新业态

在中国经济转型升级背景下，"农家乐"等传统乡村旅游业态，已无法满足当代差异化、个性化、时尚化、信息化的旅游需求，必须瞄准当代主流游客的现实需求和潜在需求，大力开发乡村旅游新业态，大胆创意新产品、挖掘新市场、吸引新旅游者、培植新消费模式，以此促进湘西州乡村旅游转型升级发展。将旅游的各个环节、各个要素全面地融入乡村旅游，将"吃住行游购娱"全要素与"商养学闲情奇"六大旅游的新要素全方面对接，立体化的开发乡村旅游产品，挖掘出唯一性和不可替代性的产品卖点，从而催生出一系列新业态、新产品、新服务，以创新带动乡村旅游产业转型升级发展。产品开发中，既要依托现有的旅游产业基础，又要摆脱传统旅游产品开发的限制，不能单纯局限于文化观光层面，要针对未来游客的需求发展趋势，立足创意，依靠科技创新，开发出系列新型旅游产品，促进旅游产品多元化、规模化、精品化。

一、开发高端村居旅游业态

旅游地产包括旅游景点地产、旅游商务地产、旅游度假地产、旅游住宅地产和避暑避寒地产等类型。按照旅游＋住宿的开发思路，充分利用湘西州的生态文化资源与特色村寨建筑和屋舍资源，开发高端特色农业园地产、示范园地产、乡村野奢地产等新业态。

（一）村居成为旅游业态高端化的主要标志

1. 村居成为旅游地产转型的重要途径

随着旅居理论的提出和不断发展，村居已经成为提升乡村旅游品位、质量和效益的重要途径，浙江莫干山洋家乐、福建漳州土楼景观、安徽宏村及张家界五号山谷等都已经成为重要的高端旅游地产品牌。与一般的房地产项目不同，旅游房地产具有高度的人性化，具有先进的规划思想和多功能属性，具有较高的附加值，消费者群集中在城市的高收入阶层，希望拥有较高品位的住宿条件和度假环境，消费档次高。乡村旅游地产从"农家乐"而起，目前已形成了涵盖农业生产、农村生活、农乡文化生态等多种层面的旅游休闲产品体系，乡村旅游中的村居正是满足高档次需要的重要途径。围绕"互联网＋"和旅游创客，旅游地产产品与服务更加贴近现代都市人群的消费倾向，加快与现代社会接轨，推动产品更新换代与品牌塑造，实现乡村旅游地产转型升级。

2. 村居是提升乡村旅游品质与效益的重要途径

村居建设有效地解决了乡村旅游同质化问题，对新型城镇化、乡村旅游业，旅游地产业、特色农业和生态环境可持续发展也具有突出作用。村居将乡村旅游与地产业发展相融合，不仅成为乡村旅游发展的重要趋势，也是房地产业转型的重要路径，有利于吸引社会资本向乡村旅游倾斜，特别是有利于吸引大型房地产企业介入乡村旅游，加大旅游地产项目投资，推动乡村配套设施进一步得到改善，从而促进生态旅游的发展，产生社会效益，带动就业，促进农民致富，实现企业、政府和农民都获取效益。乡村旅游地产发展，可带动乡村面貌的改善，从道路、建筑等基础设施，到乡村民俗风情、工美技艺，以至农民的思维方式与价值观念，都会有不同程度的促进。

（二）村居旅游地产发展的主要"瓶颈"

当前湘西州发展村居旅游地产主要面临土地、资金、产业基础、基础设施等制约"瓶颈"。

1. 农村土地政策制约

党的十八届三中全会明确指出，城乡二元结构是制约城乡发展一体化的主要障碍，要建立城乡统一的建设用地市场。但是城乡统一用地市场建设非一日之功，湘西州农村土地资源极大浪费，全州空心村现象相当严重，大量村民外出务工，田地抛荒现象极为严重；农村土地流转十分艰难，一方面，打工农民在农村的承包地、宅基地、社员权等财产权益，却无法变为可交易的财产，田地任其抛荒闲置浪费。另一方面，全州精准扶贫的基础设施建设、产业开发，乡村旅游开发，又急需大量的土地。乡村集体建设用地、宅基地、林地使用权、森林和林木所有权、土地承包经营权、建设用地指标、耕地占补平衡指标的转让、出租、入股、抵押等，急待纳入城乡统一的土地交易市场，以解决，急待建立进城农民工的土地资源退出机制，急待建立农业规模经营、乡村旅游开发的土地进入机制。

2. 村居开发的支撑基础薄弱

旅游功能越丰富，环境越完善，旅游地产的商业价值才会越高，旅游地产必须以发达的旅游为基础，乡村旅游地产发达的地区都是以发达的旅游产业为依托的。当前，湘西州的乡村旅游正处于起步阶段，多数为简单的农家采摘、烧烤垂钓目的地，区域性的乡村旅游资源整合为数不多。旅游产业发展受到周边区域的强力挤压，产业发展困境重重，难以为旅游地产开发提供支撑。

3. 村居开发的基础设施不完善

旅游地产的开发，旅居功能的实现，必须有完善的基础设施作为支撑，湘西州的旅游基础设施还无法满足需要，食宿和交通的制约比较大，不少地区只能满足部分驴友进出。

（三）发展湘西州村居旅游地产的主要思路

1. 依托得天独厚和生态文化资源招商引资

湘西州乡村民族文化旅游资源丰富，民族建筑居住种类繁多，特色鲜明，适宜作为景点地产开发的资源相当多。湘西州为数众多的苗寨、土家寨等民族村寨，各种民族建筑本身即为旅游景点资源；利用村寨空置民居，创办非遗文化展示馆、民间艺术馆、专题展览馆、非遗传习所等，将苗族或土家族文化遗产保护场所、表演场所、产品开发场所与交易卖场结合，成为游客参观互动的乡村旅游看点。对民族建筑按照先进的理念进行开发，可以直接成为村寨旅游景点地产的标志。

丰富的乡村民俗风情和自然景观，为乡村民宿游招商引资创造了重要条件。湘西具有适宜进行避暑避寒的旅游资源及环境小气候，适宜为旅游者开发、设计开发夏冬季旅游产品，满足游客以健身疗养、消夏纳凉、度假休闲等为目的的村居生活方式。受到民族文化传统的影响，多数居民在进行民居改造时仍然保留了大量的民族文化元素。在保留民族文化内涵的同时，对村民原有房屋、院落等进行现代化的改造，完全可以满足游客食宿休闲和娱乐的需要，成为重要的度假休闲资源。以"生态环境"大力引进战略投资者，开发村居旅游地产。

2.优化村居旅游地产开发的投资环境

当前，湘西州开发乡村旅游已经成为共识，政府的支持力度比较大，基础设施建设稳步推进；村民对旅游开发比较支持，在土地征用、房屋改造、文化保护、生态维护等方面比较配合，特别是土地征用的阻力和代价比较小。推动湘西州村居旅游地产的发展，要立足资源优势，克服制约因素，不断强化市场与政策创新，鼓励农村集体经营性建设用地使用权以入股、联营等形式与其他单位、个人共同投资乡村旅游地产。

3.积极用活和创新居旅游地产政策

2014年中央一号文件明确提出鼓励农民将手中的承包土地经营权进行流转，鼓励土地经营权在市场上进行交易。2015年9月，农业部下发《关于积极开发农业多种功能大力促进休闲农业发展的通知》，首次明确农家乐用地政策。这些政策的出台为湘西州乡村旅游村居开发提供了土地资源保障。

4.推出面对乡村旅游主流客源市场的村居产品

要充分利用湘西州独特的生态文化资源和地质地貌，打造峡谷湿地乡村特色生态住宿，建设山居、村居、水居、树居、洞居、崖居等新概念客栈；充分利用和改造乡村废弃农舍、石屋、吊脚楼、老院子等资源，立足现代旅游商业消费的特点，建设乡村别墅、农家客房、青年旅馆、露营基地；要重视民族文化元素，用服务、创意给城市游客以惊喜的体验，形成高端特色休闲度假村居产品。

二、启动时尚订制旅游新业态

顺应"旅游＋交通"时代需要，围绕湘西州的特色生态环境，开发与旅游交通与休闲体验的融合产品，启动"人在乡途"的时尚订制旅游业态，重点建设自驾游营地产品。

（一）建设乡村自驾游和房车营地

针对自驾游和散客自由行日益成为主流的大趋势，在干线公路和节点村寨，大力建设针对自驾游和房车的服务点、服务区和服务营地，推进不同文化主题的自驾车旅游产品开发。加快建设一批功能配套、设施齐全、特色突出的汽车旅馆、汽车营地、汽车俱乐部、房车营地、露营地等新型住宿业态，至少建成 1 个汽车住宿示范营地；在"土家探源"和"神秘苗乡"两条精品线和六大村寨集群区内，大力建设针对自驾游需求和房车游的服务点、服务区和服务营地，提高服务质量。在交通便利地区，建设度假村和总部基地，重点开发古丈栖凤湖水上度假村、永顺猛洞河漂流综合体、龙山捞车河自驾游营地等。引进著名汽车租赁品牌，建设湘西州自驾车旅游汽车租赁服务中心、汽车租赁服务站和汽车租赁服务点。

（二）启动酉水和沅水水上旅游

依托湘西州酉水、沅水两大水系，以及相关湖泊、水库、湿地等旅游资源，有机融入历史文化民俗风情等要素，大力发展漂流、水上游船、特色游艇、水上运动等特色水上生态文化旅游产品；开发酉水和沅水面向大众市场的航运旅游产品，尽快开放泸溪县辛女公主号和酉水黄金水道流域游轮旅游产品，将水上游线做得舒适和便捷，并与陆线有机对接；建设集度假、观光旅游、会展、休闲娱乐于一体的水上旅游综合体，重点开发餐饮住宿休闲娱乐综合设施、自然生态休闲观光开发、度假疗养、会展培训等产品。

（三）创造条件发展低空航线旅游

依托机场和片区高山资源，开发直升机观光旅游、低空跳伞、低空摄影、热气球观光、双人动力伞观光等新业态、新产品，培育低空航线旅游目的地和产业链。重点开通核心景区及重点城镇通往凤凰腊尔山台地、龙山八面山台地、古丈高望界山地、永顺羊峰山高地等航空观光体验游。同时，积极培育低空飞行俱乐部、房车俱乐部等旅游交通企业，配套建设低空飞行和户外房车住宿基地。

（四）发展乡村旅游装备产业

针对湘西山区独特的江、溪、谷、岩、峰、崖、洞等地貌环境，立足游客户外、探险、运动、漂流等特种旅游活动需要，创意设计乡村旅游装备，发展乡村旅游装备制造、批发零售贸易业，并利用互联网线上线业务大力推进。要立足区域工业基础和人才技术优势，重点在州府吉首打造旅游装备制造业和商贸业中心，在各县建立特种旅游基地建设配套产业中心，构建乡村旅游装备产业链。

三、做精高山峡谷湿地的休闲旅游业态

以湘西特色的农业资源、山地农业景观、农业企业为核心吸引物，打造一批不同类型、各具特色的综合型休闲观光农业基地，促进休闲农业与旅游深入融合，主要业态产品如表10-1所示。重点在高山台地发展反季节蔬菜园、果木观光园、农事体验园，开发原生态狩猎场和狩猎习俗体验活动；在峡谷带打造茶谷、茶道及文化养生园；利用湘西本地丰富的动植物资源，在"四环"线上打造"武陵百花谷""百草园""百木坊""百兽谷"等观光园；打造"核桃园""猕猴桃园""柑橘园"等采摘园；适当引进外地品种，打造四季花海、草海。在湿地打造草莓园、葡萄园、苗木基地、油菜花、格桑花大花道等。

表10-1　　　　湘西州高山峡谷湿地休闲农业旅游业态类别

项目形式	项目设计	旅游景点（区）示例
山地峡谷湿地休闲农业	参观特色产业化农业生态观光园、农业合作社、现代化家庭农场和基地，特种农业（养殖业）基地	泸溪铁骨猪养殖基地 吉首桃花山庄 花垣金秋梨亲子基地 凤凰猕猴桃观光基地 保靖陇木村生物多样性基地 花垣农业示范园亲子游基地

项目形式	项目设计	旅游景点（区）示例
特色农业科技购物综合体	特色农业科技观光体验，特色农产加工与特色农艺展示，观看农业新科技展示、品尝新科技农产品等，感受独特的制作工艺	古丈毛尖生态科技园 保靖黄金茶生态科技园 保靖和平农业观光园 永顺晓庆豆腐（腊肉）制作体验园 凤凰落潮井薰衣草乐园
生态主题景观园	依托万亩茶山、万亩椪柑、万亩猕猴桃、万亩樱花、万亩桃源等资源，开发山地生态农业景观休闲产品	保靖黄金茶谷 古丈毛尖有机茶山 泸溪芭蕉坪云长坪连片梯田 花垣金龙樱花奇景
生态农庄／度假村	开发园林乐、渔家乐、果园乐、菜园乐等多种农家乐休闲度假产品，提供观光、娱乐、运动、住宿、餐饮、购物的乐趣	吉首寨阳（泸溪马王溪）花卉苗木乐园 古丈栖凤湖渔村 泸溪椪柑生态农庄 龙山百合休闲度假村 保靖亨章村土家山庄

（一）开发山地峡谷湿地休闲观光农业系列产品

以开发具有观光、旅游价值的农业旅游资源和农业产品为基础，以观光、休闲度假等旅游功能为目的，依托特色的农业旅游景观，融合农业生产、休闲观光、科技示范、科普教育、体验参与等多种功能，开发集参与性、观赏性和娱乐性于一体的体验性产品。开展特色产业化农业生态观光园、农业合作社、现代化家庭农场、特种农业（养殖业）基地参观体验活动，开发现代特色农业田园生活体验产品，重点开发泸溪铁骨猪养殖基地、吉首桃花山庄、花垣金秋梨亲子基地、凤凰猕猴桃观光基地、保靖陇木村生物多样性基地和花垣农业示范园休闲基地等休闲农业产品。

（二）开发特色农业科技购物综合体系列产品

以湘西州农业产业化龙头企业为依托，开发农产加工企业参观体验产品，展示特色农产加工与特色农艺；开发农业科技成果展览产品，观看农业新科技展示、品尝新科技农产品等，感受独特的制作工艺，打造特色农业科技观光体验与原生态农产购物一体化旅游项目。根据各地的资源特色，重点打造古丈毛尖生态科技园、保靖黄金茶生态科技园、保靖和平农业观光园、永顺晓庆豆腐（腊肉）制作体验园和凤凰落潮井薰衣草乐园、吉首醋文化养生园和酒鬼酒文化体验养生园等农业科技体验购物一体化产品。

（三）开发生态休闲农业主题景观园系列产品

利用湘西本地丰富的动植物资源，将山地农业与休闲观光融合，依托万亩茶山、万亩椪柑、万亩猕猴桃、万亩樱花、万亩桃源等资源，打造"武陵百花谷""百草园""百木坊""百兽谷"等观光园，开发山地生态农业景观休闲产品。适当引进外地品种，打造四季花海、草海，重点打造保靖黄金茶谷、古丈毛尖有机茶山、泸溪芭蕉坪云长坪连片梯田和花垣金龙樱花奇景等农业产业生态景观。与湘西农田保护区规划及土地规划相结合，以高山梯田种植为核心，打造特色水稻、油菜花等粮食作物景观。

（四）开发生态休闲农庄及度假村系列产品

把特色农产品融入旅游产品，结合民族文化开发民族特色生态文化山庄，形成旅游产业链条，满足游客的多元化需求；开发园林乐、果园乐、菜园乐等多种农家乐休闲度假产品，提供观光、娱乐、运动、住宿、餐饮、购物的乐趣，提高生态文化旅游产业的综合经济效益。以开发具有观光、旅游价值的农业资源和农业产品为前提，以输出观光、休闲、采摘、购物、品尝、农事活动体验等旅游功能为目的，依托绿色生态农庄、农家乐，融合农业生产、休闲观光、科技示范、科普教育、体验参与等多种功能，开发融合参与性、观赏性和娱乐性为一体的体验性产品。重点开发吉首寨阳、泸溪马王溪花卉苗木乐园、古丈栖凤湖渔村、泸溪椪柑生态农庄、龙山百合休闲度假村及保靖亨章村土家山庄等。

四、推出武陵山农耕体验旅游业态

以湘西特色的山地农业生产活动、农事习俗及村落文化为主要旅游吸引物，打造一批不同类型、各具特色的综合型休闲观光基地；依托原生态农耕文化资源，开发农事劳作和农耕文化体验，开发高山农耕文化体验园；开发特殊农地田园景观观光旅游、农耕工具博物展示游、四季农事新奇体验（亲子游），乡村习俗民俗节庆体验游，独特产品旅游购物等综合型旅游产品。

（一）开发特色农事体验系列产品

基于喀斯特峡谷落差地貌和"三带"特色资源，积极梳理湘西农耕文化独特性，挖掘农耕田地形貌奇特、农耕工具奇特、四季农事（耕作过程）独特的旅游文化价值。开发特色农事、农技观光和农业生活体验融合产品，展示耕田、抓鱼、摘茶、炒茶等农事活动，开发农田认养、果蔬采摘（找丛菌、采蕨菜、挖山竹笋）、美食品尝等系列产品，重点开发泸溪椪柑采摘体验基地、凤凰猕猴桃采摘体验基地、龙山洗车河霉豆腐定制基地、吉首近郊生态农庄体验基地、永顺麻岔农业合作社及花垣紫霞湖农业科技示范园亲子游基地等特色农事体验产品。

（二）开发特色农俗体验系列产品

依托原有农耕文化习俗，进行内容的丰富，活动的创意，设计的创新，形成特色农耕文化类旅游节庆产品。可以依托独特的高山梯田，开发湘西高山梯田文化节，与保靖花垣一起合作申报世界农业遗产，提升乡村旅游品牌。同时，积极打造农副产品文化节和品赏节，通过创意展示和互动提升区域农俗的影响力。一方面，要推动湘西州各民族村寨原有传统民族节庆活动不断丰富内容，延长活动时间，扩大节庆影响；另一方面，要依托土家族、苗族的四月八、六月六等大型民族节庆，通过资源整合与创意设计，打造乡村特色民俗文化类旅游节庆产品，使之成为吸引国内外游客的重要宣传平台。根据各地的资源实际与已有基础，可以开发的主要民俗节庆，见表10-2。

表 10-2　　　　　　　　　湘西主要民俗文化节庆

节庆名称	日期	活动内容	地点
武陵山区苗族赶秋节	8月	文化综合创意、展示	花垣板栗村
武陵山区土家摆手节	5月	摆手舞综合文化创意	龙山惹巴拉
武陵山区蚩尤文化节	9月	战神蚩尤创意、展示	花垣古苗河、紫霞湖景区
中元祈福节	农历七月十五	巡游、辰河高腔汇演、民艺展览	泸溪浦市
武陵山区毛古斯文化节	7月	毛古斯文化创意	永顺王村
武陵山区土家族社巴节	4月	文化综合创意、展示	龙山靛房、洗车河、古丈断龙乡
苗族祭祖大典	10月	原生态系列创意活动	保靖吕洞山
清明山歌节	4月	鼓文化巡游、展演	吉首乾州、丹青
端午龙舟赛	农历端午节	龙舟赛系列活动	花垣茶峒、凤凰沱江、泸溪铺市
武陵山区湘西民族生态文化节	10月	体验独特的土家族、苗族文化	吉首、凤凰

（三）开发综合型农耕文化体验基地

依托原生态农耕文化资源，结合湘西土家族、苗族等民族文化遗产和特色民俗风情，将民族文化融入农耕文化体验中，开发农事劳作和农耕文化体验产品，重点开发农俗民俗体验、非遗风情体验等项目（见表10-3）。

表 10-3　　　　　湘西州民族民俗文化风情体验主要产品类别

项目形式	项目设计	旅游景点（区）示例
民俗活态生活体验	进行原生态生活习俗、游艺、竞技的活态展示，增强民族民俗文化体验性	凤凰山江边边场 吉首矮寨、花垣金龙民族绝技体验园 保靖吕洞山苗族民居体验园 永顺双凤土家民俗博物馆
特色农俗文化体验	依托原生态农耕民俗文化资源，开发农事劳作和农耕文化体验	花垣、凤凰高山梯田风情园 泸溪稻作民俗风情园 龙山惹巴拉土家农耕文化体验园 保靖吕洞农耕文化村、茶园

项目形式	项目设计	旅游景点（区）示例
民族歌舞表演	利用现代科技，增强传统歌舞的可赏性，开发湘西民族风情演艺原创基地	永顺王村毛古斯体验园 龙山捞车河村摆手堂体验园 凤凰赛歌台 保靖葫芦苗鼓民俗村 花垣老寨苗族歌舞展示基地
非遗文化体验	建设非物质文化遗产传习基地，利用银匠、木匠、石匠等技艺能人，建设手工艺品DIY加工坊，进行手工艺品的现场定制、学习制作	泸溪踏虎凿花体验坊 永顺土家刺绣体验坊 龙山土家织锦制作坊 凤凰银饰锻制工艺坊 花垣苗族花带体验坊

（1）打造村寨农耕民俗风情体验产品。依托独特的民俗风情和系列节事文化活动资源民，开展俗文化产品活态生活体验与生活习俗、游艺、竞技展示，开发民族活态生活体验产品。依托农俗文化资源，提升和创新旅游产品，使游客能参与体验到民俗以及节事文化活动中，感受独特的农俗风情。

（2）建设村寨农耕风情演艺基地。重视在景区开发小型的特色文化演艺产品，利用现代科技，增强土家族、苗族传统歌舞的可赏性，将景区的特质融入，强调社区居民参与民间民俗展演，实现不可复制性；以村寨非遗文化资源为依托，利用银匠、木匠、石匠等技艺能人，进行手工艺品的现场定制、学习制作，形成丰富的DIY体验，建设一批以非物质文化遗产展示、体验、传承、展销的村寨非遗文化体验旅游产品。

（四）打造湘西文化特色主题村寨

依托湘西州的文化、民族、历史、风情、景观、产业等特色乡村文化基因，按"一村一题"突出村寨个性特色，打造一批旅游风情主题村寨。重点围绕"德夯—金龙—吕洞"苗寨群、洗车河土家寨群、兵站文化苗寨群、老司城文化村寨群、酉水村寨群、沅水村寨群等六大村寨群去选择打造旅游主题村寨，见表10-4。

根据村寨的不同农业资源特质，基于水资源打造渔村，基于森林资源打造樵村，基于梯田资源打造耕村；以特色少数民族村寨、古村古寨休闲观光为核心，开发民族村寨景观体验产品，并进行湘西新农村建设成果展示。开发村寨历史文化体验产品，对具有历史价值的古代村落、古镇、古街巷、古民居、特色民居、特色村庄建筑进行恢复性修葺，开展老街"留住乡愁"文化之旅，开发古商文化主题村、古兵站主题村和祭祀主题村。挖掘红色旅游资源的历史性和文化性，结合乡村自然生态环境以及农业产业特征，开发村寨红色文化体验产品，同时兼顾开发湘西剿匪历史和抗日历史题材。

表 10-4　　　　　　　　　　湘西州特色主题村寨主要类别

项目形式	项目设计	旅游景点（区）示例
民族文化主题村	体验民族民俗风俗、参观原生态的民族民居、品尝民族美食、购买民族特色物产等，体验古民居、古建筑的修建过程，学习传统美食的制作与加工技艺	凤凰山江苗寨群 龙山惹巴拉土家寨群 保靖吕洞山景区五行苗寨群 泸溪盘瓠文化生态园 永顺山水牛郎寨
农耕主题村	依托村寨的农业产业资源，融合村寨文化民俗，开发渔村、耕村和樵村	古丈栖凤湖渔村 花垣—凤凰高山梯田耕村 永顺小溪樵村
现代化新农村	湘西新农村建设成果展示，展现湘西农村新风貌和新时尚	花垣十八洞——精准扶贫第一村 泸溪马王溪——湘西第一村 古丈默戎毛坪——产业第一村
古商文化主题村	体验古村寨风韵，体验商业风情，古商创奇人生	永顺王村古商村落群 古丈老司岩古商村落群 泸溪浦市古商村落群
古兵站主题村	参观村寨建筑，体验古代防御工事、建筑特色，欣赏历史风情（兵营故事）表演	凤凰南长城古兵站文化村 泸溪达岚岩门古堡
祭祀主题村	以地域特色祭祀文化为支撑，打造巫楚文化、民族祭祀、道佛文化体验产品	花垣巴岱文化体验村寨 保靖首八峒八部大王庙
革命根据地主题村	建立研学与影视基地，进行革命事迹展示、专题讲座、人物访谈、事件考察体验等	永顺塔卧革命根据地旧址 永顺红色塔卧博物馆

项目形式	项目设计	旅游景点（区）示例
剿匪遗址主题村	建设影视与研究基地，开展匪事历史人物探秘、匪事遗迹观光、角色体验、艺术表演等	龙山乌龙山剿匪影视基地 龙山八面山燕子洞剿匪遗迹 古丈李家洞剿匪遗迹（张平旧居）
抗日传奇主题村	建立研学与影视基地，开展故居故地参观、人物采访、角色体验、战地观光等	花垣抗日革命烈士纪念馆 乾州古城抗战旧址、遗迹 吉首矮寨公路修建纪念馆 古丈栖凤湖抗日剧影视基地

五、做乡村实智慧旅游新业态

1. 为"互联网 + 乡村旅游"创造软硬件环境

实施"两化融合"工程；推进乡村三维全景信息系统建设；发行实名制乡村旅游卡，实行折旧优惠；放宽旅游网络购物、在线租车等新业态的许可和经营制度，培育相关企业；形成生产基地 + 网店 + 微商 + 线下销售体制；加快免费 WiFi（无线局域网）、智能导航、电子讲解、在线预定、信息推送等功能全覆盖。发展乡村旅游装备制造、批发零售贸易业，并利用互联网线上线业务大力推进。

2. 推动乡村旅游与互联网的全面融合创新

"互联网 + 乡村旅游"要围绕旅游的基本业态为中心进行融合创新，主要包括：乡村住宿业与"互联网 + 融合创新"；旅行社业与"互联网 + 融合创新"；航空和交通与"互联网 + 融合创新"；景区与"互联网 + 融合创新"；旅游商品与"互联网 + 融合创新"；旅游公共服务与"互联网 + 融合创新"；O2O 与旅游业融合创新；互联网金融与旅游业融合创新；大数据与旅游业融合创新；人工智能与旅游业融合创新。

六、发展时尚运动和亲子研学业态

依托湘西州的高山峡谷、河湖湿地等自然生态资源，土家族、苗族等民族文化资源，容现代时尚创意，开发创意节庆、休闲体育、户外探险、亲子旅游、研学旅游等创意乡村旅游产品。重点在高山峡谷村寨群内开展探洞、峡谷探幽、徒步、攀岩，速降，爬山、攀岩、定向越野、徒步、滑草、狩猎、CS角色扮演等运动休闲项目；在酉水和沅水流域开展漂流、溜索过河、溯溪、溪降等水上运动，以及赛龙舟、放竹筏等民俗运动和相关的节庆活动；在湿地地带开展观鸟、生态湿地观赏、划船、叉鱼、摸鱼等休闲运动项目；打造亲子旅游基地，开拓北上广发达城市、省会城市和重要区域中心城市居民的亲子旅游市场，形成示范品牌。

（一）节庆体验系列产品

加入时尚元素，展示湘西文化魅力，设计创意节庆产品，形成湘西的特色休闲文化类旅游节庆产品，围绕文化体验与文化养生进行创意策划，以系列文化、民俗等产品为载体，满足游客的文化体验需求，开发系列的文化体验、创意产品，提升湘西乡村文化体验产品。可供开发的休闲时尚创意节庆，见表10-5。

表10-5　　　　　　　　　湘西主要休闲时尚创意节庆

系列	节庆	日期	活动内容	地点
休闲度假系列	寨阳坪朗亲子节	春夏	根据场景创意设计	吉首
	沅水沙滩艺术节	夏秋	根据场景创意设计	泸溪
	武陵山区乡村休闲美食节	秋冬	特色美食体验风味	县市轮流
	武陵山区乡村富硒水果品赏节	秋季	品富硒美食	县市轮流
	武陵山区乡村温泉养生节	冬春	温泉养生	永顺
	猛洞河漂流节	夏秋	根据场景创意设计	永顺
	八面山草原帐篷节	夏秋	根据场景创意设计	龙山
	古苗河—紫霞湖湿地帐篷节	夏秋	根据场景创意设计	花垣
	十八洞探洞户外拓展亲子节	春夏秋	根据场景创意设计	花垣
文化体验系列	矮寨大桥高空绝技表演	秋季	根据场景创意设计	吉首
	武陵山区乡村特色民居认领活动	四季皆可	根据场景创意设计	各地
	武陵山区乡村系列摄影文化节	四季皆可	根据场景创意设计	各地
	湘西盘瓠文化节	12月	盘瓠辛女爱情创意活动	泸溪
	中国里耶秦文化论坛	10月	秦文化创意活动	龙山
	吉首国际鼓文化节	10月	鼓文化巡游、展演	吉首
	金龙樱桃会	春夏	根据场景创意设计	花垣

系列	节庆	日期	活动内容	地点
文化体验系列	酉水河灯节	夏秋	根据场景创意设计	保靖
	武陵山区手工技艺博览会	11月	体验民间艺术魅力	吉首
	武陵山区苗族银饰文化节	5月	文化综合创意、展示	凤凰

（二）体育健身系列产品

1.打造民族传统体育基地

充分利用湘西州丰富的传统体育运动遗产资源，开展具有原生态特征的传统仪式类、益智类、传统绝技和传统武术项目，规划生态体育文化村和生态休闲运动中心村，构建品牌健身项目集散地。打造国家级民族体育运动基地，建立"武陵山民族体育文化产业中心"，举办中国（武陵山区）民族传统体育大赛，通过新闻效应提升湘西州乡村旅游的知名度和国际影响力。

2.开发特色时尚运动基地

利用多梯度山地资源，大力推进山地户外体育运动基地、山地越野、山地自行车、山地摩托、野外探险、户外露营、攀岩、漂流等山地体育运动旅游产品的开发。充分利用河流资源，开发龙舟赛、特色漂流、水上运动（训练）基地、水上游乐公园、水上运动会等涉水体育项目，利用河滩开发水洲休闲运动项目，在湿地地带开展观鸟、生态湿地观赏、划船、叉鱼、摸鱼等休闲运动项目。

3.打造时尚休闲健身基地

立足湘西独特地理环境和生态环境优势，构建品牌健身项目集散地，规划生态体育文化村和生态休闲运动中心村，重点打造谷韵绿道自行车大奖赛、谷韵绿道健身竞走大赛。以森林公园、地质公园等独特的自然山水为基础，建设步行休闲为主的旅游健身走廊和健身绿道，打造以徒步旅行为主题的特色休闲健身产品。

4.积极开发时尚体育赛事产品

依托各地的优势资源，积极举办具有湘西特色、影响力大的国内、国际品牌体育赛事，通过新闻效应扩大湘西的知名度，提升湘西乡村旅游的国际影响力，见表10-6。

表 10-6   **湘西主要时尚体育赛事产品**

节庆	日期	活动内容	地点
湘西国际环风景道汽车拉力赛	夏秋季	拉力赛创意活动	各地
世界定向越野大赛（建设国家级定向越野基地）	四季皆可	越野赛创意活动	
中国（武陵山区）民族传统体育大赛	秋冬季	传统体育大赛创意	花垣
古苗河—紫霞湖环湖湿地马拉松大赛	四季皆可	马拉松创意活动	花垣
湘西山地自行车挑战赛	秋冬季	自行车挑战赛创意	龙山
河滩排球（足球）邀请赛	夏季	邀请赛创意	泸溪
沅水泅渡大赛（建设游泳训练中心）	夏季	泅渡大赛创意	
矮寨攀岩国际邀请赛	四季皆可	攀岩创意	吉首
矮寨大桥低空跳伞国际邀请赛	秋季	跳伞创意	
德夯国际山地户外运动挑战赛	秋冬季	户外运动创意	
湘西沿酉水自行车大奖赛	夏季	自行车大奖赛创意	保靖
湘西（小溪）森林探险节	夏季	自行车大奖赛创意	永顺
武陵山区峡谷探险节	夏秋	探秘湘西峡谷、溶洞奇观	古丈
凤凰南方长城国际登山运动节	冬季	际登山运动节创意	凤凰
凤凰世界围棋巅峰对决赛	四季皆可	围棋创意	

（三）户外探险系列产品

1. 打造户外运动基地

利用多梯度山地资源，开发野战、野营、定向越野等户外运动产品；大力推进山地户外体育运动基地、山地越野、山地自行车、山地摩托、野外探险、户外露营、攀岩、漂流等山地户外体育运动旅游产品的开发。重点开发凤凰南华山国家森林公园、永顺杉木河森林公园、古丈高望界国家生态自然保护区、花垣云中金龙野外露营基地等休闲与健身基地。

2. 开发素质拓展基地

依托高山峡谷资源，以基础设施比较完备的景区点为基础，开发素质拓展训练基地和度假基地，开展探洞、峡谷探幽、徒步、攀岩、速降，爬山、攀岩、定向越野、徒步、滑草、狩猎、CS 角色扮演等山地特色户外拓展项目。开发特色河流湿地水上户外拓展等体育健身产品，重点开发保靖碗米坡户外拓展基地、永顺小溪户外拓展基地、保靖酉水时尚户外基地、龙山捞车河户外基地等。

3. 建设户外探险基地

开发自然山水探奇产品，重点推进山水生态旅游资源的开发，以喀斯特地质、世界自然遗产、原始森林、湖泊河流等资源为基础，积极开发自然探索、探险、探秘和游乐产品。自然遗产探奇重点开发湘西北原生态探险旅游产品，水域探奇重点开发酉水和沅水流域的河流湖库以及湿地探险产品；地质探奇重点开发乌龙山、花垣排碧金钉子、古丈红石林等地质公园探奇产品。

（四）亲子旅游系列产品

大力开发民族特色亲子基地。抓住国内"二孩"全面放开的机遇，抢占未来亲子游市场，以湘西州丰富的自然生态和民族文化资源为基础，充分挖掘亲子之间情感交流、亲情联络和共同学习的需要，充分利用民族村寨、民族文化以及非物质文化遗产，强化主要参与和文化体验，积极开发民族村寨群观光、民族文化演艺、特色生活体验、民族美食餐饮、民族体育赛事等功能于一体的特色亲子游产品。要大力开拓北上广等发达城市、省会城市和重要区域中心城市居民的亲子旅游市场，建设亲子学院，分类别有针对性开发产品，形成示范品牌，见表 10-7。

表 10-7　　　　湘西州主要休闲运动与亲子研学产品类型

项目形式	项目设计	旅游景点（区）示例
山地户外运动产品	建设户外拓展运动基地，设计户外运动和探险路线，开发野战、野营、素质拓展运动、定向越野等产品	凤凰南华山国家森林公园 永顺杉木河森林公园 古丈高望界国家生态自然保护区 花垣云中金龙野外露营基地

项目形式	项目设计	旅游景点（区）示例
水上运动户外产品	充分利用河流资源，开发龙舟赛、特色漂流、水上运动（训练）基地，利用河滩开发水洲休闲运动项目，打造户外运动基地，开发野战、野营、素质拓展、定向越野等产品	古丈栖凤湖水上拓展基地 泸溪沅水河滩户外基地 凤凰沱江—万溶江户外基地
亲子旅游基地	与外部科研机构和学校联合，强化亲子基础设施建设，建立亲子旅游基地，打造亲子情感交流项目	花垣边城拉拉度亲子游基地 龙山惹巴拉亲子游（冬令营）基地 永顺芙蓉镇亲子游（夏令营）基地 吉首寨阳亲子游基地 古丈高望界亲子游（夏令营）基地 保靖西水亲子游（夏令营）基地
研学探险基地	以山地峡谷生态资源为基础，开发研学科普基地（生物识别、生态考察、摄影美术）和探险营地等产品	凤凰奇梁洞探险基地 古丈坐龙峡国家森林公园 永顺小溪自驾科考基地 保靖小寨探险基地 花垣十八洞探险拓展基地
旅游科考基地	利用河流及水库，与外部科研机构和学校联合，建立学研基地、科考基地、学习（美术、摄影）基地，定期组织科考与探险活动	湘西峒河湿地科考基地 保靖西水碗米坡科考基地 永顺猛洞河漂流自驾基地 花垣十八洞精准扶贫考察基地 乌龙山国家地质公园科考基地

（五）研学旅游系列产品

1. 建立民族文化研学基地

与湘西州非物质文化遗产博物馆、研究院、吉首大学、湘西职院等生态文化研究机构联合，以民族文化探奇为核心，以民族文化传承基地建设为重点，建立民俗文化研学基地，重点开发土家探源和苗乡探秘两个研学系列产品，凤凰腊尔山苗族民俗村、永顺老司城世界遗产地、泸溪盘瓠文化园、花垣蚩尤文化研究基地等。

2.建立自然生态科考研学基地

以山地峡谷生态资源为基础，开发研学科普基地（生物识别、生态考察、摄影美术）和探险营地等产品。利用河流及水库，与外部科研机构和学校联合，建立学研基地、科考基地、学习（美术、摄影）基地，定期组织科考与探险活动。鼓励各地依托自然和文化遗产资源、旅游景点景区、大型公共设施、高校院所、家庭农场开展研学旅行活动，建设专业美术、表演、摄影、新闻等专业的实习基地。

3.建设学生研学旅游示范基地

成立内地游学联盟，把研学旅行纳入学生综合素质教育范畴，建设研学旅游目的地和研学旅游示范基地，为研学旅游提供高水平的场所；支持建设一批夏令营基地和冬令营基地，鼓励各地依托自然和文化遗产资源、旅游景点景区、大型公共设施、高校院所、大型农场开展研学旅行活动。

七、创意特产与非物质文化遗产旅游新业态

根据湘西的生态文化优势，立足游客需求和商品特征，以神秘湘西为根本特色，创意开发生态文化旅游商品。依托国家级非物质文化遗产，将其活态化、可视化、互动化、商品化，形成让游客高兴接受、愉快感受、舒适享受的旅游景区、旅游商品、旅游节庆活动与旅游环境装饰。利用村寨空置民居，创办非遗文化展示馆、民间艺术馆、专题展览馆、非遗传习所等，将苗族或土家族文化遗产保护场所、表演场所、产品开发场所与交易卖场结合，成为游客参观互动的乡村旅游看点。根据湘西的生态文化优势，立足游客需求和商品特征，以神秘湘西为根本特色，打造原生态特产礼盒、加工特产礼盒、非物质文化艺术品、特色手工技艺品、神秘湘西纪念品五大旅游商品品牌群。

（一）开发有机富硒特产及生态加工农产品

针对游客的需求，依托当地优势资源和原有的工业基础，从富硒、有机、无公害入手进行创意包装，做好产品的地理标志认证和有

机绿色认证，强化科技创新和传统技艺的有机融合，提升旅游特产商品的质量、档次与附加值，开发特产加工产品礼盒，打造旅游商品卖点。

1. 开发原生态绿色有机特产品牌

主要针对无需进行深入加工的湘西特产，考虑到游客的可携带性，进行包转和设计后打造特产礼盒，重点打造特色富硒水果旅游商品礼盒、特色有机农产旅游商品礼盒、特色原生态畜产旅游商品礼盒及特色原生态副产旅游商品礼盒等产品系列，见表10-8。

表 10-8　　　　　　　　　　　湘西州主要生态旅游农业商品

类型	依托资源	主要项目	开发思路
特色富硒水果旅游商品礼盒	富硒于时鲜水果	凤凰红心猕猴桃礼盒、泸溪椪柑礼盒、习柚品牌、吉首花垣金秋梨、凤凰老洞黄桃、吉首水蜜桃	改进包装存储重视品牌建设
特色有机农产旅游商品礼盒	独特粮食、蔬菜等作物	颗砂贡米、龙山百合、解放岩生姜、黄家桥藕、那必村贡藕、荸荠、兴隆场玻璃椒、凤凰西牛村鱼腥草、卡木竹笋、永顺板栗	改进包装便于携带
特色原生态畜产旅游商品礼盒	畜禽水产资源	湘鱼礼盒、土鸡（鸭）蛋礼盒、鸽子蛋礼盒等	改进包装便于携带
特色原生态副产旅游商品礼盒	野生绿色产品	神秘湘西蜂蜜（神蜜礼盒）、食用菌系列产品（枞菌干、菌油、茶树菇）、山野菜系列（蕨菜、龙山竹笋干）、干果（核桃、板栗）等	改进包装便于携带

2. 打造加工特产礼盒品牌

针对需要进行加工的湘西特产，强化技术与工艺创新，着力提高产品质量，提升产品档次，考虑质量、特色、时尚与档次要素，开发适合游客购买的旅游商品，重点开发特色原生态农产加工、特色原生态林产加工、特色原生态畜产加工三大旅游商品品牌，见表10-9。

表 10-9　　　　　　　　　湘西州主要民族农产加工旅游商品

类型	依托资源	主要项目	开发思路
特色原生态农产加工旅游商品	特色农产品原料	糯米糍粑系列：各种糍粑、桐叶粑、蒿菜粑、玉米粑 葛粉系列礼盒：葛粉冲剂、葛根饼干、葛根口香糖 米酒系列：湘泉酒、水田河酒 酸菜系列：龙山大头菜、吉首醋萝卜、凤凰胡葱酸 豆制品系列：龙山霉豆腐、豆酱、豆干、王村晓庆米豆腐、万坪豆腐、洗车河豆腐、坪朗豆腐、洗溪腊豆腐 茶叶系列：古丈毛尖、保靖黄金茶、龙山秦简茶、保靖仙人茶 粉丝系列：社塘坡八月粉丝、龙山红薯粉丝 草药系列：苗药保健品（花垣）、土家医药保健品（龙山） 高科技保健品系列：玫瑰精油、迷迭香系列	强化技术与工艺创新，优化包装，便于携带
特色原生态林产加工旅游商品	特色富硒林果产品	果汁饮料系列：老爹产品、水果罐头 果脯系列产品：猕猴桃果脯 果醋系列：神秘湘西有机礼品醋、果醋 食用油系列：泸溪合水茶油、湘西原生态菜籽油、湘西枞菌油 菌类及其制品系列：湘西枞菌、凤凰罐罐菌 野菜干菜系列：蕨菜、竹笋、香椿芽等	强化技术与工艺创新，开发新产品，优化包装，便于携带
特色原生态畜产加工旅游商品	特色可加工畜产品	腊味系列：泸溪铁骨猪腊肉、湘西黑跑猪腊肉 肉干系列：湘西黄牛、湘西黑山羊 肉脯系列：乳猪肉、鸽子肉 血粑鸭系列：罗氏板鸭、凤凰血粑鸭 皮蛋礼盒：保靖松花皮蛋 苗鱼礼盒：湘西腊鱼、稻花鱼干	改进技术与工艺，开发新产品，优化包装，便于携带

（二）开发湘西非物质文化商品系列

充分挖掘湘西州的民族文化资源，利用好非物质文化传承人，特别要扩大非遗文化在青年人群中的影响力；强化创意与科技的融合，强调艺术与实用的结合，开发独具民族特色和区域特色的旅游商品。

1. 开发非遗文化艺术商品系列

以湘西非遗文化元素为基础，针对游客需求，利用传统技艺和现代科技相结合，进行创意开发和包装设计，重点方向是开发与民俗、节庆、仪式、传说、故事、传奇等文化资源相关的旅游纪念品和文化艺术品，见表 10-10。

表 10-10　　　　　　　　湘西州主要非遗文化旅游商品

类型	依托资源	主要项目	开发思路
剪纸类工艺品	土家族和苗族独特的传统手工技艺	泸溪县踏虎凿花，龙山、古丈民间剪纸，凤凰纸扎	品牌化，研发新产品
染织类工艺品		龙山土家织锦，泸溪—凤凰—花垣苗族花带、刺绣、挑花、锉花，湘西蓝印花布，湘西蜡染、扎染	改进技术与工艺，开发新产品，重视时尚
雕刻类工艺品		石雕：塔卧石雕、乾州水冲石砚、泸溪菊花石雕、泸溪杨柳石雕、晶核水冲石雕 木雕：泸溪傩面具、保靖根雕、龙山竹雕竹编艺术品、永顺徐氏竹艺品	保护工艺，研发更多产品，优化包装，便于携带
民间画艺工艺品		保靖苗画，吉首、凤凰烙画，保靖沙石材料粘塑画	保护工艺，开发新产品，优化包装，便于携带
传统服装、饰品		服装：苗族服装、土家族织锦 饰品：苗族银饰、土家饰品	改进技术与工艺，开发新产品，提升产品质量和档次，融入时尚元素
民族艺术道具	民族传统艺术	葫芦丝、笙、苗鼓模型 凤凰傩戏面具、泸溪辰河高腔玩偶、阳戏人偶永顺毛古斯玩偶、摆手舞玩偶	改进技术与工艺，开发新产品，优化包装，便于携带
历史文化标识品	历史、传说、传奇人物	龙山秦简工艺品 四大古镇标志模型 湘西土匪木偶 历史名人木偶	大胆创意，开发新产品，优化包装
民族文化标识品	民族文化	动漫娃娃、服饰模型、纪念画册、文化图集、音像制品、明信片	大胆创意，开发新产品，优化包装

2. 开发非遗文化衍生商品系列

以湘西非遗文化元素为基础，深入挖掘、开发与非遗有关的旅游商品，强调从当地居民的日常生活中进行创意挖掘，重点方向是开发时尚用品、特色美食以及与湘西地理和特色生物有关的玩具、旅行纪念品和文化艺术品，见表10-11。

表10-11　　　　　　　　湘西州主要非遗文化衍生旅游商品

类型	依托资源	开发项目	开发思路
时尚用品系列	民族特色用具和用品	日用品系列：民族风时尚包，湘西竹编、篾器模型与工艺品，龙山竹编器具 玩具系列：民族风魔方、民族科技玩偶	优化设计，开发时尚产品，提升收藏和观赏价值
特色美食系列	特色美食和小吃	凤凰姜糖，凤凰血粑鸭，吉首糯米糍粑、永顺腊肉、腊鱼、葛粉、泸溪浦市斋粉、永顺米豆腐，保靖杠子面、米粉、松花皮蛋、酱油	改良技术与工艺，开发新产品，优化包装，便于携带
工业制品系列	工业制造资源	保靖土陶工艺品、泸溪制陶工艺品，永顺洞坎土法造纸	规模化，品牌化，定制经营模式，工艺传承
地理标识品系列	生态文化实物	永顺一龙山特色动植物标本纪念品、吉首矮寨大桥模型、花垣一古丈"金钉子"模型	规模化，品牌化，定制经营模式，工艺传承

（三）打造湘西乡村文化旅游精品系列

深入挖掘湘西地方民族文化元素和民族文化资源，强化民族文化与现代时尚的创意融合，强调从当地居民的日常生活中进行创意挖掘，提升非遗商品附加值。重点开发神秘湘西纪念品、神秘湘西艺术品、神秘湘西时尚用品、神秘湘西玩具品牌。

1. 打造神秘湘西纪念商品

立足神秘湘西的特点，大胆创意，优化包装，推动定制经营，强调湘西特色，强化唯一性、地域性与纪念性，打造反映湘西独特自然、地理、生态和文化的旅游纪念品，主要包括民族文化产品、民族艺术道具、历史文化标识产品、地理标志产品、文化宣传产品等系列。

2. 打造神秘湘西艺术精品

依托湘西民族民间工艺大师，发挥其创意智慧，在原有技艺的基础上，保护工艺传承，重视人才培养，强化研发创意，强调产品可携带性与艺术性，重点开发独一无二性的工艺美术品和文化品，主要包括民族服饰系列、凤凰银饰系列、染织品系列、雕刻系列、造纸系列、陶器艺术品系列、竹艺系列、民间画艺系列等。

3. 打造神秘湘西时尚用品

针对旅游市场的商业化需求，开发特色时尚日用品，融入时尚元素，提升产品质量和档次，强调实用性，满足游客的实用性需要。

4. 探索神秘湘西玩具精品系列

针对亲子市场的火爆，开发特色玩具，强化高科技与生态文化的融合，重点吸引青少年。益智玩具系列强调益智融合湘西文化，科技玩具系列强调科技融合湘西文化，见表10-12。

表 10-12 　　　　　　　湘西州神秘湘西乡村文化商品

类型	主要项目	开发思路
神秘湘西纪念品	民族文化产品：民俗动漫娃娃、民族建筑模型、八部大王、蚩尤模型 民族艺术道具：吉首苗鼓模型、泸溪傩戏面具、凤凰阳戏人偶、龙山摆手舞娃娃、永顺毛古斯木偶 历史文化元素：龙山秦简工艺品、永顺土司木偶、泸溪盘瓠辛女木偶、古丈土匪木偶、历史名人木偶 地理标志产品：吉首矮寨大桥模型、花垣化石模型、古丈红石模型 、珍奇动植物标本 文化标志产品：音像制品、图集画册	大胆创意，优化包装，推动定制经营，强调湘西特色，强化唯一性、地域性与纪念性
神秘湘西艺术品	剪纸工艺品：泸溪踏虎凿花、凤凰纸扎 染织工艺品：龙山土家织锦、凤凰苗族刺绣、湘西蜡染 雕刻工艺品：泸溪菊花石雕、杨柳石雕、永顺塔卧石雕、乾州水冲石砚、永顺徐氏竹雕艺术品 画艺工艺品：保靖苗画，吉首、凤凰烙画，保靖粘贴画 陶器工艺品：保靖土陶工艺品、泸溪制陶工艺品	保护工艺传承，重视人才培养，强化研发创意，强调产品可携带性与艺术性

类型	主要项目	开发思路
神秘湘西时尚用品	传统服装饰品：苗族服装银饰、土家族服装饰品 日常用品：民族风时尚包，龙山、保靖竹编	融入时尚元素，提升产品质量和档次，强调实用性
神秘湘西玩具	益智玩具系列：益智融合湘西文化 科技玩具系列：科技融合湘西文化	强化高科技与生态文化的融合，重点吸引青少年

八、打造"湘西美食"旅游新业态

强化乡村餐饮健康与养生概念，开发苗族和土家族乡村民族特色饮食，挖掘本土特殊、特别、特色食材，开发"湘食·乡味"新业态，打造舌尖上的湘西系列产品。

1. 开发"湘食·乡味"名片产品

立足湘西的特色美食资源，推出枞菌、野菜、酸菜、腊味、野味等乡土特色菜系和名菜珍品，开办民族美食节、烹饪大赛，推介民族风味名片产品；蔬菜系列重点开发龙山剁辣椒、龙山大头菜、吉首醋萝卜等；糍粑系列重点开发吉首蒿菜糍粑、永顺玉米粑等；豆制品重点开发龙山霉豆腐，永顺晓庆米豆腐（万坪豆腐）等；腊味系列重点开发泸溪铁骨猪腊肉、湘西黑跑猪腊肉；肉干系列重点开发湘西黄牛、湘西黑山羊等；血粑鸭系列重点开发乾州板鸭、凤凰血粑鸭等；蛋系列重点开发保靖松花皮蛋，龙山八面山土鸡蛋等。

2. 以生态绿色有机彰显产品卖点

针对游客的需求，依托吉首优势资源和原有的工业基础，打造湘西养生醋、老爹生态养生产品系列等；强化乡村餐饮健康与养生概念，开发苗族和土家族乡村民族特色饮食；挖掘本土特殊、特别、特色食材，推出枞菌、野菜、酸菜、腊味、野味等乡土特色菜系和名菜珍品，保持生态、绿色、原味、健康、安全的原生态品质，打造旅游商品卖点。

3. 强化生态养生和食品安全保障

从富硒、有机、无公害入手进行创意包装，做好产品的地理标志认证和有机绿色认证，强化科技创新和传统技艺的有机融合，强调不添加任何的化工原料，从原生态养生入手进行创意，打造原生态农产品品牌，提升旅游特产商品的附加值。

4. 推动游购互动一体化营销

开发集生态文化体验与旅游购物于一体的旅游产品，大力推动美食旅游体验一体化，建立民族特色美食村和美食制作体验坊，扩大湘西旅游美食知名度。在重点村寨开办民族美食节和烹饪大赛，推介民族风味菜谱。同时，要组织相关企业参加国内外餐饮业会展交流，提升美食产品的知名度。选取特色产业优势突出的村寨，重点打造建设旅游商品"工业园区"和游客购物观光综合体。

九、发展湘西乡村健康养生旅游业态

依托湘西州独特的民族文化和生态环境，针对世界逐渐走进老龄化社会的趋势，以养生为核心理念，打造湘西州系列生态养身和文化养心产品，满足游客的养生、养老、养心、体育健身等健康旅游新需求。

1. 发展生态疗养度假村系列产品

立足区域养生资源特色，积极发展养生度假专项旅游产品，如表10-13所示。开发近郊天然氧吧体验产品，开发生态疗养、养生度假等系列休闲产品，重点开发龙山八面山牧场度假村、古丈古树山居度假村、吉首矮寨国家森林公园氧吧度假村、泸溪天桥山度假村等。以山地峡谷观光为基础，开发生态疗养、休闲体育运动、养生度假等系列休闲产品，包括矮寨山居奇观度假村等。将特色河流湿地度假与娱乐养生康体融合，建设水上度假村和河滩游乐场，开发休闲疗养、水上（洲）游乐体验等度假产品，开发温泉度假村等高档次养生产品，重点开发龙山捞车河土家水上画廊、吉首—泸溪武水湿地度假村、永顺不二门温泉度假村、花垣古苗河—紫霞湖湿地公园等产品，见表10-13。

表 10-13　　　　　　　湘西州主要生态疗养度假产品类别

项目形式	项目设计	旅游景点（区）示例
休闲度假基地	以山地峡谷观光为基础，享受古树与特种树景观，体验近郊天然氧吧，开发生态疗养、养生度假等系列休闲产品	龙山八面山牧场度假村 古丈古树山居度假村 吉首矮寨国家森林公园 泸溪天桥山度假村
特色河流湿地度假与娱乐养生康体融合	建设水上度假村和河滩游乐场，开发休闲疗养、水上（洲）游乐体验等度假产品，开发温泉度假村等高档次养生产品	龙山捞车河土家水上画廊 保靖碗米坡酉水画廊 吉首—泸溪武水湿地度假村 永顺不二门温泉度假村 花垣古苗河—紫霞湖湿地公园

2. 开发民族医药养生疗养系列产品

推动民族医药产业与旅游市场深度结合，建设片区民族医药养生度假村，推出一批以民族医药文化传播为主题，集苗医药康复理疗、养生保健、文化体验于一体的民族医药健康旅游养生示范产品。重点以苗族聚居区为核心区域，推进苗药谷、苗药山庄等旅游疗养新业态，开发湘西苗药养生疗养基地产品。以土家聚居区为核心，推进土家族医药疗养旅游业态，开发湘西土药养生疗养基地。

3. 开发有机茶叶、生态蔬果养生基地系列

依托湘西州的生态绿色产品，特别是茶叶、蔬果等农产品，开发集农事体验、观光娱乐、休闲度假、商务会展等功能于一体的生态养生主题产品。依托古丈毛尖、保靖黄金茶等产业资源优势，开发特色茶叶养生基地项目，开发要与城镇茶楼的精致化展现与体验项目相区分，保持原生态和乡土味，开发具有乡村特色的茶养生项目。依托泸溪椪柑、凤凰猕猴桃、龙山百合等生态蔬果资源，将发展较为成熟的产业连成一线，与乡村旅游结合起来，开发集美食品鉴、养生休闲于一体的特色生态蔬果养生体验项目。

4. 开发民族文化养心产品

以生态资源为基础，满足部分游客从旅游到旅居的精神需要，完善基础设施，打造特色文化养心坊和静心湾，开发独具魅力的"心灵

4S"旅店等民族文化养心产品系列,为游客提供陶冶情操、平复心境、抛弃烦恼的场所。重点建立湘西养心基地,体验长寿生活,探寻养生秘诀,重点开发泸溪达岚岩门古堡、凤凰香炉山苗寨等长寿村系列产品。

第十一章 保护规划

一、强化旅游村寨的生态环境保护

环境是旅游的基础。要加强对与乡村旅游相关的自然生态环境进行保护，包括大气环境、水环境、山体植被、村寨人居环境进行保护，对自然保护区、生态公园等进行保护（见表11-1至表11-5）。

表11-1　　　　　　　湘西州国家级保护区、生态公园

序号	称号	名称
1	国家生态文化保护区	武陵山（湘西）土家族、苗族文化生态保护实验区
2	国家地质公园	乌龙山、红石林、凤凰
3	国家湿地公园	峒河湿地公园、古苗河湿地公园、泸溪武水湿地公园
4	国家森林公园	不二门、矮寨、南华山、坐龙峡
5	国家自然保护区	小溪、高望界、白云山

表11-2　　　　　　　湘西州国家级文物保护单位

序号	保护单位	地区	序号	保护单位	地区
1	溪州铜柱	永顺县	6	湘鄂川黔革命根据地旧址	龙山县
2	老司城遗址	永顺县			永顺县
3	里耶古城遗址	龙山县	7	里耶大板东汉遗址与墓葬	龙山县
4	凤凰古城堡	凤凰县	8	魏家寨西汉古城遗址	保靖县
5	沈从文故居	凤凰县	9	四方城遗址	保靖县

序号	保护单位	地区	序号	保护单位	地区
10	不二门遗址	永顺县	12	里耶麦茶战国墓群	龙山县
11	羊峰古城遗址	永顺县	13	乾州文庙	吉首市

表 11-3 　　　　　　　　湘西州省级文物保护单位

序号	保护单位	县市	序号	保护单位	县市
1	乾州文庙	吉首市	23	谢家祠堂红军标语	永顺县
2	潕溪书院	吉首市	24	羊峰古城遗址	永顺县
3	中黄村古建筑群	吉首市	25	双凤村古建筑群	永顺县
4	罗荣光故居	吉首市	26	永保县革命委员会旧址	永顺县
5	湘川公路矮寨坡段	吉首市	27	湘鄂川黔省革命委员会旧址	永顺县
6	九福堂	吉首市	28	不二门遗址	永顺县
7	杨岳斌故居	吉首市	29	郭亮县革命委员会旧址	永顺县
8	老司岩民居	古丈县	30	黄丝桥古城	凤凰县
9	岩排溪古建筑群	古丈县	31	朝阳宫	凤凰县
10	湘鄂川黔省革命委员会旧址	龙山县	32	熊希龄故居	凤凰县
11	里耶古城遗址	龙山县	33	天王庙	凤凰县
12	洗车河古建筑群	龙山县	34	麒麟屯古城堡遗址	凤凰县
13	升万茂染坊	龙山县	35	湘西明清边墙	凤凰县
14	葛元记国药铺	龙山县	36	田兴恕故居	凤凰县
15	李同发商号	龙山县	37	凤凰文庙	凤凰县
16	麦茶古墓群	龙山县	38	三潭书院	凤凰县
17	大板古城遗址	龙山县	39	陈氏（陈开甲、陈斗南）宅院	凤凰县
18	瞿家大院	龙山县	40	凤凰古城楼	凤凰县
19	捞车河古建筑群	龙山县	41	田氏宗祠	凤凰县
20	祖师殿	永顺县	42	沈从文墓	凤凰县
21	土家族土司古墓群	永顺县	43	沈从文故居	凤凰县
22	十万坪大战指挥部旧址	永顺县	44	虹桥	凤凰县

序号	保护单位	县市	序号	保护单位	县市
45	杨氏宗祠	凤凰县	54	岩门古堡寨	泸溪县
46	天后宫	凤凰县	55	京兆堂	泸溪县
47	茶峒古码头	花垣县	56	能滩吊桥	泸溪县
48	黄瓜寨乾嘉苗民起义旧址	花垣县	57	保靖古军事屯堡群	保靖县
49	老卫城遗址	花垣县	58	依子卡崖墓群	保靖县
50	边城镇龙家大院	花垣县	59	四方城	保靖县
51	高山坪古驿道	泸溪县	60	魏家寨古城遗址	保靖县
52	桐木垅古墓群	泸溪县	61	黄金古茶园	保靖县
53	浦市镇古建筑群	泸溪县	62	洛浦古城遗址	保靖县

表 11-4   湘西州国家级非物质文化遗产名录

序号	项目名称	项目类别	备注说明
1	土家族打溜子	传统音乐	第一批
2	土家族摆手舞	传统舞蹈	第一批
3	湘西苗族鼓舞	传统舞蹈	第一批
4	湘西土家族毛古斯舞	传统舞蹈	第一批
5	辰河高腔	传统戏剧	第一批
6	土家族织锦技艺	传统技艺	第一批
7	苗族银饰锻制技艺	传统技艺	第一批
8	土家族梯玛歌	民间文学	第二批
9	酉水船工号子	传统音乐	第二批
10	湘西苗族民歌	传统音乐	第二批
11	土家族咚咚喹	传统音乐	第二批
12	凤凰纸扎	传统美术	第二批
13	踏虎凿花	传统美术	扩展名录
14	蓝印花布印染技艺	传统技艺	扩展名录
15	苗族服饰	民俗	扩展名录
16	盘瓠传说	民间文学	第三批

序号	项目名称	项目类别	备注说明
17	土家族哭嫁歌	民间文学	第三批
18	苗画	传统美术	第三批
19	土家族吊脚楼营造技艺	传统技艺	第三批
20	苗族四月八	民俗	第三批
21	土家年	民俗	第三批
22	苗族古歌	民间文学	扩展名录
23	苗族挑花	传统美术	扩展名录
24	苗医药（癫痫症疗法、钻节风疗法）	传统医药	扩展名录
25	苗族赶秋节	民俗	第四批
26	土家族山歌	传统音乐	第四批

表 11-5　　　　　　　　**湘西州省级非物质文化遗产名录**

序号	项目名称	申报地区或单位	项目类别
1	苗族古老话	花垣县	民间文学
2	苗族歌谣	花垣县	民间文学
3	土家族梯玛神歌	龙山、永顺、保靖、古丈	民间文学
4	土家族山歌	保靖县	民间文学
5	土家族哭嫁歌	永顺、龙山、保靖、古丈	民间文学
6	土家族挖土锣鼓歌	古丈县、龙山县	民间文学
7	土家族摆手歌	古丈县、龙山县	民间文学
8	盘瓠与辛女传说	泸溪县	民间文学
9	苗族傩歌	吉首市	民间文学
10	蚩尤传说	湘西州	民间文学
11	湘西苗族民歌	吉首市	传统音乐
12	土家族咚咚喹	龙山县	传统音乐
13	酉水船工号子	保靖县	传统音乐
14	湘西土家族民歌	湘西州	传统音乐
15	劳动号子（酉水船歌）	龙山县	传统音乐
16	湘西苗族接龙舞	吉首市、花垣县	传统舞蹈

序号	项目名称	申报地区或单位	项目类别
17	文武茶灯	凤凰县	传统舞蹈
18	湘西土家族铜铃舞	保靖县	传统舞蹈
19	苗族绺巾舞	花垣县	传统舞蹈
20	苗族团圆鼓舞	古丈县	传统舞蹈
21	湘西自治州阳戏	凤凰县、吉首市	传统戏剧
22	苗戏	花垣县	传统戏剧
23	龙山木偶戏	龙山县	传统戏剧
24	湘西三棒鼓	龙山县	曲艺
25	踏虎凿花	泸溪县	传统手工技艺
26	湘西苗族服饰	湘西州	传统手工技艺
27	凤凰蓝印花布	凤凰县	传统手工技艺
28	凤凰纸扎	凤凰县	传统手工技艺
29	苗族武术	花垣县	传统体育、游艺与杂技
30	苗家八合拳	古丈县	传统体育、游艺与杂技
31	土家族过赶年	永顺县	民俗
32	乾州春会	吉首市	民俗
33	土家族舍巴日	湘西州	民俗
34	苗族椎牛祭	湘西州	民俗
35	苗族赶秋	花垣县	民俗
36	苗族赶秋节	吉首市	民俗
37	苗族四月八节	吉首市	民俗
38	古丈跳马节	古丈县	民俗
39	苗族跳香	泸溪县	民俗
40	苗族接龙	吉首市	民俗
41	八部大王祭	保靖县	民俗
42	湘西苗族服饰绘画	保靖县	传统美术
43	浦市窨子屋建筑艺术	泸溪县	传统美术
44	土家族转角楼建筑艺术	永顺县	传统美术
45	湘西木雕	永顺县	传统美术

序号	项目名称	申报地区或单位	项目类别
46	塔卧石雕	永顺县	传统美术
47	杨柳石雕	泸溪县	传统美术
48	土家族竹雕	龙山县	传统美术
49	湘西苗绣	花垣县、凤凰县	传统美术
50	湘西苗族挑花	泸溪县	传统美术
51	泸溪傩面具	泸溪县	传统美术
52	湘西木雕（苗族木雕）	泸溪县	传统美术
53	苗族花带技艺	花垣县	传统手工技艺
54	湘西土陶制作技艺	龙山、永顺、保靖	传统手工技艺
55	竹编技艺	永顺县、保靖县	传统手工技艺
56	古丈毛尖茶制作技艺	古丈县	传统手工技艺
57	酒鬼酒酿制技艺	湘西州	传统手工技艺
58	保靖松花皮蛋制作技艺	保靖县	传统手工技艺
59	凤凰扎染技艺	凤凰县	传统手工技艺
60	水冲石砚	吉首市	传统手工技艺
61	湘西苗医苗药	花垣县、凤凰县	传统医药
62	小儿提风疗法	永顺县	传统医药

（一）坚持群治联动的可持续保护原则

1.建立保护体系：可持续发展

严格遵守国家环境保护政策法规，坚持环境第一，实现政府主导、村民游客为主体的保护机制，形成水环境、地表环境、大气环境综合保护的立体保护系统，确立谁破坏谁担责、谁治理的开发制度。合理开发、适度利用，确保生态旅游资源的有序开发和可持续发展。

2.群防群治：全民保护

充分发挥村民自治作用，提高村民参与生态环境保护中的积极性。确立环保理念，开展环保宣传教育活动，配套环保设施，积极开展环保知识普及，增强游客及村民自觉保护旅游环境的意识。

3. 塑造精品：打造优质生态乡村旅游示范点

确立精品线、精品村、精品点，重点抓好精品村、精品点的生态环境建设，做好精品线的"四沿"景观带建设，形成绿色生态景观长廊，提高精品率。每个县市确定 4～8 个环境保护示范村，每个县确定 1～2 条精品线。

4. 地域联动发展：酉水流域—沅水流域—湘西各县市

在酉水流域保护中，与湖北省恩施州来凤县、宣恩县，重庆市黔东南酉阳县、秀山县形成区域联动保护机制，积极推进酉水流域保护和利用的深度合作。积极推动与怀化市的沅水流域保护开发的协作机制。与在州内，形成统一的环境保护机制，制定统一的保护措施和保护政策，形成八县市地域联动的保护格局，为湘西州乡村旅游提供良好的生态旅游环境。

（二）实施乡村清洁能源工程，保护空气环境

调整乡村燃料结构，推广使用清洁能源，如电、液化气、沼气等，尽量避免使用产生粉尘量大的烟煤、薪柴等。严格控制、监督农家乐饭店、乡村民宿的厨房油烟排放，强制安装油烟净化装置。加强农村卫生厕所改造，定期处理粪便异味源头。坚持畜禽养殖与居室分离建设，防止畜圈禽舍臭味的影响。停车场应与村寨保持一定的距离，防止汽车尾气对村寨的污染。推广清洁能源交通车的使用，倡导绿色观光车，推行步行、自行车旅游交通形式。

（三）跨区域联动保护乡村水体资源

建立与湘西州周边地区的联系与联动机制，对酉水流域、沅水流域进行跨区域保护，实现区域联动保护，制定统一的保护标准和保护措施。加强龙凤酉水生态文化旅游画廊、龙凤酉水河综合治理工程建设，积极与重庆市酉阳县达成酉水保护共识，推动湖北恩施、重庆酉阳、湖南湘西三地酉水流域的联动保护。推动湘西州、怀化市两地沅水流域的协作治理。乡村旅游的开发要贯彻"两整治一保障"，即溪流河道整治、湖泊水库整治和水资源安全保障相协调。加强对河道、湖泊水库的环境整治清理工作，做好水岸绿化工作。建立河道、水库定

期巡视制度。建立保洁队伍，落实保洁人员和保洁船只，确保了河道、水库长效保洁工作的正常开展。如龙山县长春村长潭河、长潭水库、古丈县毛坪村栖凤湖、永顺县那必村卡科塘、道奇龙水库等。加强乡村饮用水源地保护，完成旅游村寨饮用水源保护区的划分，水源保护区范围内禁止一切有可能影响水源、水质的旅游活动，确保饮用水源保护区内无污染源。保护和改善地表水域。湘西州乡村旅游点多面广，首批44个旅游村寨涉及的水域，涵盖了酉水流域、武水流域、沅水流域的水系。保护中，加强河道的清淤工作，加强对加工污水、生活污水的管理，制定严格的管理措施，确保污水不入河。

（四）严格实施封山育林，严防毁林造林

对重点树木实施针对性保护措施，实施对古树专门保护，悬挂标识牌，注明树种及树龄。重点是保护沅水、酉水沿岸森林、保靖县吕洞山片区古树林、永顺县双凤村古松柏林等。严禁任意砍伐山林、破坏草地以及乱挖中药材，严禁偷捕盗猎国家保护的野生动植物。禁止毁林开荒、毁林采石等毁林行为，设立警示牌，确定看护员。积极营造人工林，加大植树造林、绿化荒山、绿化廊道建设的力度。坚持生态公益林建设，鼓励农民加快经济林建设，突出绿色乡村的原生态特征。加强对乡村茶园的保护，优化茶叶生产环节，做到无公害化。推广应用生物技术防治病虫害，广泛使用农家肥，减少化肥使用量，减少对土地和水源的污染。确立保靖县的黄金茶生产基地、古丈县的毛尖茶生产基地为首批保护基地。

（五）整治和美化乡村人居环境

积极推动"同建同治"工程开展。各村制定保护村寨环境的乡规民约，确定每年的3月为"村庄环境整治月"，开展环境集中整治活动，保证旅游旺季的生态环境和形象。落实专职保洁员，保证待遇，全天候轮班保洁。实施旅游村寨"环保星级户"工程，组织文明卫生先进村及农户评比。加快村寨环境基础设施建设，合理设置垃圾箱、提示标识，垃圾要随时清除。完善农户、农家乐和乡村民宿污水处理设施的排放污水网络，彻底改变垃圾遍地、污水横流的现象。清除或整治与村寨整体建筑风格不相协调的建筑物和设施。加强对公共厕所

整治，采用湘西民族建筑风格修建。山体景观不得随意改变，不得任意开山取石、取土。注意对村庄的整体的视觉污染的整治，保持村寨建筑的总体风格和完整性。

（六）妥善处理乡村固体废弃物

在乡村旅游的村民聚居点和主要旅游设施分布区域，新建垃圾转运站，道路沿线，需设置垃圾收集装置，居民生活垃圾和游客旅游垃圾，经收集后运往景区外处理。实施固体废弃物无害化工程，严禁固体废弃物沿江河排放和向水体排放。成立专门的卫生保洁人员队伍，负责监督部分游客的不文明行为，同时清理部分游客丢弃的垃圾。

二、强化旅游村寨的文化环境保护

对与乡村旅游相关的民族文化环境进行保护，包括文物、建筑群、遗址、非物质文化遗产、田园景观、农耕文化等文化资源。

（一）坚持"五有"保护原则

1. 有村有人

保持村落中原生居民持续居住，保留原住民的日常生活，防止出现"空村"现象，实现乡村建设的可持续发展。重视村民在乡村旅游中的主体地位，重视保护和挖掘民族民间艺人，保护好非物质文化遗产传承人。开创"乡村有人建、节目有人演、服务有人做、旅游有人来"的乡村旅游新局面。

2. 有房有田

保护传统古建筑和民族风格建筑，达到民居宜居、宜观要求。同时积极发展生态观光农业，保护田园景观和农耕文化。形成乡村旅游民居特色、宜居，田园景观宜游的新业态。

3. 有节有品

保护农村的聚落文化生活，增强居民的凝聚力，彰显村落的生命力。定期举办节日活动，丰富内容，创新形式，提升文化旅游品位，着力打造文化品牌，提高知名度。营造乡村文化遗产保护"有氛围、有活动、有品质"的生态大环境。

4. 有形有物

做好文化遗产产生和形成的自然环境和社会环境的整体性保护。注重乡村文化及传统文化的挖掘、整理、规划、利用和传承，保护其原生态、活态化的文化遗产。推进民间艺术特别是传统工艺产品的产业化生产和商品化经营，将文化资源优势转换为经济优势，成为新的经济增长点，推动农村经济发展。进行乡村博物馆建设。建立文化遗产保护"有内涵、有形式、有产品"的新格局。

5. 有法有序

文化开发过程中，要制定、健全文化保护法规，州政府将文化遗产立法保护列入发展总规划中。做好执法工作，在实践中对相关法律、法规进行检验，加强执法力度，对破坏文化的行为进行依法处理。确定重点保护对象，确定开发利用的对象，鼓励有序地、适度开发文化遗产资源，切忌盲目过度开发，做到循序渐进。确立文化遗产保护"有依据、有规划、有步骤"的基本原则。

（二）以生态技术保护田园景观

把田园生态保护放在突出重要的位置，保护田园的自然生态环境。严格乡村土地利用审批制度，合理规划乡村土地，对基本农田与耕地实行严格保护，禁止乱占耕地，乱挖渠道等直接破坏田园耕地的行为。因地制宜并结合乡村旅游产业的发展，适当调整种植业结构，鼓励无公害产品、绿色食品和有机食品基地建设，大力发展生态观光农业。

（三）以旅游节事活动保护农耕文化和民俗风情

深入挖掘湘西农耕文化特色，分析湘西农耕文化的发展历程及延续发展的背景。对耕作工具、生产工具以及交通工具等实物，通过建设农耕博物馆、展览馆等实施保护。对山地农耕耕作制度，通过举办乡村旅游农事体验活动和农事节庆活动，保障其延续性。如采茶、摘果、种田、种菜等农事体验，保靖县夯沙乡举办农耕节等。

湘西州节庆文化丰富，土家族的社巴节，苗族的赶秋节、四月八、挑葱会等节日富有浓郁的湘西特色，同时，节日活动中有精彩的民俗活动，如秋千、社饭、打糍粑等。根据民族文化及节气特点，通过打造乡村旅游"月主题活动"、举办大型节事庆典活动等主题形式，搭建民族文化舞台，宣传和弘扬民俗文化。

深入挖掘日常生活中体现乡村居民特色的饮食、服饰等生活方式，突出家庭生活在乡村旅游资源开发中的主体地位。在继承和发展古老民俗文化的基础上，不拘一格，推陈出新，为民俗文化注入新的活力，不断增强民俗文化的吸引力。借鉴保靖县沙湾村土家族个人博物馆的模式，在有条件的乡村设立乡村民俗博物馆。

（四）分层、分类、微创性保护古村落

对传统古村落进行微创性、分层级保护。在保持原有的村民居住场所不搬迁、建筑肌理不变的情况下，对村落建筑进行保护性修缮，对其内部结构进行微改造，注入文化旅游新元素，实现古村落保护活态化。针对不同村寨的传统建筑存续现状，制定不同的保护方案和保护措施，实施分层、分类保护，针对不同的类别和层次进行有差别的保护。针对某些建筑肌理损坏比较严重的村落，实施责地整体搬迁。针对各县市实际，依据国家文物保护法，统筹规划文物单位的保护、维护和修复工作，不断挖掘其历史文化内涵，保护并着手修复一些已毁坏的历史遗迹，增加乡村旅游观赏项目的文化内涵。对吉首市德夯村等29个中国传统村落、永顺县司城村等2个全国历史文化名村、吉首市中黄村古建筑群、古丈县老司岩民居、岩排溪古建筑群、龙山县洗车河古建筑群、捞车河古建筑群和永顺县双凤村古建筑群等省级文物保护单位予以重点保护，提取其具有历史文化意义的特色文化要素，积极寻求与乡村旅游的进一步整合。

（五）将民族工艺品和土特产开发成旅游商品

在保护传统技艺的基础上，深入挖掘传统民族工艺品的文化内涵，开发潜在的民族工艺品及土特产品。对当地居民进行民族工艺品加工制作进行培训，开发各种形式的民族工艺品交流会和展示会。注意民族旅游产品与特色产品的结合，形成独具湘西特色的土特产品。如永顺县土纸、竹编、石雕、凤凰县苗绣、锉花、花带、蜡染等。定期举

行民族工艺博览会与展销会，进行评比与评奖。

（六）通过创意开发旅游产品保护非物质文化遗产

在非物质文化遗产保护基础较好的旅游村，建立乡村非遗文化博物馆、民间艺术馆或专题展览馆，广泛收集整理非物质文化遗产及其相关实物。将资料展示与实物展示集合起来，集中展现优秀的民族民间文化遗产。可以选择龙山县捞车河村、永顺县司城村、保靖县夯沙村等作为试点率先实施。

建立非遗传习所，开发具有湘西特色的绘画、陶瓷、泥塑、雕刻、编织等民间工艺项目，开发戏曲、杂技、龙舟、舞狮、舞龙等民间艺术和民俗表演项目，打造生态游、农家乐等民俗旅游项目。在更大范围内进行非物质文化资源整合，提高经营能力，加快形成富有特色和优势的民间艺术产品系列，增添景区的人文色彩，提升景区的品位和效益，形成具有湘西特色的民间艺术旅游区。

对濒临失传的民间艺术、民族语言等，必须积极培养与确立文化传承人，确立保护村落和地区，多方吸纳传承载体，推进实施整村、整寨保护工程，实现保护的有机化发展。积极开展非遗进校园、进课堂、进社区、进单位、进广场等"五进"活动，进一步扩大非遗的影响。

第十二章 品牌营销

一、着力共推"土家探源，神秘苗乡"一个品牌

湘西州乡村旅游资源极其丰富，但旅游主题品牌不突出，未能将主品牌打响。近年来，随着景区权属的多样化，宣传口号就更加多样，直接影响了湘西州乡村旅游整体知名度的提高和游客对湘西州乡村旅游的认同，制约了乡村旅游目的地建设步伐。湘西州乡村旅游要转变宣传营销策略，把湘西自治州作为一个统一的旅游目的地对外推介，展示湘西自治州旅游的整体形象，亟须统一旅游品牌，喊响一个口号，创建湘西自治州特色乡村旅游品牌。

（一）品牌形象设计之一："世界土家源，天下苗乡美"

依托老司城世界文化遗产为核心引导旅游热点，以"世界土家源"彰显"土家探源"旅游精品线的核心价值；依托凤凰古城为核心，以"天下苗乡美"彰显"神秘苗乡"旅游精品线的核心价值。

"世界土家源，天下苗乡美"符合湘西州"神秘湘西"旅游形象的总体定位，旅游品牌符号完整。"神秘湘西"总品牌，已经运行多年，为市场所接受，省旅游局也将此作为大湘西旅游总体形象提出，不可也不必动摇，有利于给外部世界一个恒定的品牌形象。既体现了从全球文化和旅游向度中观照湘西的土家族与苗族，视野宏大，又体现了湘西是全球土家族之发源地，是全球苗族美好故乡的地理标识。从而清晰呈现"神秘湘西"品牌的文化构成，准确指向"神秘湘西"品牌之"神秘"的完整架构。让受众能简约明了地获悉"神秘湘西"的"神秘"，不是自说自话的"神秘"，而是立足于全球民族之林，有他者

作为镜像的"神秘"。

"世界土家源，天下苗乡美"，涵盖湘西旅游文化内蕴的主体性特质，旅游品牌内驱力充沛。紧密抓住武陵山片区两大民族主体土家族、苗族的资源储备，以文化生态旅游的思路，有利于为湘西乡村旅游开掘出魅力无限的发展动力。一方面，指向湘西自然生态的风光之美，指向这块孕育了土家族、苗族两大民族处处崇山峻岭、岗峦密布、崖壁峭立、溪河纵横、飞瀑奔流、溶洞峥嵘的壮美土地；另一方面，土家之源，苗乡之美，是湘西楚巫文化的立足之本，具有文化内核上的吸引力。土家族、苗族在湘西这片土地上山溪相连，比邻而居，其源远流长的民族历史、祖先文化以及神秘浪漫的宗教信仰、文化仪式、民俗习惯，还有异彩纷呈的民族艺术形式，在同一片土地上，相互辉映，和谐完满，构成了湘西乡村旅游的主体内驱力。

"世界土家源，天下苗乡美"，精准抓住湘西旅游形象的差异化吸精点，旅游品牌外推力持久。

"世界土家源，天下苗乡美"是对湘西文化特质高度清晰的概括。支撑神秘湘西旅游品牌的核心文化元素是楚巫文化，而这一文化的民族主体就是土家族和苗族。楚巫文化是湘西文化底色。数千年来，湘西土家族和苗族的祖先们就创立了这种文化，并世世代代在这种文化中生存演进。楚巫文化的本质是神秘原始和绚丽浪漫，与湖湘文化交融、碰撞之后，形成了"神秘、雄奇、烂漫、霸蛮"的特点。

"世界土家源，天下苗乡美"将楚巫文化精髓、艺术、技艺以及生活方式等，外显于湘西土家族、苗族的当下存在中，一直传续，一直旺盛。湘西非物质文化遗产存量居全省第一，构成了乡村民间思想的核心；湘西更是土家族、苗族村落集群之地，与周边地区特别是较大城市周边乡村形成强烈的差异性，具有无可争辩的识别度。"世界土家源，天下苗乡美"，融合湘西旅游资源与现代旅游新理念，旅游品牌拓展性开阔。将土家族、苗族的民族形象置于本土与全球、自我与他者的跨文化对话中，不仅仅只是一句响亮的旅游传播广告语，更是体现出现代旅游所追求的文化平等、交互体验的理念。将土家族、苗族的神秘原始，绚丽浪漫性，与当下市场心理需求存在亲和力，形成吸附力，是城市人探秘、寻幽、游学、观赏、尝新的绝佳对象。其神秘性、震撼性、娱乐性和互动性极为强烈，特别符合现代旅游"商、养、学、闲、情、奇"的新理念。

（二）品牌形象设计之二："神秘湘西，梦想家园"

将"神秘湘西，梦想家园"作为湘西州乡村游总体形象定位，总品牌语概念释义如下。

1. 神秘湘西

神秘性是湘西文化最高抽象概念。用"神秘湘西"作为湘西乡村游总品牌语基于如下考虑：一是楚巫文化是湘西文化底色，楚巫文化的特质是神秘原始和绚丽浪漫。数千年来，湘西人们就创立了这种文化，并世世代代在这种文化中生存发展。二是楚巫文化精髓和仪式技艺在湘西本土保存得比较完好。非物质文化遗产存量居全省第一，构成乡村民间思想的核心；与周边地区特别是较大城市周边乡村形成强烈的差异性，具有无可争辩的识别度。三是楚巫文化的神秘原始和绚丽浪漫性，与当下市场心理需求存在亲和力，形成吸附力，是城市人探秘、寻幽、游学、观赏、尝新的绝佳对象。其神秘性、震撼性、娱乐性和互动性极为强烈，特别符合旅游"商养学闲情奇"新理念。四是"神秘湘西"概念已经运行多年，早为市场所接受，省旅游局也将此作为大湘西旅游总体形象提出。这是湘西给外部世界的一个明晰、持久的印象，不可动摇。

2. 梦想家园

"梦想家园"是湘西乡村游的总体形象定位，它从属于"神秘湘西"总概念，是延展性概念，基于如下考虑：一是"梦想"作为湘西旅游特征定位。湘西作为古楚之地，充满着神秘性。特别是与儒家"温柔敦厚"和"敬鬼神而远之"的文化精神形成鲜明对比的，是"敬神事鬼"的浪漫主义精神，充满着梦幻和想象，是中国传统文化中最具想象力的文化。"想象"是湘西区域文化性格中鲜明存在的特征，以屈原为代表的楚辞就开启了中国浪漫主义源头。想象就是人类的一种梦想，是对理想世界的一种追求。"神秘湘西"作为主品牌，"梦想家园"作为副品牌，正好相得益彰，使在都市紧张打拼，心身疲惫的游客，到神秘湘西，寻找梦中家园，享受梦幻世界。这是从市场心理欲求和湘西文化性格对接后，寻找到的最适合准确的定位。二是"梦想"是中华文化性格的一种重要标志。梦是中华文化中重要的心理特征。中国古代文化中充满丰富的"梦想"资源。正是追梦的强烈感召性，中华民族一刻也没有停止追梦。特别是近现代以来，仁人志士的强国之梦，振奋国人前仆后继的百年追求。当前，习总书记的"中国梦"，正掀起又一轮大国追梦征程。强调"梦想"，能够满足两种不同层次的心理需求：满足生命的价值需求。重点在感觉层面上，通过对身体各种官能的刺激，通过乡村游，实现愉悦、兴奋、激动、舒适、放松，从而将心灵送达到梦想天地。满足思维的想象需求。重点在精神上，通过对精神思想观念的交融，达到精神层面的养心、养性、怡情、激越、放飞，实现精神层面的自由境界。这个境界一定是快乐的、开心的。三是"家园"是相对公园、乐园更具有亲情感的概念。乡村游说到底，就是以一种旅游方式，吸引游客回归到农村，回归人类原始质朴的山川大地。"公园"总体称呼不错，但是，公园概念更多指的是城市公众休憩的地方。"乐园"也不错，但是，它一样既包括城市也包括乡村，指向性不够明确。"家园"是一种精神概念，一切寄托怀旧理想的地方都可称家园。自古以来，家园就是人们的精神圣地。这也就是我们湘西乡村游选择"家园"的理由。把"梦想"和"家园"结合起来，就构成了城市人群心理救赎的精神圣地。

二、积极瞄准乡村旅游主流客源市场

湘西州乡村旅游的发展必须形成合理的客源市场结构，建立结构合理、持续发展的市场体系。从乡村旅游发展趋势来看，州内和省内市场仍是主体市场，需要进一步的维持；省外市场为辅助市场，需要进一步的拓展。因此，湘西州乡村旅游目标客源市场的总体定位为：继续稳固本地市场，积极发展省内市场，大力拓展省外市场，注重开发高端市场，不断优化乡村旅游的客源市场结构。

（一）狠抓基础客源市场

1. 州内本地城镇客源

以湘西八个市（县）的城镇居民客源为主，出行距离一般在两小时左右。根据乡村旅游短期短途的特点，重视依托和开发就近客源，推进县城近郊及周边乡村旅游项目建设和产品开发，形成环城市近郊的乡村旅游游憩区，使湘西农家乐成为周边城市居民周末度假和平时休闲的重要选择。

2. 州内景区溢出客源

以湘西州各核心景区的外溢游客为主。由于本地城镇客源有限，州内景区的外地游客也是湘西州乡村旅游的基础客源，要继续宣传和促销，吸引这些游客到乡村旅游。

（二）拓展重点客源市场

湘西州要结合城市周边、名胜景区附近以及特色农业产业、旅游小城镇等，引导当地农民发展乡村旅游业，开发农村特色资源，形成乡村旅游产品体系，引导近程城镇居民（4小时内）利用双休日和节假日参与农村休闲旅游活动。

1. 周边景区溢出客源

近期充分利用好张家界——凤凰黄金旅游走廊的效应，中远期（利用包海高铁优势）做好桂林景区的游客宣传，设计更好的互补性产品，吸引这些游客到湘西享受田园美景和民族风情。

2. 省内中心城市客源

要充分利用作为长、株、潭"5+3"城市群（包括怀化、邵阳）的后花园的优势，重点做好以长、株、潭为主的省内客源市场，使之成为湘西州乡村旅游客源的核心主体。

3. 周边重点城市客源

做好邻近大城市的营销，设计专项产品，重点吸引重庆、铜仁、贵阳、宜昌、荆州等周边大城市和所属县城的城市游客到湘西度假休闲。同时，利用好湘西的机场优势，做好广东和广西城市群市场的宣传。

（三）开发机会客源市场

作为中国的绿心，乡村旅游是湘西州的核心旅游产品，远程游客主要针对国内的各大城镇群展开，包括以珠三角城镇群为核心的华南市场，以成渝城市群为核心的西南市场，以武汉城市圈为主的华中市场，以长三角为主的华东市场，以环渤海为主的华北市场。

1. 周边城市群客源

利用好距离优势，重点吸引成渝、武汉城市群游客到湘西体验民族风情。要继续加大对该地区的市场促销力度，培植特色的乡村旅游品牌，向该地区推出具有品牌吸引力的旅游产品，刺激该市场的乡村旅游需求，使该市场成为乡村旅游客源市场的重要增长点。

2. 远程城市群客源

对于远程游客，做好珠三角、长三角、环渤海、西北城市群市场开发。通过主体市场推广策略和市场拓展策略，加强省外乡村旅游市场的开发力度，逐步形成省外的旅游市场影响力。

（四）挖掘特殊客源市场

随着国家大力推进乡村游，一二线城市的乡村游具有得天独厚的条件，成为吸引乡村游客户的重要市场。这种状况对条件比较落后的边远山区形成相当大的压力，如果湘西乡村游不针对服务对象在服务品质上高标准定位，就会失去市场竞争力。从提高服务水平这个目标出发，湘西乡村游一定要多层化打造：一是基本底线层。所有乡村游的服务条件打造，一定要符合当代人们的基本需求。道路的通达性，通信的便捷性，网络的覆盖性，住宿的舒适性，盥洗方便的卫生性，餐饮食品和生命财产的安全性等，都必须满足当代城市人群的基本需求。二是目标主体层。根据乡村旅游对象的主体需求，乡村游服务应该对层次进行打造，使每一个层面的服务水平达到本层次的最高水准要求。

1. 挖掘湘西州乡村旅游的国际入境旅游市场潜力

着力打造面对国际人群，具有国际水准的乡村游。这是扩大湘西影响力的重要标志，是打造湘西国家生态文化公园的重要支撑。这类乡村遴选主要条件是交通网络迅捷性强、文化形态原生性高、风光环境独特性奇。这类乡村建设主要指标是遵循国际惯例，参照国际乡村游的标准进行建设。这类乡村旅游最高目标是：有一定的国际影响力，能够进入国际山区森林度假休闲视野人群，成为国际人群重要的旅游目的地之一。

2. 挖掘湘西州乡村旅游的国内特殊人群需求潜力

湘西自然山川地貌构型奇特，生物资源繁杂多样，民族文化形式独异，这是吸引特殊爱好者的天堂。乡村游打造必须在这些领域加强创意规划，将探险、研学、亲子、寻异、养生等特殊追求的人作为目标人群，并将这些需求融进乡村游的建设规划中。凌空项目，如滑翔、跳伞、蹦极、攀岩、速降、翼装飞行等，要根据条件，规划好凌空项目营地。山地项目，如汽车越野、漂移；自行车越野、竞技；登山、徒步、狩猎、露营、野外定向、草地滑雪、洞穴探险等。河流项目，如溯溪、漂流、垂钓、潜水、滑水、水上摩托、皮划艇穿越峡谷等。这些户外体育休闲运动虽然针对的是少数有特殊要求的人群，但是，休闲体育运动代表着乡村游的时尚水平，是产生重大影响力的项目。因此，湘西乡村游一定要针对有条件的地方，努力打造适合户外休闲运动项目村落。

三、构建科学合理的营销策略体系

（一）多元主体协同营销策略

建立政府公共宣传推介、企业商业专题推介、村寨自身特色推介、社会个性游览推介体系，有意识引导外地主体帮助推介。充分利用营销人员针对性强、感知性强、互动性强、灵活多变、生动具体的优点，直接让营销人员去传播品牌，开展上门销售、巡回展销、现场订货会、演出宣传、超市专柜专卖、厂派销售点等多种形式的推广促销行动。

强化多元主体的协同。建立政府主导、部门联合、政企联动的营销机制和旅游营销组织结构。以"巩固国内市场，开拓国际市场，培育高端市场"为目标，设立专门的协调和推广促销机构，统一计划、统一部署营销工作。加强政府宣传和企业营销的有机结合，实现市、县、部门、企业之间宣传营销的一体化。为打造湘西州乡村旅游的整体品牌，全州范围内建立统一的营销体系，规范各景区（点）的营销行为。组建湘西州乡村旅游集团公司，对全州乡村旅游产品统一打造包装，统一组合线路，统一宣传促销，统一财务结算，从而实现整合旅游资源、规范旅游市场秩序、拉长旅游产业链条、化解旅游业发展矛盾的目的，最终实现统一营销。

（二）平台多样化策略

建立以新型移动互联网和电脑网为主体，以报纸、期刊、影视、画册、宣传单、户外广告牌并重的推广平台。充分利用报纸、杂志、海报、邮件等静态媒体的价格低廉、可储存、传播面较广、有针对性传播等特点，进行营销推广。通过报纸广告、杂志广告、附送广告、邮件购物、广告式订单、街头海报、体育场广告牌、城市巨幅广告等手段，打造视听动态载体和纸质静态载体平台，推出系列摄影、歌曲、故事会、文学创作、舞蹈等多种营销载体，通过营销平台和渠道投放出去（见表12-1）。

表 12-1 　　　　　　　　　　湘西州乡村旅游促销的渠道

计划分类	主要手段、内容或渠道
广告促销计划	电视：旅游卫视、湖南卫视及周边县市地方台 报纸：《中国旅游报》《湖南日报》及周边地区晚报 广播：周边县市人民台、经济台、音乐台、娱乐台、交广台等 杂志：《旅游派》《中国旅游》《时尚旅游》等 户外：高等级高速公路、国道、省道、机场和火车站 网络：湘西旅游信息网、全国旅游网湖南链接等
旅行社促销计划	近期重点邀请本省及周边旅行社考察、踩点，推广产品 中期邀请长三角、珠三角、环渤海等地旅行社考察、踩点，推广产品
出版宣传品计划	乡村旅游形象 VI 手册和乡村旅游产品手册折页 乡村旅游指南、电视宣传片和海报 DM 宣传单及其他平面广告（门票、纪念票、明信片、个性化邮票等）
产品推荐会计划	长、株、潭：小型展示会 成渝城市群：新产品推介会 珠三角地区：新产品推介会 长三角地区：新产品推介会 北京：中国旅游交易会

计划分类	主要手段、内容或渠道
节庆活动 计划	土家族和苗族民族传统节日 农事民俗节 鼓文化节等创意新的节庆 体育赛事
网络促销 计划	在湘西旅游信息网上设计专门的乡村旅游网页，及时更新 设计专门的湘西乡村旅游网页，及时更新 将湘西乡村旅游网纳入中国和国际旅游网页

（三）"互联网＋乡村旅游"策略

2015 年的州政府工作报告中首次提及"把以互联网为载体、线上线下互动的新兴消费搞得红红火火"，明确了"互联网＋"的重要性，从最新的数据来看，2014 年移动网络用户已超过 5.8 亿，远远超过了固定网络用户。乡村旅游发展中必须重视移动网络设施建设，加快智慧旅游实施进程，通过移动网络媒体平台，多层次立体化地进行乡村旅游营销。要全面普及智慧旅游，设置无处不在的乡村 WiFi，给游客出行带来更好体验，也为旅游消费者降低旅游成本（见图 12-1）。

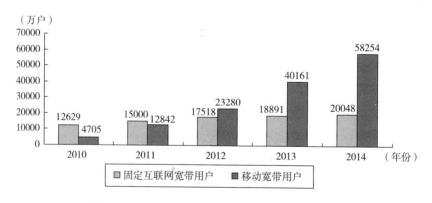

图 12-1　2010 ～ 2014 年中国互联网用户变化

利用互联网提供的多种服务，如网上调查、电子布告板、电子邮件、电子刊物等进行形式多样的旅游调查活动及促销活动。将互联网与乡村旅游线路柔性设计体系、旅游产品柔性制造系统相结合，促进旅游产品订制营销的发展，充分体现和满足个性化旅游的需要。在信息化系统支持下，实现旅游产品的量身定做，实现"一人一线一钱"的新型旅游模式。

建立营销型网站：从网站结构、视觉风格、网站栏目、页面布局、网站功能、关键字策划、网站搜索引擎排名等方面，结合产业园特色进行营销。

进行整合传播推广：以百度等搜索引擎的排名优化、微信营销、博客营销、微博营销、论坛营销、知识营销、口碑营销、新闻软文营销、视频营销、事件营销、公关活动等病毒整合传播推广。

投放网络广告：在湘西生活网、湖南门户网等社会服务类网站，在搜狐、网易等国内知名门户网站，在淘宝、京东等电子商务网站和途牛、携程等专业旅游网站，制作特色广告，按产品特点、网站类别进行投放。

数据监控运营：利用网络数据进行网站排名监控、传播数据分析、网站访问数量统计分析、访问人群分析、咨询统计分析、网页浏览深度统计分析、热门关键字访问统计分析。

（四）主题创意化策略

立足创意，利用多种推广手段，在不同阶段从不同角度演绎湘西乡村旅游核心主题，形成密集轰炸效应。策划推出一批特色旅游演艺节目、歌曲和影视作品。举办各种类型的大型文化节庆会展活动，通过节庆会展活动造势，促进旅游市场主题性、系列化发展。整合宣传力量，策划重大旅游推介活动，举办影视论坛、影视名人湘西行等系列活动，把湘西自治州创建成在全国最有影响力的影视拍摄基地之一。举办民族美食、民族服饰、民族工艺品博览会，深化媒体宣传推介，提高湘西自治州乡村整体旅游形象质量和知名度，扩大旅游客源市场占有份额。

坚持连续推介，注意持久性；坚持差异推介，打特色营销牌。采用"一村一品"营销形式，创造核心竞争力，根据品牌建设不同阶段，采用适合湘西乡村旅游各个村寨不同的策略。做到"愿意湘西乡村游、喜欢湘西乡村游、推荐湘西乡村游，吸引新游客、抓稳老游客、不断扩大游客圈"。对湘西乡村旅游各个村寨进行广泛深入的宣传推广，突出"一村一品"这一核心竞争力，与同类产品产生差异化竞争优势，不断抢占市场份额。做好形象品牌营销工作，加强旅游网络平台建设，积极参与各类旅游产品博览交易会，组织举办赶秋节、社巴节、银饰节、苗鼓节等旅游节会活动，充分展示土家族苗族传统文化和民间习俗，不断扩大神秘湘西游的知名度，树立湘西州目的地整体形象。病毒式营销，利用网站提供免费电子书、各种免费软件、文档、免费Flash作品、免费贺卡等可以为用户获取信息、使用网络服务、娱乐等带来方便的工具和内容。差异化营销，针对不同人群需求的特征，推出差异化的营销策略。多媒介立体化营销，充分利用微信、微博、微刊等移动互联网技术的优势，加快营销传播方式的创新，建立立体化多媒介营销体系。

（五）产品促销细分策略

不同的产品有不同的定位和目标市场，不同的市场可以实施不同的营销手段。湘西州各个旅游村寨都要制作自己的旅游指南和旅游地图，贴近游客需求，打造成为旅游纪念品。乡村旅游客源市场的另一个层面定位是对针对不同的乡村旅游产品类型，进行对应的市场细分，这样能够获得直接的客源（见表12-2）。

旅游产品促销手段可以有：（1）路牌促销。在城市的主要市场干道悬挂路牌广告，以吸引尽可能多潜在旅游者的关注。（2）时段促销。在周末前夕，有针对性地开展促销活动，激发都市人群对田园生活体验的向往。（3）研学促销。与学校合作，研学旅行、夏令营、冬令营纳入中小学教育范畴，组织学生参与劳作、农事活动及乡土文化、民族文化展示、表演活动。（4）分时促销。针对空巢家庭，开展乡村旅游房产的推荐活动，引导乡村分时度假消费。（5）节庆促销。针对劳动节、妇女节、教师节、父亲节（母亲节）等，对企事业单位的劳动者、妇女、教师、老人进行价格优惠或服务优惠营销，或发放消费积分卡。（6）社团促销。组织自驾车乡村旅游团，或乡村俱乐部。（7）创意促销。办好各种集会和节庆活动，如油菜花节等，以及各种民族节日。

表 12-2　　　　湘西州乡村旅游产品促销内容、区域与时机

产品系列	主要内容	促销目标区域				宣传时机
		省内	国内	海外	市场定位	
特色生态观光产品	自然风景观光和农业生态观光	州内县城，省内大中城市	渝、黔、鄂、川城市群及珠三角、环渤海、长三角等城市群	兼顾	大众化市场	周末前夕；以清明节、五一、十一前 $1\sim2$ 个月进行；以各种国际、国内、省内的大型活动为契机进行；以春夏秋冬四个季节为主分别推出
特色农事体验产品	农事与农俗体验	州内县城，省内大中城市	渝、黔、鄂、川城市群及珠三角、环渤海、长三角等城市群	兼顾	中高收入家庭，有特殊兴趣的中高消费者（省内）；个性化市场（国内和海外）	
乡村休闲度假产品	农庄休闲产品、康体疗养产品、农事体验产品	州内县城，省内大中城市	渝、黔、鄂、川城市群及珠三角、环渤海、长三角等城市群	兼顾	中高收入家庭的周末度假、银发族、公务商务人员（省内）；中高档消费人群避暑，商务及度假（国内）	
乡村文化体验产品	历史文化体验、民族民俗文化体验	长、株、潭，大中城市居民	渝、黔、鄂、川城市群及珠三角、环渤海、长三角等城市群	兼顾	有特殊兴趣的中高消费者（省内）；个性化市场（国内和海外）	

（六）三维全景营销策略

三维全景也称为全景环视或 360 度全景，是一种运用数码相机对现有场景进行多角度环视拍摄，然后进行后期缝合并加载播放程序来完成的一种三维虚拟展示技术。三维全景通过捕捉 360 度范围内真实场景的图像信息，整合多媒体技术手段，形成三维全景实景虚拟技术，用户只需使用鼠标即可控制实景图像放大缩小，在三维场景范围内任

意角度随意拖动观赏，真正让景点景区"活"起来，漫游其中，犹如身临其境。

分步开发乡村旅游三维全景系统。积极投资建设三维全景硬件支持平台，把景点真实场景数字化，开发整合音乐、导游解说等多媒体手法为一体的高清晰度三维全景虚拟导览系统，实现全州重点旅游村寨三维全景化。

建立乡村旅游三维全景信息平台投放。通过建立网站、搜索引擎营销、E-mail营销、投放网络广告、微信、微博推广等方式，打造全面的网络媒体，为旅游提供大量的旅游信息介绍。最大限度地满足目标观众的信息了解需求，起到最佳的信息传递效果，使观众产生兴趣，做到宣传展示有效果、有价值。

第十三章 乡村旅游扶贫

以 2014 年 11 月国家发展改革委等七部委联合发布的《关于实施乡村旅游富民工程推进旅游扶贫工作的通知》为标志，国家将乡村旅游作为解决扶贫问题的重要抓手，出台了一系列政策措施推动乡村旅游扶贫工程；2016 年的政府工作报告首次将旅游工作单独列出，2016 年 10 月，国家旅游局印发乡村旅游扶贫工程行动方案；国家旅游局局长李金早强调："旅游扶贫是乡村旅游工作的重中之重，必须要举全行业之力，从资金项目、人才培训、政策扶持、宣传促销等方面加大倾斜和支持力度"。

乡村旅游已成为中国农民就业增收、农村经济发展、贫困人口脱贫的主战场和中坚力量。习近平总书记 2013 年在花垣县十八洞村提出"精准扶贫"的重要指导思想以来，湘西州的旅游扶贫进程逐步加快，旅游产业的扶贫效应日益显现。省委书记杜家毫在湘西州调研中强调把脱贫攻坚作为当前头等大事和第一民生工程抓紧抓好，在打造全域旅游基地中找准发力点和突破口。中共湖南省十一次党代会明确提出湖南要建设全域旅游基地，打造国内外著名旅游目的地；作为习近平总书记"精准扶贫"战略思想首倡地，全省脱贫攻坚的主战场，乡村旅游扶贫也是湘西州实施旅游扶贫的重要突破口。

一、明确乡村旅游扶贫思路与原则

国家乡村旅游扶贫工程观测中心的观测数据显示：2015 年贫困村乡村旅游从业人员占贫困村从业总人数的 35.1%，乡村旅游带来的农民人均收入占当地农民人均年收入的 39.4%，贫困村通过乡村旅游脱贫人数占贫困村脱贫总人数的 30.5%，占全国脱贫总人数的 18.3%。湘西州作为湖南省扶贫攻坚的主战场，具有发展乡村旅游产业的天然优势，实施乡村旅游精准扶贫的潜力巨大。乡村旅游扶贫的实施过程中，可以借鉴国家旅游局局长李金早的思路，通过旅游与相关产业融合，将湘西州的生态文化资源优势转化为产品和产业优势，将传统的农业、林业、渔业等产业通过旅游变成"休闲农业、森林人家、水乡渔村"，将传统的民族文化资源变成民族文化精品演艺和旅游商品，将湘西州打造为全国乡村旅游扶贫的示范区，将十八洞村打造为全国乡村旅游扶贫的井冈山。

（一）基本思路

湘西州乡村旅游扶贫必须坚持政府主导、企业运营、居民参与、协同共赢的基本思路。政府担负乡村旅游扶贫的主体责任，强化旅游环境打造和旅游投资等优惠政策的落实；企业负责项目的实施和运营，发挥社会资本的作用，按照企业化和制度化的模式进行日常运营；必须调动居民参与的积极性，培育和提升居民的自我发展能力；强化乡村旅游扶贫的可持续性，构筑经济发展、企业成长、居民致富的协同共赢的机制。

（二）实施原则

湘西州乡村旅游扶贫要以习近平提出的"四个有利于"为行动指南，秉承"创新、协调、绿色、开放、共享"五大发展理念，切实提高乡村旅游扶贫脱贫工作成效要。因地制宜，根据乡村实际与资源优势，确定各类乡村旅游建设发展类型，创新投融资方式和途径，为贫困地区发展乡村旅游提供更有力的资金支持。绿色协同，增强乡村旅游生态文化资源保护，强化乡村旅游产业融合与协调发展，推动乡村旅游扶贫的可持续发展。参与共享，不断创新乡村旅游发展机制，增添乡村经济发展动力，广泛调动企业和居民的参与积极性，共享旅游发展成果。精准实施，按照"六个精准"的要求，根据贫困人口的实际精准发力，精准施策，切实增强贫困居民的获得感。

二、确立乡村旅游扶贫推进模式

当前，湘西州实施乡村旅游扶贫尚面临不少制约因素，空心村问题异常严重，乡村基层治理水平不高，政府管理不协调；政策支持明显滞后，相关的市场机制和激励机制不完善，市场主体和社会力量介入水平偏低，运营与开发人才极度匮乏，导致乡村旅游运营效率低下，长期扶贫绩效不高。因此，湘西州乡村旅游扶贫项目的实施中，必须以打造客源，为居民提供稳定与可持续的致富与收入来源为核心，共享乡村旅游开发收益。

（一）打造环城型乡村旅游扶贫带

针对距离湘西州各县市城区比较近，交通便利的乡村，以城区居民为主要客源，挖掘开发假日休闲娱乐的乡村旅游项目，引导贫困居民开发一批采摘、垂钓、农事体验等旅游休闲活动。重点采用"城市+社区"的模式，以湘西州八县市的城区为核心，打造一批城郊乡村旅游扶贫带。

（二）建设环景型乡村旅游扶贫点

利用临近核心景区（主要是4A以上景区）的优势，以景区溢出游客为主要客源，以景区服务的补充与提升为定位，引导贫困居民开发特色食宿、购物、娱乐等体验旅游项目。借鉴"旅游景区+风情小镇+特色农庄"的发展模式，实行"结构调整、土地流转、生态旅游"三位一体，重点围绕湘西州的凤凰古城、老司城、里耶、矮寨大桥等四块旅游金字招牌，打造风情小镇和特色产业农庄，引导贫困居民发展一批以农家乐、渔家乐、休闲农庄、森林人家等为主题的乡村度假产品。

（三）打造扶贫型乡村旅游目的地

通过招商引资，利用企业的资本与市场优势，以多个乡村旅游资源为基础，整体打造建设扶贫型乡村旅游目的地。针对乡村规模偏小的不足，要以居民脱贫为主要目标，积极整合资源力量，加大投入力度，发挥集群的规模优势，破除行政分割，因地制宜将地理相邻的多个村寨作为整体，挖掘生态旅游、民俗文化等资源，统一规划打造乡村旅游大型旅游目的地，建成一批依托自然风光、美丽乡村、传统民居为特色的乡村旅游景区。重点以高山峡谷村寨群为龙头，以烽火苗疆、秦简土家、土家土司、酉水画廊和沅水民俗等村寨群为重点，以4A景区以上的标准，创新景区开发机制和贫困居民参与机制，集中打造一批国内外知名的扶贫型乡村旅游目的地。

（四）建设产业融合型乡村旅游扶贫示范区

以现有的乡村产业和基地为基础，发挥旅游的拉动、融合、催化、集成作用，打造产业融合型乡村旅游综合体和旅游新业态，建设全国旅游扶贫示范区。借鉴"合作社＋农户＋基地＋市场"模式，按照"穷人跟着能人走，能人跟着产业走，产业跟着市场走"的基本思路，突出乡村自然资源优势，挖掘文化内涵，依托全域旅游实施"农村变景区，村民变创客，民房变客房，产品变商品"工程，创新乡村旅游商业模式，发挥旅游扶贫的效应。要以花垣十八洞的"扶贫井冈山"建设为核心，以旅游产业融合为主要思路，开发泸溪椪柑、凤凰猕猴桃、龙山百合、保靖黄金茶、古丈毛尖等特色优势产品基地的旅游服务功能，不断提升旅游商品的附加值，以"基地＋旅游＋农户"为主要路径建设一批乡村旅游扶贫示范区。

（五）打造企业引领型乡村旅游扶贫综合体

发挥区域优势产业和大型企业的优势，开发形式多样、特色鲜明的乡村旅游综合体产品，提升旅游扶贫的效益。科学实施景区的游览休闲服务功能分区建设，围绕景区建设安排贫困人口参工、参建，扶持贫困户参与农家客栈、农家乐等旅游服务设施建设。以当地的特色产业龙头为核心，打造旅游综合产业体，吸纳贫困人口就业；围绕旅游拉长产业链，发挥电商的旅游扶贫效应，以"电商＋旅游商品"为主要方式，针对旅游市场开发一批"旅游淘宝村"；突出优势土特资源，引导和帮助当地贫困户针对旅游市场，开展种植、养殖、加工、出售农副产品，打造特色旅游购物体验园。利用好工业企业的支持作用，重点要组织吉首食品加工、泸溪工业、花垣矿业等产业的大型企业，发挥其资本、市场和技术优势，积极投资开发乡村旅游扶贫综合体；利用好交通枢纽的优势，重点发挥张吉怀和黔张常等高铁线路车站和湘西机场的交通优势，打造乡村旅游商品加工和物流综合体；利用好农业产业化龙头企业的作用，重点支持其通过开发乡村休闲农业等新业态提高效益，提升"企业＋合作社＋农户"模式的旅游扶贫效应。

三、完善乡村旅游扶贫措施

（一）发挥政府主导作用

提升思想认识，强化政府主导责任，将乡村旅游扶贫作为扶贫攻坚的主要突破口。强化基层党建，发挥乡村基层党组织的核心作用，提升致富带头人的引领作用。要创新旅游扶贫项目实施中的服务机制，特别是用地机制，解决乡村旅游开发的土地困境。通过扩大开放、制度创新，推进区域内及区域间资本与资源的一体化，强化区域之间、业界之间的有机联系、相互支撑、优势互补，从而实现协调发展和融合发展。要发挥贫困居民在脱贫攻坚中的主体地位和市场化运作的主体力量，提高当地居民脱贫致富的责任感，引导民间资本、工商资本、外资参与旅游扶贫，实现协同共赢。

（二）创新居民参与机制

构建制度和规则，使居民参与旅游实现法制化。完善居民直接参与景区建设的机制，根据相关法律法规，成立旅游协会等形式的参与组织。创新制度设计，加强现代企业制度建设，鼓励农民以房产、土地、山林、固定资产、资金、技术等多种形式入股，并通过股权托管组织参与旅游开发与投资，享有薪金、租金和股金等稳定长期的收益回报，成为参与旅游开发和受益的主体。提供资金和构建平台，支持景区农民通过发展农家客栈和农家乐等形式参与旅游自主创业，实现自我造血功能；组织贫困农户成立农村合作组织，引导农民调整农业结构，开发旅游商品。同时，要开展景区居民的专项教育培训，提升旅游意识和管理技能，使其获得先进理念和技能的农民，拥有永久脱贫的能力；组织乡村干部和居民外出参观学习，开阔视野，转变发展理念。

（三）强化企业与市场机制作用

全面提高乡村旅游扶贫社会化程度和市场化水平，探索创新"公司＋农户""合作社＋农户""能人带户""景区带村"等多种类型的旅游扶贫新模式，形成旅游扶贫的可持续发展机制。要鼓励引导各类社会资本和投资主体采取独资、合资、合作、联营、购买、承包、租赁、股份合作等多种形式参与旅游扶贫，培育一批市场化运作能力强的企业主体；加大对参与扶贫的大型骨干旅游企业扶植力度，在项目、资金、人才、土地使用、银行贷款等方面要建立绿色通道，提供优惠政策。明确民营资本开发旅游的市场主体地位，细化鼓励企业发展旅游各项政策措施，确保国家政策落实到位，为切实开发旅游扶贫项目的企业提供更多的支持和便利。

（四）完善利益协同机制

要以旅游六要素为基础，完善景区带村的利益分配，打造"你发展、我脱贫"的协同共赢氛围。发挥企业的资本市场优势和乡村的生态文化优势，通过协商打造旅游扶贫参与主体各自的利基；企业负责景区开发获取门票收入和标准化服务，居民则提供特色化的旅游食宿、购物、娱乐等服务。景区企业要支持贫困农户包装农家庭院建筑，参与旅游接待服务；能人和合作社要根据地方习惯和特点，引导贫困农户开发地方特色产品，并通过乡村旅游转化成商品；要引导居民提高对旅游开发的思想认识，树立长远发展观念和大局观念。

四、实施乡村旅游扶贫工程

（一）基础设施工程

改善乡村旅游基础和公共服务设施，规划启动"六小工程"，加快农村生活污水治理，深入推进乡村"厕所革命"，确保每个乡村旅游扶贫重点村建好停车场、旅游厕所、垃圾集中收集站、医疗急救站、农副土特产品商店和旅游标识标牌。大力推进有条件的贫困户开展乡村旅游服务，对从事乡村旅游经营的贫困户实施改厨、改厕、改房、整理院落为主要内容的"三改一整"工程，提升改善旅游接待条件。加快具备条件的建制村通硬化路，加强农村公路安全生命防护设施建设和危桥改造，对不能安全通客车的窄路基路面公路合理进行加宽改造，提高通行能力和安全水平。推进重点旅游景点景区到干线公路的连接线、旅游路建设，改善重点景点景区的交通条件。加快完善乡村宽带信息基础设施，推进智慧乡村旅游项目建设。

（二）企业参与扶贫工程

构建乡村旅游商品销售平台，为乡村旅游扶贫重点村在邻近景区景点、高速公路服务区、主要旅客集散点等设立农副土特产品展示与销售专区，打造购物综合体，依托乡村旅游发展带动农副土特产品销售。支持各大电商平台开展旅游电商扶贫行动，联系开展对口合作，开展在线宣传推广、特产销售、旅游线路营销；依托村民中心、超市等营业场所建设电商服务站点，打造"旅游淘宝村"和"旅游扶贫特色馆"，支持有条件的村寨建设旅游扶贫电商平台。组织动员湘西州和相关旅游企业、宾馆饭店、景区景点等单位，采取安置就业、基地项目开发、输送客源、订单采购、指导培训等多种方式帮助乡村旅游扶贫重点村发展旅游，重点做好4A级、5A级景区带动周边乡村旅游扶贫重点村工作。

（三）人才建设工程

实施乡村旅游人才建设计划，加强对基层领导以及乡村旅游经营服务人员的培训力度，重点提高乡村旅游带头人、示范户、导游员、营销员、服务员等专业化服务水平，大力培养乡村旅游技能型人才。创新乡村旅游扶贫人才培养方式，积极开展乡村旅游经营户、乡村旅游带头人、能工巧匠传承人、乡村旅游创客四类人才和乡村旅游导游、乡土文化讲解等各类实用人才培训，并培养一批乡村旅游扶贫培训师，深入基层一线进行指导，提高贫困人口旅游服务能力。成立旅游扶贫培训促进中心，支持党政干部、旅游行政管理人员以及旅游企业专业人才、经营业主到发达地区进行学习交流。设立乡村旅游扶贫培训基地，组建"湘西乡村旅游扶贫专家库"，动员规划、管理、营销专业人才到乡村旅游扶贫重点村开展公益指导培训，切实提升旅游扶贫人才素质。

（四）金融服务提质工程

设立并重点落实湘西州乡村旅游扶贫专项资金和乡村旅游产业基金，加大金融支持旅游扶贫的力度。引导和鼓励中介组织为乡村旅游扶贫项目提供资金融通、信用担保、融资租赁等服务，探索推行动产抵押、权益抵押、林权抵押、土地使用权抵押等担保形式，完善乡村旅游融资担保体系。加快乡村旅游扶贫项目库建设，支持村镇银行、农商银行等创新金融服务，设计符合旅游扶贫项目特点的支持产品。探索建立乡村旅游投融资主体、担保平台、风险准备金制度及信用评级体系，优先在乡村旅游扶贫重点村进行授信，为贫困户提供小额贷款，政府给予贷款贴息。引导金融机构根据带动贫困村、贫困户实现增收的情况，为景区、能人、企业（合作社）提供成本低、期限长的旅游扶贫信贷支持。

第十四章　重点项目

发展乡村旅游，归根结底还是要落实行动，推进工程项目。根据前面章节各项规划的主要目标任务、构想和创意，围绕湘西州"十三五"规划"重大项目、重大工程和重大政策"的有关要求，把握行动与设计的项目落地性、问题针对性、业态创新性、发展前瞻性原则基础上，拟实施6大工程60个项目（简称"双六"行动），预计总投资415.68亿元。

一、乡村旅游基础设施完善工程

（一）乡村旅游公路建设与提质项目

首先，建设内容。将"土家探源"和"神秘苗乡"两条旅游精品线，以及1环7圈16线"分期、分步、分县市全部建设成二级路标准的旅游公路。对于建设和改造的二级路项目，重叠部分由湘西州统一建设，不重叠部分则由所在县市建设。列入重点发展乡村旅游的村寨，全部实现二级路直通进村。

其次，建设目标。主要包含三大块内容：（1）旅游标识系统。显明的服务标识系统，体现服务项目的综合性。（2）大面积停车场。随着自驾车出游数量的大幅增加，对停车场的需求越来越高。要注重大中型、小型车停车空间的划分。"1环7圈16线"要求大中型和小型车停车场皆具备。（3）交通服务设施。沿线机动车服务功能较强，包括多种机动车停车空间的设置和汽车一般服务。全程有安全防护栏。

再次，投资估算。乡村旅游公路建设与提质项目的投资可见表

14-1。

表 14-1　　　　　　　　乡村旅游公路建设与提质项目投资估算

投资内容	计数	单价（亿元）	总金额（亿元）	备注
乡村旅游公路及湘西州二级路改造建设县乡道改造扩建	2500公里	0.11	275	根据"土家探源"和"神秘苗乡"精品线路和"1环7圈16线"乡村旅游公路重点项目推算
停车场	120个	0.02	2.4	首批重点村寨一村一个
旅游标识系统	200个	0.0002	0.04	设置在交通节点、枢纽处
合　计			277.44	

最后，实施主体。乡村旅游公路的建设与提质项目应由政府相关部门推动与落实。

（二）乡村旅游厕所建设项目

1. 建设内容：沿乡村旅游景点、景点及停车场新建旅游厕所100个，在全州300个村寨新建旅游厕所300个。

2. 建设目标：按照国家旅游局《旅游厕所建设管理指南》的要求，实现全州所有乡村游旅游景区、旅游线路沿线、交通集散点、旅游餐馆旅馆、旅游娱乐场所、休闲步行区1A级旅游厕所全覆盖。

3. 投资估算：1.1亿元。

4. 投资主体：政府相关部门、招商引资、村集体、村民等。

（三）乡村旅游生态文化绿道建设项目

1. 建设内容：沿着河滨、溪谷、山脊、风景道路等自然和人工资源建立，连接旅游景观，内设游憩线路和服务设施，兼具旅游、生态、环保、教育、健身、休闲等功能的线性绿色开敞空间，建设主要城镇通往或联接核心精品村寨的乡村旅游景观廊道，8县（市）首期可建设1～2条示范廊道，中远期扩充延展，形成村村相接、村景相通、州县乡镇村并联的生态绿色景观大网络。如吉首市将谷韵绿道进行大拓展，在峒河谷韵绿道基础上，近中期向大兴寨、德夯村、中黄村、夯沙村方向延伸；远期沿峒河下游的司马河、双塘、社塘坡方向延伸。凤凰县建设由古城到大兴机场的绿色生态旅游大走廊。古丈县建设罗依溪到古阳镇茶文化生态绿道、牛角山到鬼溪生态绿道。泸溪县建设白沙到辛女溪生态文化绿道。永顺县建设由灵溪镇往双凤洞坎方向的大廊道。龙山县建设洗车河沿线大廊道。花垣县建设十八洞、老寨、板栗等村寨连接大廊道。保靖县建设吕洞山为中心的村寨群连接廊道。

2. 建设目标：按照国家旅游局发布的《绿道旅游设施与服务规范》进行建设。绿道由湘西地区的自然与人工植物群落、水体、土壤等具有一定宽度的绿化系统和旅游服务功能系统组成。（1）积极优化游道系统，按照使用功能划分为步行游道、骑游道、无障碍游道和综合游道等，综合游道为步行游道、骑游道、无障碍游道的综合体。（2）积极优化景观节点系统，包括地文景观、水域风光、生物景观、天象与气候景观、遗址遗迹、建筑与设施等自然和人工景观游憩空间。（3）积极优化基础设施，包括高速路出入口、停车场所、卫生间、通信等设施。（4）积极优化导向系统，包括公共信息标志、安全标志（禁止、警告、指令、提示、消防）、道路交通标志、信息索引标志、示意图（导览图、导游图、全景图）、便携印刷品（导游图、旅游指南）等。（5）积极优化服务系统，包括安全应急、环境卫生、休憩、车辆租赁、无障碍设施、餐饮、购物、旅游接待、救护等。

3. 投资估算：根据吉首谷韵绿道项目建设推算，见表 14-2。

表 14-2　　　　8县（市）乡村旅游绿道建设项目投资估算

估值	吉首	凤凰	古丈	泸溪	永顺	龙山	花垣	保靖	合计
长度（公里）	80	40	15	20	25	22	25	28	254
投资（亿元）	1.6	0.8	0.3	0.4	0.5	0.44	0.5	0.56	5.1

4. 实施主体：政府基础设施建设、招商引资、村集体、村民参与。

（四）点上项目：117个村寨的旅游基础设施建设项目

第一，建设内容。一是旅游基础设施建设工程，包括村寨旅游广场（停车场）、游客服务中心等；二是旅游产业扶持工程，包括土地规划与整理、特色产业的产业链扶持；三是乡村旅游景点建设工程，如修建护栏、观景台、景区道路等；四是村寨风貌整治和环境保护等项目。各县首批乡村具体建设内容见表14-6至表14-13。

第二，建设目标。根据习近平总书记在湘西花垣县十八洞村视察扶贫提出的"切忌喊口号，也不要提好高骛远的目标"的指示，首期发展的117个村，通过规划打造，达到"宜游、宜居、宜业"的目标，满足食、住、行、游、购、娱的国家三星级旅游标准，实现"六个一"：一餐原汁原味好饭菜、一间干净整洁好睡房、一条舒适安全好游道、一道赏心悦目好村景、一款湘西地域好特产、一场开心快乐好活动。

第三，投资估算。16亿元。

第四，投资主体：政府相关部门、招商引资、村集体、村民等。

（五）面上项目：两个基地一个市场

1. 目的地型乡村旅游基地建设项目

（1）建设内容。重点建设三个乡村旅游目的地：一是建设以吕洞山为核心的"德夯—吕洞—金龙"三县交界地带的"高山峡谷"村寨群，作为全州乡村旅游主战场；二是以司城村为核心的"土家土司"村寨群；三是以惹巴拉为核心的"洗车河—惹巴拉—里耶"这一线的"秦简土家"村寨群；四是依托凤凰古城的烽火苗疆村寨群。逐步把以老司岩村为核心的酉水画廊村寨群、以辛女溪村为核心的沅水民俗村寨群打造成目的地。

（2）建设目标。建成4A级旅游目的地。

（3）投资估算。近期6亿元，中远期18亿元，总投资24亿元。

（4）投资主体。招商引资、政府相关部门。

2. 中国"边边场"旅游项目

（1）建设内容。在黄金三角群范围内，选择一个地域，建设中南地区最大的旅游商品卖场，以民族特色极浓烈的大"边边场"文化进行项目创意，以湘西州、武陵山区、中西部结合地带、中南地区的生态文化支撑。

（2）建设目标。建成类似于云南"七彩云南"和西北地区乌鲁木齐"国际大巴扎"那样具有超强竞争力的目的地型旅游商品购物中心。

（3）投资估算。5亿元。

（4）投资主体。招商引资、政府相关部门。

3. 武陵山影视基地建设项目

（1）建设内容。湘西州是几十部影视剧拍摄地，做影视基地有先天优势。在黄金三角群范围内，选择乾州古城及周边地域，建设中南地区规模最大的影视基地，作为拍摄湘西题材或以湘西为外景地拍摄其他影视的场所。

（2）建设目标。建成集旅游观光、影视拍摄、影视培训、会议招待、文化交流业于一体的大型多功能影视城。

（3）投资估算。20亿元。

（4）投资主体。招商引资、政府相关部门。

二、乡村智慧旅游系统建设工程

（一）湘西乡村旅游三维全景项目

1. 建设内容。建设湘西州三维全景信息平台投放系统。通过建立网站、搜索引擎营销、E-mail营销、投放网络广告、微信、微博推广等方式，打造全面的网络媒体，为旅游提供大量的旅游信息介绍。最大限度地满足目标观众的信息了解需求，起到最佳的信息传递效果，做到宣传展示有效果、有价值。

2. 建设目标。近期内对117个首批村寨三维全景信息进行采集、制作、上传与维护；中远期内对全州300个村寨三维全景信息进行采集、制作、上传与维护。

3. 投资估算：1000万元。

4. 投资主体：旅游企业、旅游局。

（二）"互联网+"湘西乡村旅游项目

1.建设内容。根据乡村旅游产品的特点，建立特色产品的网络商城，建立网上销售平台，实现产品批发、代销、零售等营销活动。加大乡村旅游搜索引擎和分类目录的推广，及时将有关的湘西州乡村旅游网站推广信息发布在其他潜在用户可能访问的网站上，借用户在这些网站获取信息的机会实现网站推广的目的。

2.建设目标：对8县（市）乡村旅游产品进行推广。

3.投资估算：320万元。

4.投资主体：旅游企业、旅游局。

三、乡村旅游创新创业推进工程

（一）乡村旅游创业主体引导项目

1.建设内容。重点支持农村产业能人、返乡农民工、大中专院校毕业生、留学回国人员、回归创业人员、科研院校及企事业单位科技人员、退伍军人、城镇失业人员、就业困难人员及其他具有创业能力和相应民事行为能力的自然人，创办农家乐、小微型乡村旅游企业，支持个体经济组织和农村专业合作经济组织，发展乡村旅游。凡是实施乡村旅游项目的，给予引导经费支持。

2.建设目标。首期发展的117个村寨，通过乡村旅游创业主体项目的引导，实现村村创办2家农家乐、1家小微型乡村旅游企业，给予每家农家乐和小微型乡村旅游企业1万元专项扶持资金，给予新创企业3年20万元额度的贴息贷款。

3.投资估算：1242万元。

4.投资主体：政府相关部门。

（二）乡村旅游创业支持平台项目

1.建设内容。鼓励多种渠道引入社会资本发展乡村旅游，充分利用现有的乡村旅游资源基础，大力推进乡村旅游创业基地建设，构建良好的创业平台。建立乡村旅游开放式创业信息资源库，设立州、县

（市）两级乡村旅游创业服务网站和短信服务平台，各级开发区、主要媒体、人力资源市场、专利交易市场开设创业服务专栏，相关部门、社团组织、公共服务机构、社区服务平台设立创业服务热线，为创业者免费提供创业就业政策和信息服务。

2.建设目标。每个县（市）建设乡村旅游创业基地1个；建设全州性乡村旅游创业服务网站与平台1个；乡村旅游创业培训，近期117个村寨培训1200人次，中远期300个村寨培训3000人次。

3.投资估算：4478万元。

表14-3　　　　　　乡村旅游创业支持平台项目投资估算

建设内容		数量	单价（万元）	总金额（万元）
创业基地		8个	500	4000
创业服务网站与平台		1个	100	100
乡村旅游创业培训	近期	1200人	0.03（共3天）	108
	中远期	3000人	0.03（共3天）	270
合　计				4478

4.投资主体：政府相关部门（人力资源与社会保障局、财政局、妇联等）。

四、乡村旅游生态文化保护工程

（一）乡村旅游生态环境保护项目

1.酉水流域生态环境（水体）保护项目

（1）建设内容。以《龙凤酉水生态文化两侧有画廊》区域协助项目为契机，主要解决酉水河的水污染、生态破坏和洪水灾害三方面严重问题。解决矿业开采与加工、生活废水与农业污水的污染源问题。解决酉水河沿岸100多万人口直接提供生产和生活用水问题。解决酉水河流域的渔业、农业和林业区水污染问题。解决沿岸富矿县的大规模矿业开发，处理污水排放问题，预防洪水灾害。

（2）建设目标。到2030年，基本解决河水污染、生态破坏和洪水灾害问题。

（3）投资估算：10亿元。

（4）投资主体：政府相关部门。

2. 沅水流域生态环境（水体）保护项目

（1）建设内容。沅水流域除了酉水河流域应有的问题之外，还有对河对岸辰溪、沅陵挖沙严重破坏沅水生态问题，需要州市间协作治理。

（2）建设目标。到2020年，完成沅水两岸挖沙问题的治理。

（3）投资估算：1000万元。

（4）投资主体：政府相关部门。

3. 濒危动植物保护项目

（1）建设内容。主要解决湘西90种国家一二级动植物保护问题，尤其是重点旅游村寨濒危物种的保护问题。维护物种的多样性，保护湘西州动植物基因库。

（2）建设目标。到2030年，设立各类湿地保护公园、国家森林公园、国家自然保护区，对重点村寨周边的濒危动植物物种进行保护。

（3）投资估算：2亿元。

（4）投资主体：政府相关部门。

（二）乡村旅游文化元素保护项目

1. 传统文化元素保护项目

（1）建设内容。主要是对接《武陵山区（湘西）土家族苗族文化生态保护实验区规划》对重点村寨涉及的传统音乐、传统舞蹈、传统戏剧、传统手工技艺、民间文学、曲艺、传统美术、传统体育、竞技、传统医药、民俗进行保护。确立传承人，开展普查，建立各级传承人名录。配合乡村游开发旅游新产品和非物质文化遗产衍生品。如土家织锦在传统被面基础上开发新的旅行包、服装、鼠标垫等。

（2）建设目标。117个重点村寨的非遗保护与乡村旅游衍生品开发。

（3）投资估算：3亿元。

（4）投资主体：政府相关部门，招商引资。

2. 濒危语言保护项目

（1）建设内容。主要解决土家语、瓦乡话等濒危语言的保护问题。选择永顺双凤村、龙山捞车村、潭溪镇兴隆寨作为土家语的保护基地。选择泸溪铁山村、红土溪村、红岩村、古丈的岩排溪作为瓦乡语保护基地。

（2）建设目标。到2030年，5个重点村寨的濒危语言使用人口占当地总人口比重达到60%。

（3）投资估算：500万元。

（4）投资主体：政府相关部门。

五、民居保护和村寨风貌整治工程

（一）乡村民居保护与村寨风貌整治工程项目

1. 建设内容。发展乡村旅游的村寨多为自然风光和民族文化组合较好的产品，村寨建筑风格是民族文化的物质遗产，是对游客产生第一印象的景物。按照层次分明、区别对待的原则，对民居保护与村寨风貌整治工作进行有序推进。对那些年久失修的建筑按照原有风格加以修缮，对那些风格不相协调的建筑加以改造或撤除；对通往村寨的主要廊道及村寨内的主要廊道进行"穿衣戴帽"整修，搞好绿化及相关工作。

2. 建设目标。近期内对117个重点村寨风貌进行整治，中长期内对全州300个村寨风貌进行整治。

3. 投资估算：近期12亿元，中长期30亿元，总投资42亿元。

4. 投资主体：政府相关部门。

（二）村庄环境整治工程项目

1. 建设内容。与"城乡同建同治"工作直接对接。村寨生产生活产生的污染主要是在生产生活中产生的废气、污水和固体废弃物。从清理每家每户的污水排放沟、倾倒垃圾的行为要求及管理入手，动员村民投工投劳修建排污沟，将村寨所有的污水集中经处理达标后再排放；固体废弃物要选定对地表水和地下水无害的凹地（垃圾处置场）集中处置；垃圾处置场使用价值丧失后，需用土覆盖，还地还林；还需调整村寨的能源结构，积极发展沼气等清洁能源。在村寨饮用水源划定水源保护范围，制定保护措施与乡规民约，严格加以保护；农村能源的合理使用，有条件的村寨可发展太阳能、风能等清洁能源。

2. 建设目标。117 个重点村寨做到村村有 1 个垃圾处理场、户户有 1 个垃圾桶。

3. 投资估算：900 万元。

4. 投资主体。政府相关部门、村集体、村民。

六、乡村旅游品牌塑造与服务管理提升工程

（一）世界农业遗产申报项目

1. 建设内容。全球重要农业文化遗产是联合国粮农组织（FAO）在全球环境基金（GEF）支持下，联合有关国际组织和国家，于 2002 年发起的一个大型项目，旨在建立全球重要农业文化遗产及其有关的景观、生物多样性、知识和文化保护体系。截至目前，共有 13 个国家 31 项农业文化遗产被评选为全球重要农业文化遗产，其中中国共有 11 项农业文化遗产入选，是入选数量最多的国家。

表 14-4　　　　　中国入选全球重要农业文化遗产的项目

序号	项目名称	入选时间	所在地区
1	青田稻鱼共生系统	2005 年	浙江省
2	万年稻作文化系统	2010 年	江西省
3	哈尼稻作梯田系统		云南省
4	从江侗乡稻鱼鸭系统	2011 年	贵州省
5	普洱古茶园与茶文化	2012 年	云南省
6	敖汉旱作农业系统		内蒙古
7	绍兴会稽山古香榧群	2013 年	浙江省
8	宣化城市传统葡萄园		河北省

序号	项目名称	入选时间	所在地区
9	陕西佳县古枣园		陕西省
10	江苏兴化垛田传统农业系统	2014 年	江苏省
11	福州茉莉花种植与茶文化系统		福建省

入选全球农业文化遗产名录的地方，乡村旅游品牌得到了彰显。湘西自治州应以六大村寨群的农耕民俗文化来进行农业遗产的申报，提升乡村旅游世界知名品牌。

2. 建设目标。2025 年前成功申报世界农业遗产 1 项。

3. 投资估算：1.5 亿元。

4. 投资主体：政府相关部门。

（二）乡村旅游创意活动策划与节庆营销项目

1. 建设内容。每个县（市）重点支持 1 场大型的乡村旅游节庆活动，全州 8 县（市）共同借助不同的营销平台和营销渠道，开展多种促销活动，见表 14-5。

表 14-5　　　　民族文化体验型乡村旅游产品的促销计划

促销内容	主要手段、内容或渠道
网络促销计划	在湘西旅游信息网上设计乡村旅游专栏；设计专门的湘西乡村旅游网页；将湘西乡村旅游网纳入中国和国际旅游网页链接
旅行社促销计划	近期重点邀请本省及周边旅行社考察，推广产品；中期邀请长三角、珠三角、环渤海等地旅行社考察，推广产品
出版宣传品计划	乡村旅游及产品的宣传折页；乡村旅游指南、电视宣传片和海报；DM 宣传单及其他平面广告（门票、纪念票、明信片、个性化邮票等）

促销内容	主要手段、内容或渠道
广告促销计划	电视：旅游卫视、湖南卫视及周边县（市）地方台 报纸：《中国旅游报》《湖南日报》及地方晚报 广播：周边县（市）人民台、经济台、音乐台、娱乐台、交广台等 杂志：《旅游派》《中国旅游》《时尚旅游》等 户外：高等级高速公路、省道、国道、机场和火车站 网络：湘西旅游信息网、全国旅游网湖南链接等
产品推荐会计划	长、株、潭小型展示会；成渝城市群、珠三角地区和长三角地区的新产品推介会；北京中国旅游交易会
节庆活动计划	民族节日、农事民俗节、创意节庆、体育赛事

2. 建设目标。近期内，每个县（市）有 1 场大型旅游节庆活动，每个村寨有 1 本精美的宣传画册。建成湘西乡村旅游网和微信平台，对信息进行及时更新；利用其他各类营销平台，搞好各类促销活动，有步骤地推行各类促销计划和活动。

3. 投资估算：6 亿元。

4. 投资主体：宣传部门、文广新局、旅游企业等。

（三）乡村旅游商品开发与品牌提升项目

1. 建设内容。通过举办乡村旅游购物品展销大会，全方位展示湘西州旅游购物品和制作工艺，为湘西州旅游购物品生产企业搭建一个"展示、交易、交流、合作"的平台。通过举办设计创意大赛，展示能工巧匠作品、典型特殊工艺品，并举办代表性的旅游购物博览会和订货会。对湘西旅游商品组织集中宣传推介，树立企业形象、宣传企业产品；做好旅游精品线路上的旅游购物品销售推广，在高速服务区等地设置旅游商品展厅和宣传资料。设立旅游商品购物示范点，编进旅游线路，实行合理购物佣金制度，增加游客消费，扩大旅游经济总量。鼓励企业开拓市场，对建立经营店、销售店面的要给予扶持。大力鼓励企业建设特色产品文化博物馆——大力支持山江苗族博物馆；大力支持首八峒土家族民俗博物馆；大力支持酒鬼酒公司扩大升级酒文化展示馆；大力支持德夯建设完善中国鼓文化博物馆；大力支持边城醋业扩大升级醋文化展示馆；大力支持古丈毛尖、保靖黄金茶建设茶文化博物馆；大力支持泸溪、吉首、永顺、凤凰等县建设柑橘、猕猴桃、百合等产品展示馆。

2. 建设目标。近期内，每年举办 1 次旅游产品创意设计大赛，举办 1 次旅游购物品展销会；中远期内，每个县市建成 1 个旅游商品展示馆。

3. 投资估算：5000 万元。

4. 投资主体：旅游商品开发企业、村集体、村民、旅游局、商务局。

（四）乡村旅游新业态创建项目

1. 建设内容。推进乡村行业管理水平提质，强化乡村旅游培训，实施面对乡村旅游的旅行社、酒店、餐饮等行业引导项目。

2. 建设目标。近期对 117 个首批村寨培训 1200 人；中远期对 300 个村寨培训 3000 人；对 8 个县（市）的旅游从业人员培训 5000 人。

3. 投资估算：1000 万元。

4. 投资主体：吉首大学、湘西州民族职业技术学院、人力资源与社会保障局、旅游局。

（五）乡村旅游示范点建设项目

1. 建设内容。推进乡村旅游示范点建设，提升乡村旅游服务与管理水平。

2. 建设目标。全州建成 20 个左右的乡村旅游示范点，创建 16 个 4A 级乡村游景区、32 个 3A 级乡村游景区。

3. 投资估算：1 亿元。

4. 投资主体：湘西州旅游局、宣传部、文广新局、旅游企业、村集体。

表14-6　　保靖县乡村旅游重点建设项目

村名	项目名称	项目基本现状	项目特色	建设内容及规模	总投资（万元）	备注
矮坡村	停车场	游客不断增加，需要建设停车场	停车场	占地面积3亩	100	
	三改	厕所不卫生	改厨、改圈、改厕	改厨、改圈、改厕	300	
	民居保护	现有特色民居170栋	苗族传统民居	保护特色民居	500	
	公路加宽	进村公路只有3米宽的路面	加宽公路	加宽公路路面到5.5米	500	
夯吉村	停车场	游客不断增加，需要建设停车场	停车场	占地面积3亩	500	
	游客服务中心	没有游客服务中心	提供相应服务	建设村部、游客服务中心和民族文化表演广场	1000	
	三改	厕所不卫生	改厨、改圈、改厕	改厨、改圈、改厕	800	
夯沙村	停车场	无大型停车场	停车	占地面积5亩	500	
	污水处理	需要建设污水处理和垃圾压缩	集镇亮化、美化	污水处理和垃圾压缩	300	
	农贸市场	建设统一的农贸市场	农产品交易	农产品交易	300	
吕洞村	停车场	游客不断增加，需要建设停车场	停车场	占地面积3亩	500	
	三改	厕所不卫生	改厨、改圈、改厕	改厨、改圈、改厕	300	
梯子村	民居保护	现有民居180栋	苗族传统民居	保护特色民居	500	
	三改	厕所不卫生	改厨、改圈、改厕	改厨、改圈、改厕	500	

村名	项目名称	项目基本现状	项目特色	建设内容及规模	总投资（万元）	备注
首八峒村	休闲山庄	占地面积30亩，现有橘子树、桃子、梨子等各种果树2000棵	娱乐休闲	传统民居改造30栋；修建通往西水河码头公路1.5千米及停车场；修建仿古码头及门楼	300	
	黔山农家院	现有古山寨、古树林、古井	娱乐休闲	传统民居改造50栋，从西水河码头通往黔山主峰及古山寨铺青石板路6千米	200	

村名	建设内容及规模	总投资（万元）	备注
清水坪村	游客中心、停车场、污水处理、农贸市场	800	
金洛河村	停车场、污水处理、民居改造、三改	500	
亨草村	游客中心、停车场、污水处理、民居改造、三改	500	
碗米坡村	游客中心、停车场、污水处理、农贸市场	500	
黄金村	游客中心、停车场、三改、古茶园漩道民居改造	800	
要坝村	游客中心、停车场、三改、民居改造、游步道、绿化工程、四方城保护与开发	1000	

村名	建设内容及规模	总投资（万元）	备注
土碧村	游客中心、停车场、三改、民居改造、游步道、绿化工程、博物馆	1000	
和平村	游客中心、停车场、三改、民居改造、游步道、绿化工程、观光农业基地	1000	
	合　计	13200	

表14—7　花垣县乡村旅游重点建设项目

村名	项目名称	项目基本现状	项目特色	建设内容及规模	总投资（万元）	备注
十八洞村	文化活动中心	占地面积约50亩，年接待人数约5万人，举办过苗年、赶秋等活动	娱乐休闲	构建完善的解说、特色商制作展示场所，传统文化娱乐活动场所	500	
	夜郎十八洞	十八洞内景观丰富	洞内景观观光	打造溶洞旅游观光	3000	
	生态停车场	临时占用自留地	缓解交通压力	建设自行车出租中心、生态停车场、票务管理中心	320	
金龙村	旅游道路	交通不畅	观奇山异石	通保靖吕洞山景区，长7.2公里	2100	
	产业观光	开发和建设不完善	观光采摘	建百亩樱桃，茶叶示范区	100	
	旅游环线	观光栈道初具雏形，但整体设施不完善	观奇山异石	玻璃栈道，长150米	150	

村名	项目名称	项目基本现状	项目特色	建设内容及规模	总投资（万元）	备注
金龙村	服务设施	基础较差，不形成规模，难以完全满足游客需求	观光休闲，垂钓餐饮	新建8个观光休息庭院，整理出10余亩鱼塘，特色养殖发展到30户大户，养羊700只，黄牛200头，山鸡1万只	200	
打岱村	基建	民俗文化浓厚，年接待人数约2000人，年综合收入8万元，间接直接就业约100人	石头寨，民俗表演	村内3公里，5米宽的道路硬化，大型停车场，游客服务中心，石头寨门，民俗表演场建设	3000	
老寨村	道路改造	村道宽度为3米左右，文笔峰与鬼洞没有道路连接	观光旅游	村道需扩宽至6.5米，新建从头岩文笔峰通住村内鬼洞道路	400	
	休闲山庄	夹子200余亩，玫瑰花50余亩	观光休闲	占地面积3亩	200	
	停车场	无	停车场	占地面积3亩，能停100余辆车	50	
板栗村	非遗保护	苗剧发源地，绺巾舞、苗鼓、苗绣、苗歌	苗族特色文化	对非遗进行活态保护与开发	100	
	民居改造	楼房杂乱而建	民居改造	规划为木楼房区与楼房区，在村门口新建牌楼	300	
	文化活动中心	占地面积约50亩，年接待人数约2万人，常举办太阳会、过苗年、赶秋等活动，间接就业人数100人	娱乐休闲	构建完善的解说，特色商品制作展示场所，传统文化娱乐活动场所	500	
	门牌坊	废旧的石头寨墙与观望台	基础设施	建设牌坊形式的板栗村入口标志，并建设统民居风格的游客服务和管理中心，建立旅游导游图	200	

村名	项目名称	项目基本现状	项目特色	建设内容及规模	总投资（万元）	备注
板栗村	生态停车场	临时占用自留地	规划交通	建设自行车出租中心，生态停车场，票务管理中心	150	

村名			建设内容及规模		总投资（万元）	备注
立新村	游客中心、停车场、三改、民居改造、游步道、绿化工程				800	
磨老村	游客中心、停车场、三改、民居改造、游步道、绿化工程、河道整治工程				1500	
坡脚村	游客中心、停车场、三改、民居改造、游步道、绿化工程				500	
河边村	游客中心、停车场、三改、民居改造、游步道、绿化工程				500	
隘门村	游客中心、停车场、三改、民居改造、游步道、绿化工程				800	
茶园坪村	游客中心、停车场、三改、民居改造、游步道、绿化工程				500	
萤尤村	游客中心、停车场、三改、民居改造、游步道、绿化工程				800	
紫霞村	游客中心、停车场、三改、民居改造、游步道、绿化工程				500	
让烈村	游客中心、停车场、三改、民居改造、游步道、绿化工程				500	
芷耳村	游客中心、停车场、三改、民居改造、游步道、绿化工程				500	
合计					17370	

表 14-8　龙山县乡村旅游重点建设项目

村名	项目名称	项目基本现状	项目特色	建设内容及规模	总投资（万元）	备注
长春村	风雨桥	筹建	观光休闲	跨度 30 米	472	
	摆手堂	筹建	综合服务中心	摆手堂建设，约 4000 平方米	800	
	油坊整修	筹建	榨油、推磨、观光	油坊、水碾	150	
	游道硬化	筹建	道路改善	6000 米	500	
	民居改造	筹建	特色民居	约 40 栋房屋需改造	300	
捞车村	农家乐	占地面积 200 多亩	休闲娱乐	以现代标准，发展农家乐 50 户	1000	
	摆手堂建设	扩建	休闲广场，民俗表演	占地 1200 亩，建设综合展演中心	1500	
	旅游道路亮化	原照明设施破损，色彩单调	照明灯景观灯	村组道路两边建设景观灯和照明灯	500	
	恢复胡家老码头	胡家老码头被水淹没，有危桥一座	恢复景点码头和桥梁	长 3000 米，4 米宽的主干道硬化，铁索桥一座	800	
洗车村	苗溪片旅游道路硬化	道路没有硬化	方便游客进出景点	农家小院及永顺散家界的主干道，长 4000 米，宽 5 米，水泥硬化路	600	
	特色食品加工坊	筹建	生产、加工特色产品	300 平方米厂房建设和设备采购	800	

村 名	项目名称	项目基本现状	项目特色	建设内容及规模	总投资（万元）	备注
六合村	河洲河堤服务山庄	涨水时难进入湿地，两面河堤冲刷严重	休闲娱乐	建葡萄园，种植长青树，修建土家族转角楼两栋，修建凉亭4处	1000	
	溪口溏水上乐园	两面河堤垮塌严重，受交通影响	划舟、游泳、垂钓	修建河堤，道路，潭中娱乐设施	150	
	张家寨白鹤林观光带	筹建	休闲娱乐	白鹤林环境建设：林中小道及连接一级公路的小车道；修建娃娃鱼养殖池；子母潭石拱桥，农家菜园及果园，停车场及公厕一处	1000	
	刘家潭古树林荫道	河堤垮塌严重，部分古树受影响	休闲观光	修建河堤及老码头；古塘坊和古太极图的修复	800	
	中心村寨居民改造	中心村寨有现代混凝土建筑12栋，对传统村落之原始形象有影响，需整修	观光体验	屋顶添盖土瓦、翘角，墙面贴薄土砖块	300	
乌龙山村	乌龙山大峡谷游客接待中心	筹建	观光休闲	鲢鱼洞休憩山庄，300平方米停车场	1500	

续表

村 名	项目名称	项目基本现状	项目特色	建设内容及规模	总投资（万元）	备注
鸟龙山村	游道硬化		道路改造	3000米	500	
	恢复景区基建	设施落后、损毁严重	旅游观光	按原址原样修复	300	

村 名	项目名称	建设内容及规模			总投资（万元）	备注
新建村	游客中心、停车场、三改、民居改造、游步道、绿化工程				500	
星火村	游客中心、停车场、三改、民居改造、游步道、绿化工程				500	
杨家村	游客中心、停车场、三改、民居改造、游步道、绿化工程				500	
大板村	游客中心、停车场、三改、民居改造、游步道、绿化工程				500	
比耳村	游客中心、停车场、三改、民居改造、游步道、绿化工程				500	
中孚社区	游客中心、停车场、三改、民居改造、游步道、绿化工程，里耶古镇改造项目				5500	
万龙村	游客中心、停车场、三改、民居改造、游步道、绿化工程				500	
联星村	游客中心、停车场、三改、民居改造、游步道、绿化工程				500	
合 计					21972	

表14-9　　　　　　　　　　　　　　　　　永顺县乡村旅游重点建设项目

行政归属	项目名称	项目基本现状	项目特色	建设内容及规模	总投资（万元）	备注
双凤村	旅游设施建设	双凤村是中国"土家第一村"，村寨占地面积达27600多平方米，古建筑面积达7200多平方米，村内生态景观良好，交通区位优势明显，土家民族文化厚重	土家风情体验	拓宽进村公路（三级路），长7公里，拓宽2米，环村石板游道（2.5×4000）米，景点仿原生态游道（2×1000）米	1200	
				占地1000平方米的游客服务中心		
				4个公厕及设施，2个蓄水池		
				停车场建设，征地3000平方米		
那必村	乡村旅游项目	占地面积200亩，现有土家特色民居建筑80栋，村寨自然风光秀丽，土家民族文化厚重，交通区位优势凸显，地处张家界、老司城、猛洞河漂流、芙蓉镇等国字号旅游景区几何中心，有4个水库和荷塘，有神秘奇特的喀斯特溶洞和天坑	土家风情体验	村内道路硬化、停车场建设，80栋传统建筑改造，村寨亮化绿化工程，喀斯特特容洞开发建设2个，观光休闲农业100亩，启动黄依托水库和塘坝发展休闲垂钓，油动黄桃、板栗、油菜等养种殖产业建设	1000	
小溪村	毛坪村旅游宾馆	村内旅游服务设施不完善	旅游休闲	占地400平方米，100个标准间	480	
	旅游运输船部队	陆路交通情况不完善	提高可进入度	购40座豪华游船10艘	400	
	环保游览车	暂无	提高可进入度	购环保电瓶车20辆及充电设备	400	

行政归属	项目名称	项目基本现状	项目特色	建设内容及规模	总投资（万元）	备注
小溪村	文化展演中心	小溪自然保护区内，有匪首陈昌鸿的老巢，还保留着当年土匪生活、居住的遗迹	可参与性强	恢复修建土匪寨遗址 500 平方米，展厅 200 平方米	200	
	游客服务中心	暂无	休闲娱乐	选址位于卡木原村小，占地 2 亩	200	
	绿茶开发	村里 40 余亩绿茶多为野生，不成规模	采摘观光	在铲子坪、姚家台集中种植绿茶 200 亩，采购相关加工制茶设备，组建合作社	400	
卡木村	景区亮化	暂无	亮化观光	杉木河水库至村部楼沿岸，长 15 公里	200	
	河道治理	村内现有河道长 5000 米，河堤长 1000 米	开发水上项目	新修河堤 4000 米，清理河道 5000 米	100	
	土家文化广场	村内摆手堂已荒废	民俗体验	摆手堂修复，场地硬化平整，组建文艺队，修建公共厕所 1 个	100	
	仿古花桥景点	村内现有 3 座石拱桥，但已遭破坏	观光休闲	将旧石拱桥翻修为仿古花桥	50	
	天王庙修休整	万福山山腰有座天王庙，每年祭祀约 5000 人	宗教祭祀观光休闲	2 座寺庙修整，数座凉亭修建	100	
司城村	公共停车场	老司城遗址客流量近年稳定在 15 万人次，需修建停车场解决交通拥堵的问题	基础设施建设	面积 32000 平方米，概算投资 1000 万元，修建标准为景区 5A 级	1000	

行政归属	项目名称	项目基本现状	项目特色	建设内容及规模	总投资（万元）	备注
	公厕	规划在博射坪、监钦湾、谢圃、自生桥、鱼吐湾、司城古街、祖师殿、哈尼宫大坝、摆手堂、遗址观景平台各修建一处公厕	旅游服务设施建设	修建公厕 11 个	1600	
	管线下地	项目涉及博物馆、博射坪、老司城、祖师殿等地	基础设施建设	全长 30 公里	2000	
	景观绿化	植物景观结合景区的形态	景区绿化	项目总面积 120000 平方米	2800	
	司河流域治理	从自生桥、厂河、丝柳、响塘、老司城、到哈尼宫。对两岸河堤加固、河道清理、环境治理	河流治理	全长 20 公里	1000	
司城村	遗址地表标志	在考古发掘和遗址保护的基础上，展示城墙、城门、道路，建筑遗址及具有山地城市特色的挡土墙等，对南部建筑群部分遗址进行标识展示	观光体验	新建遗址地表展示标志	1000	
	民居改造	改造罗子湾、博射坪、瓦厂、响塘、谢圃、厂河居民房	旅游服务设施建设	改造民居 175 户，700 人	2100	

行政归属	项目名称	项目基本现状	项目特色	建设内容及规模	总投资（万元）	备注
洞坎村	土家风情走廊	该村比邻土家第一村双凤村，龙永公路沿村而过，交通区位优势明显，是一处风情特色的土家山寨，现遗存手工造纸术——皂纸，手工竹编工艺等传统特色，有民间皂纸作坊10余家，并有草把龙民俗表演	娱乐休闲	整治村容村貌，绿化生活环境，整修并新增农家作坊30~50处，新增水车6个，河流小调节坝6处	380	
	特色民居保护	传统土家族民居连片，破损较严重	民居改造	土家族吊脚楼及古民居保护150栋	180	
	旅游商品开发	土法造纸历史悠久，延续至今	娱乐体验	扩大衣机作坊规模，提高生产能力，让游客体验手工皂纸，竹编工艺及土家竹笋加工	120	
	民俗表演项目	湘西独有	民俗表演	组建稳定的演出队伍，并培训村民草把龙民俗表演水平	80	

村　名	建设内容及规模	总投资（万元）	备注
杉木溪村	游客中心、停车场、三改、民居改造、游步道、绿化工程	.500	
王木村	游客中心、停车场、三改、民居改造、游步道、绿化工程	500	
塔卧居委会	游客中心、停车场、三改、民居改造、游步道、绿化工程	500	
西米村	游客中心、停车场、三改、民居改造、游步道、绿化工程	500	

村 名	建设内容及规模	总投资（万元）	备注
保坪村	游客中心，停车场，三改，民居改造，游步道，绿化工程	500	
克必村	游客中心，停车场，三改，民居改造，游步道，绿化工程	500	
前进村	游客中心，停车场，三改，民居改造，游步道，绿化工程	500	
洞坎河村	游客中心，停车场，三改，民居改造，游步道，绿化工程	500	
那必村	游客中心，停车场，三改，民居改造，游步道，绿化工程	500	
下别些村	游客中心，停车场，三改，民居改造，游步道，绿化工程	500	
麻岔村	游客中心，停车场，三改，民居改造，游步道，绿化工程	500	
吊井村	游客中心，停车场，三改，民居改造，游步道，绿化工程	500	
颗砂村	游客中心，停车场，三改，民居改造，游步道，绿化工程，新司城开发工程	1500	
合计		24158	

表 14—10　凤凰县乡村旅游重点建设项目

村名	项目名称	项目基本现状	项目特色	建设内容及规模	总投资（万元）	备注
舒家塘村	天龙峡河道治理	天龙峡共有 50 个摊点，占地面积 521 亩，年接待人数约 20 万人，年综合收入约 120 万元	自然风光峡谷漂流	多条索道围绕河道，天龙峡瀑布与河道相交	500	
	游客服务中心	黄丝桥古城居民 2003 年 9 月从城内搬迁出来，并成立黄丝桥搬迁指挥部，共搬迁居民 115 户，555 人	古城古道商城小铺	黄丝桥，天龙峡景区成立游客接待中心	1800	
	商业店铺			景区四方周，古道两旁设立店铺		

村名	项目名称	项目基本现状	项目特色	建设内容及规模	总投资（万元）	备注
老洞村	服务中心	游客接待能力目前有局限	基建	平山修建星级游客接待中心和停车场，占地100亩		
	传统苗寨搬迁	解决居民时代居住需求，以便古村落保持	民居改造	修建符合时代特色的民居及配套基建，古寨保护修缮		
	休闲体验农庄	尝试现代参与农家田园农事休闲	观光休闲	400～500亩现代休闲农庄。大坪水库整修，环水库娱乐、烟雨路、排洪排涝隧道及打通、水渠修整以附属设施建设，占地500亩	1500	
	古村古迹恢复	古村、古迹破损严重	观光游览	依据历史图资料，对126户整体搬迁，民居保护，古村庄青石硬化、美化、亮化，占地面积120亩		
	道路改造	交通不便，影响接待能力，存在安全隐患	基建	路扩宽至7米并硬化，长度18公里		
勾良村	凤凰山整体开发	凤凰山现有1000多亩山林，位于勾良村东方，现有勾良苗族、古妖潭景点、苗歌、苗鼓、苗狮表演队，但勾良体量小，破坏较严重	休闲度假、农事体验	新修通主一条主干道任表演场，特色农业观光园；新修30多家农家小院，最终形成一个有体量、有特色的凤凰第一苗寨	2500	
拉毫村	特色民居改造	古地1000多亩，460栋房屋，目前已改造成280栋，年接待游客10万人左右，年综合收入40万元	古兵战建筑遗址	对180栋民居一律改为外墙贴青砖，盖瓦的仿古建筑	2000	

村名	项目名称	项目基本现状	项目特色	建设内容及规模	总投资（万元）	备注
拉毫村	河道整治	河道需清淤加固处长4公里	环境整治	对河道进行清淤加固	2000	
	道路整治	道路受损严重	基建	对道路受损处长3公里进行维修硬化		
老家寨村	索道	长2000米	旅游观光	老家寨村到凉灯路段，完善缆车、索道等配套设施		
	整体搬迁	80户，285人，每户约130平方米	民居改造	房屋设施建设为主，村道硬化、通村公路建设	1200	
	观景台通道	八公山观景台自然风貌奇特，全程2.5公里，宽6米	观光休闲	老家寨至八公山修建观景台通道、改善道路条件		
早岗村	全村整体搬迁	100户，428人，每户约130平方米	民居改造	房屋设施建设为主，村道硬化、通村公路建设		
	亮化工程	路灯30盏	观光休闲	路灯建设、景区道路硬化、停车场修建和厕所	2000	
	章军文化体验工程	早岗村为苗王龙云飞的治所	休闲体验	章军文化博物馆，真人CS设施等		

村名	建设内容及规模	总投资（万元）	备注
黄毛坪村	游客中心、停车场、三改、民居改造、游步道、绿化工程、苗王博物馆	1500	
雄龙村	游客中心、停车场、三改、民居改造、游步道、绿化工程	500	

村名	建设内容及规模	总投资（万元）	备注
东跳村	游客中心、停车场、三改、民居改造、游步道、绿化工程	500	
黄丝桥村	游客中心、停车场、三改、民居改造、游步道、绿化工程	8000	黄丝桥古城项目
塘桥村	游客中心、停车场、三改、民居改造、游步道、绿化工程	1000	薰衣草基地
竹山村	游客中心、停车场、三改、民居改造、游步道、绿化工程	500	
椿木坪村	游客中心、停车场、三改、民居改造、游步道、绿化工程	500	
菖蒲塘村	游客中心、停车场、三改、民居改造、游步道、绿化工程	1000	刁柚基地
椒林村	游客中心、停车场、三改、民居改造、游步道、绿化工程	500	
马颈坳村	游客中心、停车场、三改、民居改造、游步道、绿化工程	500	
楠木桥村	游客中心、停车场、三改、民居改造、游步道、绿化工程	500	
合计		26500	

表14-11　　　　　　　　　　　　　吉首市乡村旅游重点建设项目

村名	项目名称	项目基本现状	项目特色	建设内容及规模	总投资（万元）	备注
德夯村	乡村旅游项目	规划已经编制，位于国家级4A级景区核心部分，旅游配套设施较为齐全。年接待人数10余万人，间接就业人数600人	文化体验 观光休闲	全村特色民居改造工程；改水、改厕、改厨项目；村内到流沙瀑布峡谷游步道5000米；铺设青石板2000米；污水处理系统4处，污水管网5800米；修建停车场20000平方米；自来水管网铺设6400米	4000	
中黄村	乡村旅游项目	规划已经编制，紧邻于国家级4A级景区，年接待人数0.6万人，就业人数100人	文化体验 观光休闲	全村特色民居改造工程；民居保护20余栋；改水、改厕、改厨项目；打通至矮寨镇核心景区隧道，缩短矮寨镇核心景区所需时间至10分钟；修建苗族文化博览园1处，修建村内主干道2000米，修建自来水管网系统3400米；修建停车场12000平方米，铺设青石板铺装6000米，自然蓄水池15个及供水管网4000米，种花植木3600平方米	2000	
家庭村	乡村旅游项目	临近国家级4A级景区，年接待人数0.2万人，有保存完好的明清清斗遗址，苗族"四月八"节日发源地	文化体验 观光休闲	改水、改厕、改厨项目；修建悬崖栈道，自来水管道，自来水管网系统4800米，反季节蔬菜园2个，野生围猎射击场1个，自然蓄水池12个及供水管网3500米；种花植木3000平方米，挖掘苗族民族文化特色，公路部分地方增加会车坪	1200	

村名	项目名称	项目基本现状	项目特色	建设内容及规模	总投资（万元）	备注
坪朗村	乡村旅游项目	现已修建了一栋二层500平方米的外貌仿古综合楼，完成了特色民居改造，建成州级首个苗鼓传承所，以三组为龙头的休闲观光体验度假旅游业基本形成。年共接待游客5万多人次，截至目前，全村提供了保洁、服务等10余个就业岗位，有农家乐餐馆1个，豆腐作坊10家，草莓种植园60亩，葡萄园20亩	休闲观光度假、亲子体验、餐饮垂钓住宿、水果采摘等	修建四条景观路：村部至八劳山山顶青石板路、坪冲公路改造扩宽观光道、村部至三组观光道、坪冲至联村道。观光道沿途修建亭子10个，修建大型停车场2个，全村拟建公厕10个。修建三组啊哪河两岸景观码头、露天游泳池及休闲钓鱼场所等，露天表演戏台、樱花池改造240户的房子进行民居改造工程。新增500亩的桃花、樱花及观光带。对全村余下未改造240户的房子进行民居改造工程。新建坪朗豆腐标准化作坊，开发草莓、葡萄、红心猕猴桃、石榴各100亩，蔬菜大棚100个。修建三组观光风雨桥。完善全村污水管网处理系统	4000	
齐心村	乡村旅游项目	规划已经编制，民居保护工程正在实施，黄石洞水库至齐心村的道路安保工程几近完工。年接待人数约1万人，年综合收入5万元，可安排劳动力100人	石头村、石头寨堡、吴八月起义军火库	特色民居保护修缮328户；防洪堤800米，小流域内河道清理3000米，修建跳台20座，风土民情表演道筑建设6处；街道环境协调路灯照明2000米；铺设青石板铺装8000米，自然蓄水池15个及供水管网5400米，沿河与自然协调绿化3000平方米；污水处理系统3处，沿河污水管网3800米，修建停车场12000平方米，游客服务中心14400平方米，自行车绿道和农业观光道11400米；通村公路加宽	3000	

村名	建设内容及规模	总投资（万元）	备注
小溪村	游客中心、停车场、民居改造、游步道、绿化工程	800	
隘口村	游客中心、停车场、民居改造、游步道、绿化工程	800	茶叶观光园
枫香村	游客中心、停车场、民居改造、游步道、绿化工程	500	
河坪村	游客中心、停车场、民居改造、游步道、绿化工程	800	
十八湾村	游客中心、停车场、民居改造、游步道、绿化工程	1500	通村公路改造项目
司马村	游客中心、停车场、民居改造、游步道、绿化工程	1000	河道整治工程
排兄村吉斗寨	游客中心、停车场、民居改造、游步道、绿化工程	4000	高山观光栈道
坪年村	游客中心、停车场、民居改造、游步道、绿化工程	500	
张排村	游客中心、停车场、民居改造、游步道、绿化工程	500	
朴点村	游客中心、停车场、民居改造、游步道、绿化工程	800	
合　计		25400	

表14-12　泸溪县乡村旅游重点建设项目

村名	项目名称	项目基本现状	项目特色	建设内容及规模	总投资（万元）	备注
铁山村	乡村旅游开发项目	铁山村位于县城东北面，92户，430人，特色民居46栋，是刘邓大军解放大西南的第一站，是盘瓠文化的集中地之一，是瓦乡人聚集村，是沅水风光带的核心景点之一	文化体验、观光休闲	游客中心、公厕、停车、民俗活动场所、村级公路等基础设施建设	1200	
				古民居修缮		
				生态采摘农庄的开发		

村名	项目名称	项目基本现状	项目特色	建设内容及规模	总投资（万元）	备注
黄家桥村	乡村旅游开发项目	土地面积约0.8平方公里，共辖5个村民小组，378户，1543人，全村经济收入人年人均纯收入3200元。2014年旅游人次达18.58万人	大棚蔬菜养殖，旅游产业	旅游专线公路、停车场等设施建设	2000	
				陆军监狱、古民居古城墙、万荷园、沅水沙滩运动场等景点保护及开发		
				200亩农庄休闲基地、手工作坊街建设		
马王溪村	乡村旅游开发项目	土地面积6.18平方公里，共辖5个村民小组7个自然寨共1722人，养殖小区及陶瓷厂，人均收入达1.85万元，是湘西小康第一村，先后荣获省、州"社会主义新农村建设示范村"荣誉称号。2014年生态农业采摘观光达10万余人次	新农村建设	游客中心、公厕、停车场、户外露营基地、陶艺体验馆等设施建设	2200	
				古民居、民俗博物馆、峡谷健身道路及景观等景点保护与开发		
				生态农庄度假区建设		
岩门村	乡村旅游开发项目	岩门村兴建于明永乐二年（1404），距今有600多年，景区6平方公里现有总人口500余人。全村经济收入来源靠种养殖业、旅游业、劳务输出三大支柱产业，年人均纯收入2200元。2014年旅游接待人次达5万人	古民居集中成片，民风淳朴，有古战壕遗址	2公里旅游专线公路、接待中心、林荫停车场广场建设、村内拆迁安置	500	
				民俗展览馆、民俗表演场所、56栋古民居修缮、18公里古驿道修缮、3公里岩门古溪寨等景点保护与开发	1000	
				生态农场建设	400	

村名	项目名称	项目基本现状	项目特色	建设内容及规模	总投资（万元）	备注
红土溪村	乡村旅游开发项目	土地面积约12.67平方公里，有旅游、椪柑、大棚蔬菜、山羊养殖四大支柱产业，年人均收入4850元，是泸溪我县唯一的国家"生态家园示范村"，2014年旅游游人次达23.86万人	盘瓠祭祀、苗族数纱、特色种植特色养殖	通村公路扩建、游步道建设等基础设施建设	5000	
				辛女展览馆、辛女庙、古民居维修、沉水景观林建设、外地古建筑异地重建、盘瓠洞溶洞群建设等景点保护开发		
				生态农场建设		

村名	建设内容及规模	总投资（万元）	备注
红岩村	游客中心、停车场、三改、民居改造、游步道、绿化工程	600	
高山坪村	游客中心、停车场、三改、民居改造、游步道、绿化工程	700	
新堡村	游客中心、停车场、三改、民居改造、游步道、绿化工程	800	
岩门溪村	游客中心、停车场、三改、民居改造、游步道、绿化工程	600	
黑塘村	游客中心、停车场、三改、民居改造、游步道、绿化工程	500	
上堡村	游客中心、停车场、三改、民居改造、游步道、绿化工程	500	
芭蕉坪村	游客中心、停车场、三改、民居改造、游步道、绿化工程	600	
下都村	游客中心、停车场、三改、民居改造、游步道、绿化工程	800	

村名	建设内容及规模	总投资（万元）	备注
新寨坪村	游客中心、停车场、三改、民居改造、游步道、绿化工程	500	
大陂流村	游客中心、停车场、三改、民居改造、游步道、绿化工程	500	
合　计		18400	

表14-13　古丈县乡村游重点建设项目

村名	项目名称	项目基本现状	项目特色	建设内容及规模	总投资（万元）	备注
老司岩村	接待	游客接待能力局限	基础设施	修建接待中心、大型停车场，占地200亩	2000	
	民居改造	古村落保护	观光休闲	特色民居改造，水电路通达，新村亮化、绿化、美化，占地200亩		
	西水码头	方便游客出入通道	交通娱乐	码头及配套设施建设，占地500亩		
	古建筑修复	还原和保护古迹、提升品质	观光休闲	明清古建筑、古迹，依据历史图资料恢复还原，25户整体搬迁，部分新居拆除恢复原貌重建，古村庄青石硬化美化，古民居保护，占地120亩		
列溪村	自驾营地	游客接待能力局限	旅游接待	修建自驾游营地、大型停车场，占地100亩	1200	

村名	项目名称	项目基本现状	项目特色	建设内容及规模	总投资（万元）	备注
列溪村	民居改造	还原和保护古迹，提升品质	观光休闲	100户土家民居保护，占地120亩	1200	
	表演场所	提供展示土家文化演义场所	民俗体验	土家文化表演场及场地配套设施建，占地80亩		
岩排溪村	接待中心	游客接待能力局限	服务接待	修建游客接待中心、大型停车场，占地100亩	1000	
	苗寨民居修缮	解决居民时代居住需求	观光休闲	修建符合时代特色的民居，新村亮化绿化美化，古寨修缮，占地50亩		
	服务设施建设	农家乐及民俗风情展示区	服务接待	修建具有民族特色的宾馆及配套服务设施		
龙鼻村	风貌整治民居改造	整体风貌不统一，民居亟须修缮和保护	观光休闲	老街铺石板、水沟，对寨内50栋民居进行改造	1800	
	风雨桥	需要修缮建风雨桥	观光休闲	龙鼻至李家建风雨桥一座		
	游客接待中心	目前游客接待中心小，接待能力不足	旅游接待	需要建设一个集旅游接待、购物、停车等于一体的接待中心		

村名	项目名称	项目基本现状	项目特色	建设内容及规模	总投资（万元）	备注
毛坪村（罗依溪）	基础配套设施	有1个码头，水道可达村，但公路尚未开通	服务接待	旅游服务区建设，预计修建4个码头，修一条8000米观光游道	1800	
	水上乐园	村庄位于栖凤湖旁	娱乐体验	水上娱乐项目开发		
	渔文化展馆	网箱养鱼，全村共有3000多网箱，100多户养鱼	休闲娱乐	占约地80亩，打造渔文化馆，以研学教育为目的，作为"渔"主题旅游配套项目		
	旅游停车场	现有停车场面积小，不能满足需要	基础设施	建设一个占地80亩的停车场		
毛坪村（默戎）	村貌整治	现有的村容村貌不一致	观光接待	对村容村貌进行集中整治，尤其是对现代建筑进行维修整治	2200	
	跳歌场	缺少文化集中展示的平台	民俗体验	建一座面积5000平方米，含跳鼓场、跳花坪、苗鼓传习所等在内的大型文化广场		

村名	建设内容及规模	总投资（万元）	备注
张家坡村	游客中心、停车场、三改、民居改造、游步道、绿化工程	500	

续表

村名	建设内容及规模	总投资（万元）	备注
花兰村	游客中心、停车场、三改、民居改造、游步道、绿化工程	500	
坐苦坝村	游客中心、停车场、三改、民居改造、游步道、绿化工程	500	
翁草村	游客中心、停车场、三改、民居改造、游步道、绿化工程	500	
中寨村	游客中心、停车场、三改、民居改造、游步道、绿化工程	500	
石门村	游客中心、停车场、三改、民居改造、游步道、绿化工程	500	
合计		13000	

表14-14　全州乡村旅游公路重点建设项目

序号	线路名称	建设项目	建设标准及等级				工程状态			建设年限	项目预计投资估算（亿元）	投资来源（亿元）	
			合计	一级	二级	三级	合计	在建	拟建			国省投资	地方及其他投资
	全州合计（12）	全州合计（33）	1289	15	827	447	1289	397	892		133.375	59.755	73.62
1	吉恩高速（龙山）—里耶古龙山景区—白云山—张花高速旅游公路	龙山县石牌至洗洛公路（接湘鄂界）	27		27		27	27		2015~2017	1.25	1.08	0.17
		龙山县洗洛至里耶公路	102		102		102	102		2012~2015	7.20	4.08	3.12
		龙山县里耶经保靖白云山至花垣公路	42		42		42	42		2015~2017	6.26	5.00	1.26

序号	线路名称	建设项目	建设标准及等级				工程状态				建设年限	项目预计投资估算（亿元）	投资来源（亿元）	
			合计	一级	二级	三级	合计	在建	拟建				国省投资	地方及其他投资
		全州合计（33）	1289	15	827	447	1289	397	892			133.375	59.755	73.62
2	芙蓉古镇—保靖四方城—里耶古城旅游公路	S317 保靖清水坪至秀山石堤公路（接湘渝界）	8		8				8	2017～2019		0.96	0.40	0.56
		保靖县迁陵至清水坪公路	65			65		65		2011～2015		4.88	1.63	3.25
		龙山县洗车至里耶公路	40		40			40		2015～2017		3.28	1.60	1.68
3	里耶古城—洗车—洛塔—龙永高速旅游公路	S259 龙山县洗车经洛塔至水沙坪公路	50			50			50	2017～2020		4.00	2.00	2.00
		S314 永顺县基湖经四岐联龙山县靛房至塘口公路（接湘渝界）	38		38				38	2018～2020		4.56	1.90	2.66

序号	线路名称	建设项目	建设标准及等级				工程状态			建设年限	项目预计投资估算（亿元）	投资来源（亿元）	
			合计	一级	二级	三级	合计	在建	拟建			国省投资	地方及其他投资
	全州合计（12）	全州合计（33）	1289	15	827	447	1289	397	892		133.375	59.755	73.62
4	里耶古城—八面山景区旅游公路	S259里耶绕古城公路	12	12					12	2016～2018	1.70	0.60	1.10
		S260龙山县里耶至八面山公路（接湘渝界）	35			35			35	2015～2017	1.90	1.40	0.50
5	边城景区—古苗河观光旅游公路	G242秀山县洪安—花垣竹篙滩（接湘渝界）	39		39				39	2016～2018	4.68	1.95	2.73
6	边城—山江—黄丝桥—凤凰古城旅游公路	G352吉首乾州至凤凰腊尔山	55		55				55	2016～2018	6.60	2.75	3.85
		G319花垣县排碧至吉首市社塘坡公路（即G319吉首改线段）	44		44				44	2016～2018	8.80	2.20	6.60

序号	线路名称	建设项目	建设标准及等级				工程状态			建设年限	项目预计投资估算（亿元）	投资来源（亿元）	
			合计	一级	二级	三级	合计	在建	拟建			国省投资	地方及其他投资
	全州合计（12）	全州合计（33）	1289	15	827	447	1289	397	892		133.375	59.755	73.62
	边城—山江—黄丝桥—凤凰古城旅游公路	G354凤凰至大兴机场公路（接湘黔界）	15	15			15		15	2015～2017	4.50	1.50	3.00
6		S259凤凰千工坪至云场坪公路（接湘黔界）	59			59	59	59		2016～2018	2.50	1.77	0.73
		泸溪白沙经浦市至辰溪潭湾公路（接怀化辰溪）	30		30		30	30		2015～2017	2.20	1.20	1.00
	常吉高速—浦市古镇—木江坪—凤凰古城旅游公路	泸溪县S252、S254浦市经兴隆场至能滩公路	83		83		83		83	2016～2020	8.00	4.15	3.85
7		泸溪兴隆场经箭斗山至凤凰木江坪公路	27		27		27		27	2018～2020	6.00	1.35	4.65
		凤凰木江坪至凤凰古城公路	32		32		32	32		2015～2017	2.70	1.28	1.42

序号	线路名称	建设项目	建设标准及等级				工程状态			建设年限	项目预计投资估算（亿元）	投资来源（亿元）	
			合计	一级	二级	三级	合计	在建	拟建			国省投资	地方及其他投资
	全州合计（12）	全州合计（33）	1289	15	827	447	1289	397	892		133.375	59.755	73.62
		吉首德夯至保靖夯沙公路	18			18			18	2015～2017	3.30	0.72	2.58
8	吉首德夯—吕洞山—仙仁—芙蓉古镇旅游公路	S253花垣县螺丝潭至董马库（接保靖夯沙）公路	65		65				65	2016～2018	5.20	3.25	1.95
		S262保靖夯沙至迁陵公路	68		68				68	2016～2018	8.40	3.40	5.00
		保靖水田至仙仁公路	35			35			35	2018～2020	5.50	1.40	4.10
		花垣县黄土坪经正耳至排碧公路	40			40			40	2018～2020	1.60	1.60	0.00
	芙蓉镇—栖凤湖—高望界—小溪（凤滩）公路	S317、S254古丈三道河—高峰镇溪公路	27		27				27	2016～2020	3.24	1.35	1.89
9		S313古丈罗依溪至沅陵凤滩湘西段（接怀化沅陵）	44			44			44	2016～2020	5.50	1.76	3.74

序号	线路名称	建设项目	建设标准及等级				工程状态			建设年限	项目预计投资估算（亿元）	投资来源（亿元）	
			合计	一级	二级	三级	合计	在建	拟建			国省投资	地方及其他投资
	全州合计（12）	全州合计（33）	1289	15	827	447	1289	397	892		133.375	59.755	73.62
10	吉首火车站—矮寨镇—公路奇观旅游公路	吉首寨阳至矮寨公路	15			15	15		15	2016～2018	0.90	0.60	0.30
11	不二门—老司城—猛洞河—芙蓉镇	老司城至禁果庄公路	9			9	9		9	2015～2017	0.65	0.36	0.29
		永顺石堤经马拉河至老司城公路	12			12	12		12	2018～2020	0.96	0.48	0.48
		S256永顺龙寨至永顺县城公路	28		28		28		28	2018～2020	3.36	1.40	1.96
		龙寨经塔卧至车坪公路	30		30		30		30	2018～2020	3.00	1.50	1.50
		永顺县城至小农村公路	30		30		30		30	2015～2017	5.00	1.50	3.50
12	G352（西米）—小溪旅游公路	S254永顺县西米经展笔至小溪公路	65			65	65		65	2018～2020	4.80	2.60	2.20

第十五章 近期行动

一、全速推进 24 项具体工作

全力争取湘西州乡村旅游重点项目，进入国家战略规划、省部级专项发展规划；将全州和各县市乡村旅游重点项目进入湘西州"十三五"国民经济和社会发展总体规划重点项目。国务院七部委《关于实施乡村旅游富民工程推进旅游扶贫工作的通知》，为湘西州全力上争并对接政策提供了方向。全州上下各部门、各县市必须立即行动起来，积极对接 24 项具体工作，具体内容见表 15-1。

表 15-1　　湘西州乡村旅游对接七部委政策和重点任务分工及进度

序号	工作任务	负责单位
1	完成湘西州"国内外知名生态文化公园"建设规划编制，推进湘西自然和文化遗产保护和利用	州发展改革委等
2	完善湘西州乡村旅游统计指标体系和调查方法，建立科学的旅游发展考核评价体系	州统计局、旅游局等
3	将发展乡村旅游作为精准扶贫的核心工作，将生产发展、基础设施和教育培训与乡村旅游有机融合	州扶贫办、州市县对口扶贫单位与个人
4	深入推进少数民族传统村寨保护、生态文明村、旅游特色名村、中国传统村落、美丽乡村建设工程	州民宗委、环保局、旅游局、住建局
5	完善全州旅游（包括乡村旅游）宣传推广体系，采取政府购买服务等方式，逐步实现全州旅游宣传促销专业化、市场化。建立多语种的全州旅游宣传推广网站，加强全州旅游形象宣传	州旅游局、州委宣传部等

序号	工作任务	负责单位
6	争取建设特殊的"旅游口岸"政策，争取在凤凰铜仁机场和湘西机场，实现落地签证。为外国旅客提供签证和入出境便利，不断提高签证签发、边防检查等出入境服务	州公安局、湘西海关、旅游局等
7	发挥苗族和土家传统医药优势，形成一批民族医药健康旅游服务产品。规范服务流程和服务标准，发展特色医疗、疗养康复、美容保健等医疗旅游	卫生计生委、旅游局、中医药局等
8	交通规划建设，充分考虑旅居全挂车营地和露营地建设标准，完善旅居全挂车上路通行的政策措施	州公安局、交通运输部、旅游局、体育局等
9	加强乡村旅游精准扶贫，扎实推进乡村旅游富民工程，带动贫困地区脱贫致富	州发展改革委、州扶贫办、旅游局等
10	加强对研学旅行的管理，规范中小学生集体出游	州教育局、各中小学校、旅游局等
11	实施湘西州旅游商品品牌建设工程，重视旅游纪念品创意设计与开发，提升文化内涵和附加值，加强知识产权保护，培育体现湘西地方特色的旅游商品品牌	州旅游局、工信办等
12	积极满足退税条件，争取境外旅客购物离境退税政策	州财政局、湘西海关、税务局、商务局、旅游局等
13	完善加油站点和高速公路服务区的旅游服务功能，加快推进高速公路电子不停车收费系统（ETC）建设。将通往旅游区的标志纳入道路交通标志范围，完善指引、旅游符号等标志设置	州交通局等
14	建立严重违法企业"黑名单"制度，加大曝光力度，完善违法企业监督机制	州旅游局、工商局等
15	利用风景名胜区、自然保护区、文物保护单位等公共资源建设的景区门票，景区内另行收费的游览场所、交通工具等项目价格要实行政府定价或政府指导价，体现公益性，严格控制价格上涨	州发展改革委等
16	利用民族政策，争取民族节庆时间放假。将带薪年休假制度落实情况纳入议事日程，作为劳动监察和职工权益保障的重要内容，推动机关、企事业单位加快落实职工带薪年休假制度	州民委、人力资源社会保障局、州总工会等
17	在教学时间总量不变的情况下，吉首大学和高职院等高等学校可结合实际调整寒、暑假时间，全州中小学可按有关规定安排放春假，为职工落实带薪年休假创造条件	吉首大学、州教育局

序号	工作任务	负责单位
18	编制全州生态旅游发展规划,加强对全州重点旅游区域的指导,抓好集中连片特困地区旅游资源整体开发,引导生态旅游健康发展	州发展改革委、旅游局、环境保护局、住房城乡建设局、林业局、扶贫办等
19	争取中央政府对湘西州重点景区、乡村旅游、红色旅游、集中连片特困地区生态旅游等旅游基础设施和生态环境保护设施建设的支持力度	州发展改革委、旅游局等
20	积极争取中央财政支持旅游业发展的相关政策,做好全州旅游宣传推广、规划编制、人才培养和旅游公共服务体系建设	州财政局、发展改革委、旅游局等
21	改革完善旅游用地管理制度,推动土地差别化管理与引导旅游供给结构调整相结合	国土资源局、旅游局等
22	编制和调整土地利用总体规划、城乡规划功能区规划时,要充分考虑相关旅游项目、设施的空间布局和建设用地要求	州国土资源局、住房城乡建设局、旅游局等
23	支持吉首大学、湘西职业技术学院的旅游人才的长期发展规划培养,优化人才发展的体制机制	州旅游局、教育局等
24	建立完善旅游人才评价制度,培育职业经理人市场。推动导游管理体制改革,建立健全导游评价制度,落实导游薪酬和社会保险制度,逐步建立导游职级、服务质量与报酬相一致的激励机制	州人力资源社会保障局、旅游局等

二、全力实施 60 个重点项目

根据第十四章重点项目中提出的 6 大工程 60 个项目,稳步实施,扎实推进,全力以赴。"十三五"时期,投入资金 197.5 亿元,其中,到 2017 年累计投入资金 100 亿元。

(一)乡村旅游基础设施完善工程近期行动计划

1. 乡村旅游公路建设与提质近期行动计划

完成湘西州乡村旅游大环线升级与改造工作,新建及改造二级路

1000 公里，投入专项资金 110 亿元；完成 80 个重点村寨的旅游停车场建设和 8 县（市）乡村旅游标识系统建设工作，投入专项资金 1.63 亿元。

2. 乡村旅游厕所建设近期行动计划

完成 8 县（市）80 个重点村寨和乡村游旅游景区、旅游线路沿线、交通集散点、旅游餐馆旅馆、旅游娱乐场所、休闲步行区 180 个乡村旅游厕所建设工作，投入专项资金 0.5 亿元。

3. 乡村旅游生态文化绿道建设近期行动计划

完成 8 县（市）乡村旅游生态文化绿道建设工作，建成绿色长廊 254 公里，投入专项资金 5.1 亿元。

4. 点上行动：44 个村寨旅游基础设施建设近期行动计划

按照"六个一"的标准，完成 80 个重点村寨的相关旅游接待设施建设工作，投入专项资金 7.7 亿元。

5. 面上行动：两个基地一个市场近期行动计划

近期完成两个基地一个市场项目建设的前期规划编制、土地征收及招商引资工作，预计投入资金 7 亿元。

（二）乡村智慧旅游系统建设工程近期行动计划

1. 湘西乡村旅游三维全景项目近期行动计划

近期完成 80 个重点村寨三维全景信息进行采集、制作、上传与维护工作，预计投入资金 160 万元。

2. "互联网 +"湘西乡村旅游项目近期行动计划

近期完成 8 县（市）特色产品网络商城建设工作，初步实现产品批发、代销、零售等营销活动等功能。预计投入资金 100 万元。

（三）乡村旅游创新创业推进工程近期行动计划

1. 乡村旅游创业主体引导项目近期行动计划

近期支持 80 个村寨，通过乡村旅游创业主体项目的引导，实现村村创办有 2 家农家乐、1 家小微型乡村旅游企业，给予每家农家乐和小微型乡村旅游企业 1 万元专项扶持资金，给予每家新创企业 3 年 20 万元额度的贴息贷款。预计投入资金 828 万元。

2. 乡村旅游创意支持平台项目近期行动计划

近期支持每个县（市）建设 1 个乡村旅游创业基地，建设 1 个乡村旅游创业服务网站与平台，完成 80 个村寨培训 800 人次培训工作。预计投入资金 4136 万元。

（四）乡村旅游生态文化保护工程近期行动计划

1. 乡村旅游生态环境保护工程近期行动计划

尽快启动酉水流域、沅水流域生态环境（水体）保护项目，对酉水流域与沅水流域内第一批重点村寨生态环境（水体）实施保护。启动濒危动植物保护项目，对重点村寨范围内及周边地区濒危动植物物种实施保护计划，开展保护行动。近期预计投入资金 3 亿元。

2. 乡村旅游文化元素保护项目近期行动计划

近期要做好 80 个重点村寨的非遗保护与乡村旅游衍生品开发工作，搞好土家语、瓦乡语濒危语言保护工作。预计投入资金 0.64 亿元。

（五）乡村旅游民居保护整理工程近期行动计划

1. 乡村民居保护与村寨风貌整治近期行动计划

近期做好 80 个重点村寨的民居保护与村寨风貌整治的前期规划编制、村寨的主要廊道及村寨内的主要通道进行"穿衣戴帽"整治工作。

预计投入资金 8 亿元。

2. 村庄环境整治近期行动计划

近期做好 80 个重点村寨的村庄环境整治工作，做到村村有 1 个垃圾集中处理场，每户有 1 个垃圾桶。预计投入资金 600 万元。

（六）品牌塑造服务管理提升工程近期行动计划

1. 世界农业遗产申报项目近期行动计划

近期做好世界农业遗产申报项目的前期研究及规划编制工作。预计投入资金 1000 万元。

2. 乡村旅游创意活动策划与节庆营销近期行动计划

每个县（市）要创意策划一场大型的乡村旅游节庆活动；第一批村寨各推出 1 本精美的宣传画册，各推出 1 期旅游微刊；赴张家界、长株潭、成渝城市群等周边地区搞一场旅游产品推介会。预计投入资金 3000 万元。

3. 乡村旅游商品开发与品牌提升近期行动计划

近期内，每年举办 1 次旅游产品创意设计大赛，举办 1 次旅游工艺品博览会。预计投入资金 500 万元。

4. 乡村旅游新业态创建近期行动计划

近期内对首批 80 个重点村寨培训 800 人，对 8 县（市）旅游从业人员培训 1500 人。预计投入资金 115 万元。

5. 乡村旅游示范点建设近期行动计划

近期内创建 8 个乡村旅游示范点，8 个 4A 级乡村旅游景区、16 个 3A 级乡村旅游景区。预计投入资金 4000 万元。

第十六章 保障措施

一、政府推动

（一）开放观念推动

各级党委政府要高度重视乡村旅游发展，把认识统一到发展乡村旅游是实现全州经济社会转型升级发展的战略高度，发展乡村旅游是全州转方式、调结构、促增长的重要手段。传统矿产业的路已越来越窄，旅游业日益成为朝阳产业、战略新兴产业。要打破依靠传统锰锌钒铝矿产业的发展格局，以生态文化转变经济增长方式，大力改造食品加工、生物医药等传统优势产业，培育发展页岩气、生物能、新材料等无污染新兴产业，大力发展乡村生态文化旅游业。

1.党委领导、政府主抓、综合协调、全力推动

根据中央强化党委对经济工作领导的要求，实施州、县、乡镇三级乡村旅游工作推进责任制。以州主管领导牵头、州相关局领导参与的湘西自治州乡村旅游管理工作领导小组，负责指导、协调湘西州乡村旅游开发、建设工作。设立以州旅游局牵头的湘西州乡村旅游管理工作办公室，明确乡村旅游产业的行业管理主导性职能。各县成立由县主管领导牵头、县相关职能部门领导参与的县乡村旅游管理工作领导小组，负责指导、协调县乡村旅游开发、建设工作。乡镇成立有乡镇主要领导牵头、相关村主要领导参与的景点管理办公室，以负责景点的日常管理、建设旅游等协调工作。鼓励州、县以乡村旅游接待村或旅游合作社为单位组织成立乡村旅游协会，制定《乡村旅游协会章

程》。明确协会职责，建立议事制度，决定协会事务和共同宣传推介行动，统一规划旅游产品体系，统一对外促销，统一使用协会标识，打造品牌，突出特色，确保"健康、有序、质量、效益"目标的实现。鼓励乡村旅游发展基础较好的县（市），先期探索组建乡村旅游集团，逐步推广，共同协调发展湘西州乡村旅游，在打造乡村旅游特色村寨的基础之上，统筹划一，规范旅游发展中的旅游餐饮、旅游住宿、旅游购物等要素，提升湘西乡村旅游的整体水平。在村级建立强有力的自治组织，与开发公司成立联合管理机构，进行自我管理，强化农民参与，提高农民积极性；政府通过制定规范进行引导、调控。综合协调，形成合力。湘西自治州、县乡村旅游管理工作领导小组定期召开乡村游工作研讨会，研究、落实"湘西州乡村旅游发展规划"，工作研讨会每年不少于两次。州、县乡村旅游管理办公室及相关单位企业组成"乡村旅游联席会议"，定期召开会议，针对乡村旅游的开发现状及问题，及时研究解决。

2. 精准扶贫、旅游担纲、部门协作、合力推动

实施精准扶贫，是中央和省委的重大决策部署和重要工作任务。努力实现2017年建州六十周年城乡面貌发生历史性变化，确保2020年全州贫困县全部摘帽、基本同步建成小康，是州委州政府"十三五"发展指导思想。要全力推进乡村旅游精准扶贫，将精准扶贫的产业发展、基础设施、教育培训等工作与乡村旅游无缝对接，将精准扶贫、特色民居保护、民族村寨建设、生态村建设、美丽乡村建设、村镇棚户区改造、风情小镇建设、非物质文化遗产保护、城乡同建同治等工程和项目，按乡村旅游的标准进行规范和整合，进行规划、资金、市场、人员整合，合力打造特色村寨旅游。搞好部门分工协作，发展改革部门负责指导协调重点村交通体系发展，支持重点村及周边重点景区基础设施建设；旅游部门负责重点村的旅游规划引导、公共服务设施建设、宣传推广、人才培训、市场监管以及跟踪统计工作；环保部门指导重点村环境综合整治工作；住房城乡建设部门负责重点村的规划设计工作，协调利用农村危房改造、特色景观旅游村镇和传统村落及民居保护等项目资金，支持重点村改造建设；农业部门负责协调重点村的特色农产品开发和指导休闲农业发展及观光体验、教育展示、

文化传承等设施建设；林业部门要结合职能，发挥资源管理优势，指导周边景区生态保护与开发，打造精品景区；扶贫办负责协调利用专项扶贫资金和扶贫小额信贷，支持重点村建档立卡贫困户参与乡村旅游项目；文广新局及电视台等媒体部门，负责湘西州文化的研究、保护、开发、利用、宣传工作；交通部门负责乡村游重点村的交通设施改造升级工作；土地管理部门负责重点村的土地流转工作；各级政府办公室负责协调电力、电信、网络、铁路、高速、机场等部门工作，强化各大乡村游重点村的基础设施。

3. 顶层设计、规划引领、实干兴旅、考核推动

积极落实"湘西州乡村旅游发展规划"，要把乡村旅游工作纳入各级党政部门的议事日程，纳入工作考核体系，做到有目标、有计划、有措施、有检查、有奖惩。州县各相关部门根据"湘西州乡村旅游发展规划"要求，结合各自职能，在制定政策、编制规划、分配资金、安排项目时，向乡村游重点村镇倾斜，形成乡村旅游开发推力。

（二）创新融资推动

大力招商引资，拓展融资渠道，集聚乡村旅游发展资金。采取政府投资、部门投资争取政策支持资金等方式广泛吸纳资金，并出台优惠政策激活民间资本参与乡村旅游项目建设。可以通过资源转资本、资本转证券的融资方式，组建乡村旅游投资公司（旅游投），适度利用政府融资平台，大胆利用 PPP 融资模式，推动乡村旅游公共服务项目投资。

1.PPP 模式

PPP 即英文 Public-Private-Partnership 的字母缩写，是指政府与私人组织之间，为了建设基础设施或是提供某种公共物品和服务，以特许权协议为基础，并通过合同来明确双方的权利和义务，重庆"十二五"期间大力推进 PPP 模式进行基础设施建设取得突出成效。吉首要大力启动 PPP 模式，推动乡村旅游基础设施建设。

2. 旅游扶贫小额信贷

湘西是国家新阶段扶贫攻坚的主战场之一，是全国连片特困地区中先行先试的核心样本。2013 年，习总书记到湘西调研时，更明确指

出，将花垣县作为"旅游扶贫试点县"。吉首作为州府，是区域金融中心，推广旅游扶贫小额信贷这一模式有良好的政策和资金基础。再者，乡村旅游发展项目并非动辄成千上亿，大量的微小型精品项目有待开发，为吉首发展乡村旅游的发展留下了市场蓝海。而对于当地村民而言，借助旅游扶贫小额信贷，发展农家乐、采摘园、乡村民宿、民俗风情表演等项目，可实现真正意义上的"就地致富"。

3. 农业众筹

近年来，农业众筹的兴起为乡村创业者提供了一种筹措资金的新方式。此模式借助互联网，特别是移动互联网社群的联合，根据订单决定生产，使广大创业者能够抱团发展，互通有无，消除因过多中间环节的耗损。这恰巧是目前乡村旅游发展所急缺的。对于各方面条件都不尽成熟的吉首而言，此种方式可为乡村旅游项目的开发、农特产的营销推广、乡村旅游产品的经营管理搭建一条真正意义上的高效之路。

4. 项目资产证券化

综观吉首的经济发展史，出于各种原因，一直存在大型项目融资困难的问题，使当地错失了许多赶超发展的机会。乡村旅游热的到来，急需大量的投资项目作为牵引推动。因此，吉首必须改变发展观念，和项目投资商一起，积极推动"资源——资产——资本——证券"的逐步转化，为吉首乡村旅游的项目发展募集到最大量的资金，解决乡村游发展的资本"瓶颈"。

（三）强化政策推动

1. 用活乡村旅游土地使用政策

乡村旅游项目建设用地，可以通过招标、拍卖、挂牌的方式获得土地使用权，收取的土地出让金，可用于该项目的基础设施建设。鼓励各种资本形式在荒山、荒坡、荒滩进行乡村旅游开发，支持农民在自己承包的果园、林地、田地等地依法依规开展劳作体验、食宿接待等乡村旅游项目的开发建设。创新土地流转方式。在不违反国家法律法规的前提条件下，大胆采用方式灵活的农村土地流转方式，推动乡村旅游项目建设。将按照"土地确权、两权（所有权和使用权）分离、价值显化、市场运作、利益共享"方针，依据土地有偿使用原则，农业用地和建设用地使用权，实行有偿有期限流转制度。大力推进乡村旅游用地规模化、集约化发展。在自愿、依法、有偿的前提下，进一步完善农村土地使用权流转机制，引导土地向业主集中，改变传统的分散经营模式。农业用地在土地承包期限内，可以通过转包、转让、入股、合作、租赁、互换等方式出让承包权，鼓励农民将承包的土地向专业大户、合作农场和农业园区流转，发展农业规模经营。集体建设用地，可通过土地使用权的合作、入股、联营、转换等方式进行流转，鼓励集体建设用地向城镇和工业园区集中。激活农村宅基地资源。根据农民意愿，在满足农民居住自用的基础上，引导将多余产权房入股规模型产权式乡村旅游住宿设施，开展乡村旅游经营活动。按照统一规划、集中建设、节约集约的要求，在保证农民生产生活方便的前提下，鼓励合理利用农村空置房、宅基地和集体建设用地发展乡村旅游。重视保护农民的土地权益。在土地流转的过程中，注重合同管理，由村集体、农民和开发商签订"三方协议"。三方协议保证土地集体所有，农民享有承包权的性质，保证村民除得到土地租金外，同时获得土地增值收益。农民以土地入股时，协议中必须明确规定土地入股的利益分配方式，确保农民利益得到最大的满足。

2. 制定相关优惠政策

出台"湘西州乡村旅游发展扶持优惠政策"，落实投资、消费、土地、税收、科技、扶贫、贷款、创业等扶持政策，争取在资金、政策、人才、信息、宣传、招商等各个方面给予企业、农户大力支持。投资优惠政策。鼓励利用荒山、荒坡、荒滩或村内空闲地进行乡村旅游开发，村民或其他经营户，可采取租用的办法使用土地。在开发乡村旅游上，减征和免征土地使用费、耕地占用税、工商登记费、个体工商管理费以及行政事业性收费等。税收优惠政策。对新办独立核算乡村旅游企业，自开业之日起，经税务机关批准可减征或免征所得税三年。对经旅游主管部门规划论证批准兴建的乡村旅游景区、景点，建议降低税率征收固定资产投资方向调节税。大力促进兴办合资、合作和独资乡村旅游企业，在用好国家规定的吸引外资优惠政策的同时，可以适当放宽政策，给予更大优惠。同时可以对接待入境旅游旅行社的结汇，参照工业企业出口退税办法，按一定比例提成奖励。科技扶持政策。要加大对乡村旅游的科技扶持，纳入全州相关科技发展与支持计划，享受相关扶持政策。

（四）扶持典型推动

针对湘西州市场和民间开发乡村旅游力度弱、能力欠缺、招商引资难的现实，必须由政府推动建设乡村旅游示范村寨，形成示范效应，带动社会对乡村旅游开发投资。深挖重点村寨的风土人情、历史遗迹、特色产业和民风民俗等乡村旅游资源，选择一两个村，由涉旅相关部门或对口扶贫部门进行全程示范打造，高标准推进食住行游购娱项目开发，做成乡村旅游示范与典型村寨。在抓好部分典型村寨发展的基础上，再以点连线并连线成片发展；对在国家、省、州政府举办的各种品牌创建活动中成功创建的旅游点按照不同级别给予一定的奖励等。建设乡村旅游示范服务点。集中优势资金和政策，每三五年集中力量打造、建设 1 ~ 2 个乡村游重点村落或重点片区，打造一个，成熟一个，打造一个，带动一片。对以农户家庭为基本经营单位、依托农家自有房屋等生产资料创办的"农家乐"休闲旅游业项目，各相关部门要根据在政策上适当倾斜，简化办证手续，减免税费，加强指导和服务；制定科学的乡村旅游服务规范标准，建立健全行业监管服务体系，强化乡村旅游市场监管，推选一批诚信模范典型乡村经营户，通过评级挂牌等方式进行大力宣传，发挥示范引领作用，实现乡村旅游健康可持续发展。提高乡村旅游从业人员素质。采取"走出去、请进来"的方式，送教上门、举办多类别专业培训，造就一批懂业务、会经营、讲诚信的乡村旅游经营管理人才和旅游服务从业人员。

（五）规范管理推动

1.积极编制实施乡村旅游发展规划

加强项目建设引导。遵循全域规划、全域整治和重点建设的理念，推进规划思路化、规划项目化和项目资金化。规划要尊重自然美、侧重现代美、重视个性美、构建整体美，尤其要做好特色示范村寨的基础设施、景点创意、民居保护、游道改造、村寨绿化和特色产业等专项规划的协同性。通过规划对农家乐和乡村旅游项目的选址、设计、经营等方面进行规范，达到生态环境优化、文化创新、土地集约利用和公共服务提升的目的。

2. 制定相关管理法规

积极配合与指导，保障乡村旅游的卫生应急、治安巡护、消防监管和生态安全，制定乡村旅游产业标准，开展行业指导和管理。制定乡村旅游管理条例。联合相关部门制定"湘西州乡村旅游实施和管理条例"。切实落好扶持政策，制定针对相关乡村旅游开发的专项地方标准，并组织实施。对乡村旅游发展给予政策性倾斜。积极整合村镇的优秀资源，优先规划安排乡村旅游的重点区域、重点线路、重点项目的开发建设，充分授权乡村旅游企业开展自主经营，旅游项目经营权转让或外包。制定具体的旅游管理办法及科学的评估机构，对受让方或承包方的旅游经营经验、人力资源以及财务状况等进行评估，并签订严格的环境和资源保护协议，以确保资源和环境可持续利用的前提下保障旅游项目的成功开发和健康运行。

3. 制定实施强制性乡村旅游服务标准

建立健全乡村旅游标准化体系，建立和实施乡村旅游住宿、餐饮、娱乐、购物等主要消费环节的服务规范和安全标准。启动乡村旅游经营的准入标准、组织管理标准、基础设施标准、服务标准、市场营销与信息管理标准、乡村旅游区质量等级划分评定标准，有序推进各项工作，提升乡村旅游产品质量和档次。

4. 制定实施乡规民约规范乡村旅游行为

各旅游村要着力于保护本村独特的乡村自然与文化景观，制定乡村自然与文化景观的村规民约。具体应包括对以下几个方面的保护：一是加强村落传统建筑格局和原有的风貌的保护。不得擅自迁移、拆除、损坏老屋老宅，但要拆除与传统风貌不协调的新房屋和门面装修，恢复传统房屋的风貌；对古迹、老屋、老宅的维修、修复、重建必须按原有风貌进行施工，对原有建筑物和构筑物区分不同情况，采取保护、保留、整治、更新等措施，保护原有房屋结构、建筑构件、建造工艺和材料；对老屋、老宅的修缮和重建必须经由村委会批准。二是加强对新建建筑物的控制和审批管理。在村落保护范围内，严禁修建与景观相冲突的建筑；严格控制建筑布局和建筑密度，控制新建建筑物和构筑物的使用性质、高度、体量、色彩等，使新建房舍与传统房舍建筑，在风格和材料色彩上相协调，使新区建设与旧区保护在用地布局和外空间关系上相协调，新建房舍必须经由村委会批准。三是加强对乡村景观协调性的统一管理。村委会对村内公用设施设置、村落及周边的广告、商业标志、路标、街道装饰的管理统一负责，力求使其与周边的环境相协调，与乡村风格保持一致；使一级公路、村路、游憩通道、临街房屋和院落具有观赏性，遮挡临街的房屋，在不适于旅游者接触和观看的场所外设立围墙（篱笆），进行粉刷。四是加强对老屋老宅及空闲置房的保护、利用和管理。村委会监督老屋、老宅的所有权人按照要求，对老屋、老宅的维护和修缮；老屋、老宅有损毁危险，且所有权人不具备修缮能力的，由村委会上报当地人民政府采取措施进行保护。迁出民俗旅游村或长期不在村内居住的居民，与村委会协议将自有但无人看护的老屋、老宅辟为旅游设施，避免因长期搁置不用，保护不善而损毁。五是加强村内非物质文化遗产的保护和开发。村委会负责并号召村民加强对乡村民间文化的收集，整理、研究与利用，继承和弘扬优秀的民族传统文化与代表传统文化精髓的家族文化；传承、弘扬乡土文化艺术，传统文化艺术、民俗活动、传统歌舞、传统戏曲、传统工艺、传统节事活动、非文字记载的民风民俗和其他非物质文化遗产。经营地方小吃和传统工艺品；积极进行民间工艺品的生产、交易、收藏和展示活动；避免引入与本地乡村文化保护相冲突的商业娱乐活动。

二、市场拉动

发展乡村旅游，政府只是推手，要健康可持续发展，还得依靠市场力量。

（一）培育得力的市场经营主体

1. 乡村能人推动

村民能手作为乡村旅游发展的核心要素之一，其是否具有极强的市场分析、村民组织、产品运营等能力,直接影响着该村乡村旅游发展的进程速度,如凤凰山江苗寨旅游的飞速发展就是得益于当地精英能手的组织和带动。必须要明确乡村能人在旅游开发中的核心推动作用,鼓励乡村能人以市场机制,成长为乡村旅游开发的核心。

2. 本地居民参与

乡村游是实施扶贫开发的重要平台,必须要发动居民参与,鼓励百姓进行乡村旅游创业活动;发展指标要与居民的经济效益结合起来,构建管理制度和机制保障居民受益。

3. 乡村创客引领

从在乡村旅游中萌发的国家农业公园、休闲农牧场、乡村运动营地、乡村庄园、艺术村、市民农园、高科技农园、乡村民宿、洋家乐、文化创意农园等新业态来看,以艺术家、建筑师、规划师等专业人士甚至是在华生活的"老外"为主的"乡村创客"群体已成为发展乡村旅游的新生主力,特别是在乡村旅游的发展创意和上视觉呈现上有着不可取代的作用。

(二)构建高效的市场运营方式

1. 以市场为开发为核心机制

以市场主体为核心,大力鼓励村民自主经营,同时要鼓励产业大户独立承包开发、大户联合开发、村集体自主开发、建立乡村旅游合作社等形式开发乡村旅游。可通过转包、转让、入股、合作、租赁等方式组建股份公司合作开发,或者卖断经营权,独立开发。重视引进大型旅游集团,培育本地旅游企业。大力推进旅游项目建设,通过引进旅游大企业集团,学习其先进的管理技术和管理方式,支持其产业链条延伸和产品创新。重视对本地企业的培育,特别是要强化金融支持,促进企业发展。

2. 充分利用民间资本

在确保农民利益基础上,鼓励社会资金以租赁、承包、联营、股份合作等多种形式投资开发乡村旅游项目;兴办各种旅游开发性企业和实体;鼓励农民集资入股或以村组集体经济组织采取"公司+农户"方式参与乡村旅游投资开发;有条件的地区要引导大企业参与投资开发，推动乡村旅游向集约化、规模化发展。积极探索招商引资与自筹资金相结合，农民户办、多家联办、城乡居民合办、城州居民承包独办、旅行社承办、业主成片租赁承包开发或与区内农户股份合作开发等多种形式，创办特色乡村旅游项目。

3. 灵活运用多种运营模式

村集体产业实力比较强的村寨可以直接采取以合作社为核心的开发模式，具体形式包括合作社＋农户、政府＋合作社＋农户、外部公司＋合作社＋农户等；村集体产业比较薄弱，则可以采取以外部（本村）投资者为主的模式，具体形式包括公司制、股份制、政府＋公司＋农户、个体农庄等模式；作为旅游目的地的村寨，可以成立以旅游协会（公司）为核心的模式，具体形式包括政府＋公司＋农村旅游协会＋旅行社模式等。

4. 重视发挥专业人才的智慧

发挥典型打动。除了要遵循传统的组织管理模式之外，还要注重"村民能手＋乡村创客"这一新型模式的推广，以点带面，借助产业、文化、科技、创新等各领域人才的智慧，壮大乡村旅游发展的人才队伍，推动农业专业合作社、农业联合协会、乡村创客基地等组织的建立，以期做到乡村旅游的全域化、特色化、精品化发展。

（三）确立公允的市场利益共享机制

建立政府、企业、村集体、农户的利益协调机制，避免乡村旅游开发利益冲突。一是要构建利益群体关系协调机制。投资商与农民利益关系，重点片区可以实现政府、企业、农民合作的资本多元化的集体所有制股份公司，政府以资源入股，如土地等；农民也以资产参股，作为股东，保障其利益；企业投资，作为控股方；以多种方式寻找三方的和谐合作。二是要构建农民利益保障体系。保障农民利益分配与长远利益，保障直接收益与间接收益群体的合理分配。

（四）实施主动的市场合作营销行动

1. 实施乡村旅游精品营销行动

打造乡村旅游精品景点，以农业资源、乡村生态资源、民俗文化资源、历史文化资源等为依托，打破第二产业与第三产业的界限，推动农文融合，打造适应市场需求的现代农业观光游、乡村生活体验游、乡村民俗风情游等乡村旅游精品。实施乡村旅游服务示范点创建工程。通过"百千万工程""3521工程""全国农业旅游示范点""星级农村旅馆"等创建活动，提升乡村旅游示范点的产品品质和知名度。积极打造乡村游文化品牌。要根据各个村的民间文化、民情民俗，挖掘各个村的文化特色，尤其是要高水准打造节庆活动（赶秋），并做好前期的准备工作，保证节庆活动举办的可持续性，提高村寨旅游的传播效率，提高知名度和影响力。

2. 利用政府宣传平台积极推广乡村旅游

建立乡村旅游品牌政府营销全媒体平台，整体宣传推介全市乡村旅游。宣传部门应充分利用媒体资源优势，加大对乡村旅游的公益性宣传力度，营造乡村旅游发展的良好氛围，积极支持乡村旅游的发展。旅游部门要积极对全州乡村旅游产品进行宣传推介，通过新闻媒体、网络、户外广告、宣传画册、节庆活动等渠道加大全州乡村旅游产品的宣传促销。

3. 旅游经营者积极主动促销

各乡村旅游经营单位要积极参与旅游主管部门组织开展的各种宣传促销活动，主动与旅行社、主要客源地保持良好的沟通与合作，主动出击推介产品，提高旅游产品的知名度和美誉度。制定乡村旅游促销方案，搞好包装策划，利用电视、电台、平面媒体、网络终端、节庆会展活动，大力宣传，将乡村旅游产品推向市场。

三、精英带动

（一）发挥村镇基层党建设引领作用

强化基层党建工作，吸收本地致富能人和带头人充实到基层党组织中，支持和壮大基层党组织的战斗堡垒作用。重点要扶持基层党建精英的模范带头作用，构建科学的运营机制，推动村支两委开发本乡本村乡村旅游项目。乡村能人要予以重视保护，防止乡村能人流失。

（二）扶持和吸引本地本籍精英人才

针对乡村空心化严重的问题，要发动村寨产业大户、返乡农民工精英、本地出生的政商学界能人等本地乡村旅游能人投资乡村旅游项目；一方面要强化情感沟通，激发成功人士的乡村情节；另一方面要出台和切实落实乡村旅游投资的相关优惠政策，为其在基础设施建设、征地拆迁、招工等方面提供支持与帮助，使乡村旅游项目能够切实的发挥作用；可以考虑将公共资源以较低的几个承租给乡村能人开发乡村休闲度假项目。同时，要深化旅游企业劳动用工和收入分配制度改革，完善旅游从业人员社会保障体系；及时了解旅游专业人才的需求和心理状态，为其提供发展空间与机遇，使他们深信在湘西也能实现自我价值。

（三）借助外部高级专业运营人才智慧

高度重视乡村游思想理念建设，经常邀请国内外经济、文化、旅游、社会工作等专家学者到湘西州讲学，解放思想，统一意志，坚定乡村游信念。通过创新合作模式，提供优惠条件，引进先进的旅游管理公司和管理人才，为全州乡村旅游人才队伍注入新"血液"。根据乡村旅游发展趋势、乡村旅游的特点及研究需要，聘请一批民族民间文化研究专家作为顾问；引进国内外知名酒店管理集团、旅游营销策划机构、旅游院校和旅行社的高层次人才，从事乡村旅游一线管理工作。

四、创业行动

（一）实施乡村旅游创新创业行动

将乡村旅游作为全市创新创业大舞台，重点支持农村产业能人、返乡农民工、大中专院校毕业生、留学回国人员、回归创业人员、科研院校及企事业单位科技人员、退伍军人、城镇失业人员、就业困难人员及其他具有创业能力和相应民事行为能力的自然人，以及广大有识之士到农村去开发乡村旅游，创新创业。同时，要大力招引州内外成功企业家、投资集团、百强企业、大型私企、大型国企、上市公司、旅游产业集团来湘西州开发乡村旅游。政府向从事乡村旅游的个人和团体，提供优惠贷款和补贴，特别要加大面向农户和中小旅游企业的小额信用贷款额度和联保贷款规模，贷款实行利率优惠政策。

（二）设立乡村旅游创业引导基金

设立乡村旅游投资引导基金和配套基金，并根据旅游收入增长情况每年度（或隔年度）相应增加旅游专项基金的数额，重点用于基础设施、资源环境保护以及规划、培训等公共服务，对重点项目给予贷款贴息或补贴。同时，要积极向上争取国家旅游发展专项资金、国家扶贫专项资金和湖南省旅游发展专项资金，用于重大乡村旅游项目的建设。一方面，要支持乡村能人创办农家乐和小微型乡村旅游企业；另一方面，要强化产业融合引导，支持其他经济组织，特别是农村经济组织和专业合作经济组织积极投资乡村旅游项目。

（三）打造乡村旅游创业服务平台

鼓励多种渠道引入社会资本发展乡村旅游，充分利用现有的乡村旅游资源基础，大力推进乡村旅游创业基地建设，构建良好的创业平台。建立乡村旅游开放式创业信息资源库，设立州、县（市）两级乡村旅游创业服务网站和短信服务平台，各级开发区、主要媒体、人力资源市场、专利交易市场开设创业服务专栏，相关部门、社团组织、公共服务机构、社区服务平台设立创业服务热线，为创业者免费提供创业就业政策和信息服务。

（四）加强乡村旅游创业培训工作

乡村旅游人才培训要争取与教育、农业、人社、民政等部门人才培训规划对口合作，分级分类开展管理人才培训、专业技术人才培训、旅游从业人员培训等，重点要对乡镇干部、旅游产业带头人、经营户进行发展乡村旅游的培训，提供专业学习机会，更新发展理念。高度重视乡村旅游人才队伍建设，依托吉首大学和州内党校、职业技术学校、学院等教育机构，采取"走出去、请进来"的办法，分期分批抓好区县分管领导和乡镇、村组干部以及旅游从业人员的专业知识教育和技能培训，提高他们发展乡村旅游的组织、指导、管理和服务水平。加强旅游窗口行业单位建设，分级分层次抓好景区（点）、星级饭店、车站、交通运输、娱乐购物等窗口单位从业人员的技能培训和外语口语培训。抓好市场促销、会展管理等人才的专业培训，培养一支专业性、知识性和实战性强的旅游营销队伍。

附录：湘西州八县（市）特色村寨资源评价指标体系

1. 特色村寨的资源评价内容

湘西州乡村旅游村庄评分项及分值：共7项，700分（见附表1）。

附表1　　　　　　　　湘西州乡村旅游特色村庄评价内容

序号	评定内容	项目分类	最高得分
1	交通支撑	交通距离和等级	100
2	景区依托	核心景点区等级与距离	100
3	中心城镇依托	中心城镇建设规模与距离	100
4	发展基础	旅游业接待实施与发展情况	100
5	人文景观	物质文化与非物质文化	100
6	自然景观	自然景观体量与禀赋	100
7	特色产业	特色产业种类与规模	100
总　计			700

2. 特色村寨的资源评价等级标准

湘西州乡村旅游村庄评价的等级标准，单项分，分为50～60分、60～70分、70～80分、80～90分、90～100分五个区间范围，分别对应五个等级；综合分，分为350～420分、420～490分、490～560分、560～630分、630～700分五个区间范围，分别对应五个等级（见附表2）。

湘西州乡村旅游特色村庄评选等级标准

等级分类	综合分	单项分	备注
5A	630	90	表中列出的是各对应等级标准的最低分，只要评分在最高分与最低分之间，都属于相应的等级
4A	560	80	
3A	490	70	
2A	420	60	
1A	350	50	

3. 特色村寨的评价指标体系构建

选取交通支撑、景区依托、中心城镇依托、发展基础、人文景观、自然景观、特色产业七大支撑作为一级指标，每个一级指标下面再选择 2 ~ 5 个二级指标，对乡村旅游特色村庄进行全方位评价，评价指标体系具体内容见附表 3。

附表3　湘西州乡村旅游特色村庄评价指标体系

序号	评定项目	评定方法与说明	大项分值	分项分值	临界点值	自评分值	判定分值	对应等级
1	交通支撑	张家界、凤凰、吉首	100					
1.1	旅游目的地与乡村的空间距离			40				
1.1.1	距离在30公里以内	30公里以内，打满分			40			
1.1.2	距离60公里以内	根据距离远近，在30～40分间酌情打分			30			
1.1.3	距离在100公里以内	根据距离远近，在20～30分间酌情打分			20			
1.1.4	距离在150公里以内	根据距离远近，在10～20分间酌情打分			10			
1.1.5	距离超过200公里	根据距离远近，在0～10分间酌情打分			0			
1.2	旅游目的地至乡村的交通等级			45				
1.2.1	一级路＋通村连接线	连接线通畅，打满分			45			
1.2.2	二级路＋通村连接线	根据连接线通畅程度，在30～45分间酌情打分			30			
1.2.3	三级路＋通村连接线	根据连接线通畅程度，在15～30分间酌情打分			15			
1.2.4	四级路＋通村连接线	根据连接线通畅程度，在0～15分间酌情打分			0			
1.3	交通道路两旁的景观带基本情况			15				
1.3.1	景观带完整性好，有特色	景观带完整好，有个性特色，打满分			15			
1.3.2	景观带较为完整，较有特色	根据景观带基本情况，在10～15分间酌情打分			10			
1.3.3	景观带成条块分隔状，无特色	根据景观带基本情况，在5～10分间酌情打分			5			
1.3.4	景观带支离破碎，无观赏价值	根据景观带基本情况，在0～5分间酌情打分			0			

序号	评定项目	评定方法与说明	大项分值	分项分值	临界点值	自评分值	判定分值	对应等级
2	景区依托		100					
2.1	核心景区近 3 年年均接待规模			60				
2.2.1	年均接待规模超过 50 万人次	年接待规模超过 100 万人次，打满分			60			
2.2.2	年均接待规模超过 20 万人次	根据年均接待规模，在 50～60 分间酌情打分			50			
2.2.3	年均接待规模超过 15 万人次	根据年均接待规模，在 40～50 分间酌情打分			40			
2.2.4	年均接待规模超过 10 万人次	根据年均接待规模，在 30～40 分间酌情打分			30			
2.2.5	年均接待规模超过 6 万人次	根据年均接待规模，在 20～30 分间酌情打分			20			
2.2.6	年均接待规模超过 3 万人次	根据年均接待规模，在 10～20 分间酌情打分			10			
2.2.7	年均接待规模超过 2 万人次	根据年均接待规模，在 0～10 分间酌情打分			0			
2.2	核心景区与所在村寨的空间距离			40				
2.2.1	空间距离少于 5 公里	空间距离少于 5 公里，打满分			40			
2.2.2	空间距离少于 10 公里	根据空间距离远近，在 30～40 分间酌情打分			30			
2.2.3	空间距离少于 15 公里	根据空间距离远近，在 20～30 分间酌情打分			20			
2.2.4	空间距离少于 20 公里	根据空间距离远近，在 10～20 分间酌情打分			10			
2.2.5	空间距离少于 25 公里	根据空间距离远近，在 0～10 分间酌情打分			0			
3	中心城镇依托		100					
3.1	中心城镇与所在村寨的空间距离			20				

序号	评定项目	评定方法与说明	大项分值	分项分值	临界点分值	自评分值	判定分值	对应等级
3.1.1	空间距离少于 20 公里	20 公里以内,打满分			20			
3.1.2	空间距离少于 25 公里	根据距离远近,在 15～20 分间酌情打分			15			
3.1.3	空间距离少于 30 公里	根据距离远近,在 10～15 分间酌情打分			10			
3.1.4	空间距离少于 35 公里	根据距离远近,在 5～10 分间酌情打分			5			
3.1.5	空间距离少于 40 公里	根据距离远近,在 0～5 分间酌情打分			0			
3.2	中心城镇至村寨的便捷程度			20				
3.2.1	一级路 + 通村连接线	连接线通畅度高,打满分			20			
3.2.2	二级路 + 通村连接线	根据连接线通畅程度,在 15～20 分间酌情打分			15			
3.2.3	三级路 + 通村连接线	根据连接线通畅程度,在 10～15 分间酌情打分			10			
3.2.4	乡道 + 通村连接线	根据连接线通畅程度,在 5～10 分间酌情打分			5			
3.2.5	村道 + 通村连接线	根据连接线通畅程度,在 0～5 分间酌情打分			0			
3.3	中心城镇规模及接待设施情况	中心城镇分为三个等级		60				
3.3.1	吉首、凤凰	吉首、凤凰所在地,打满分			60			
3.3.2	建制规模和接待设施完善的县城	根据基本情况,在 50～60 分间酌情打分			50			
3.3.3	旅游古镇、其他县城	根据基本情况,在 40～50 分间酌情打分			40			
4	发展基础		100					
4.1	近 3 年年均接待规模			20				

序号	评定项目	评定方法与说明	大项分值	分项分值	临界点值	自评分值	判定分值	对应等级
4.1.1	年均接待规模超过10万人次	年均接待规模超过10万人次，打满分			20			
4.1.2	年均接待规模超过7万人次	根据年均接待规模，在15～20分间酌情打分			15			
4.1.3	年均接待规模超过4万人次	根据年均接待规模，在10～15分间酌情打分			10			
4.1.4	年均接待规模超过1万人次	根据年均接待规模，在5～10分间酌情打分			5			
4.1.5	年均接待规模超过5千人次	根据年均接待规模，在0～5分间酌情打分			0			
4.2	旅游接待设施	吃、住、行、游、购、娱、厕，医等基本接待设施八项基本服务完全满足且舒适度高，打满分		40				
4.2.1	各类接待设施齐全完善	根据接待设施的基本情况，在30～40分间酌情打分			40			
4.2.2	各类接待设施较为完善	根据满足的基本情况，在20～30分间酌情打分			30			
4.2.3	各类接待设施不够完善	根据满足的基本情况，在10～20分间酌情打分			20			
4.2.4	各类接待设施不完善	根据满足的基本情况，在0～10分间酌情打分			10			
4.2.5	各类接待设施很不完善				0			
4.3	卫生基本情况			20				
4.3.1	村容村貌及生活用水排放情况	根据情况在0～12分间打分，卫生情况差可扣1～3分			12			
4.3.2	村里面垃圾排放设施与垃圾管理情况	根据垃圾排放设施与管理基本情况在0～8分间打分			8			
4.4	移动互联网络			20				

序号	评定项目	评定方法与说明	大项分值	分项分值	临界点值	自评分值	判定分值	对应等级
4.4.1	移动 3G、4G 信号好，有无线 WiFi	能够满足高速上网和高质量通话，打满分			20			
4.4.2	移动 3G、4G 信号好，无 WiFi	根据满足的基本情况，在 15～20 分间酌情打分			15			
4.4.3	移动 2G 信号好，接听电话和上网不受影响	根据满足的基本情况，在 10～15 分间酌情打分			10			
4.4.4	移动 2G 信号一般，接听电话受到影响	根据满足的基本情况，在 5～10 分间酌情打分			5			
4.4.5	移动 2G 信号差，无法接听电话	根据满足的基本情况，在 0～5 分间酌情打分			0			
5	人文景观		100					
5.1	物质文化	体量、类型、等级、完整度四项评价		50				
5.1.1	4 项全满足，全部较为突出	满足条件，打满分			50			
5.1.2	4 项中满足 4 项，但有 3 项突出	根据满足的基本情况，在 40～50 分间酌情打分			40			
5.1.3	4 项中满足 3 项，但有 2 项突出 或 3 项较突出	根据满足的基本情况，在 30～40 分间酌情打分			30			
5.1.4	4 项中满足 2 项，但有 2 项较为突出或 1 项突出	根据满足的基本情况，在 20～30 分间酌情打分			20			
5.1.5	4 项中满足 1 项，但有 1 项较为突出	根据满足的基本情况，在 10～20 分间酌情打分			10			

序号	评定项目	评定方法与说明	大项分值	分项分值	临界点值	自评分值	判定分值	对应等级
5.1.6	4项全都不突出	根据满足的基本情况，在0～10分间酌情打分			0			
5.2	非物质文化	数量、等级、传承人、活动群众基础4项评价		50				
5.2.1	4项全满足，全部较为突出	满足条件，打满分			50			
5.2.2	4项中满足4项，但有3项突出	根据满足的基本情况，在40～50分间打分			40			
5.2.3	4项中满足3项，但有2项突出或3项较突出	根据满足的基本情况，在30～40分间酌情打分			30			
5.2.4	4项中满足2项，但有2项较为突出或1项突出	根据满足的基本情况，在20～30分间酌情打分			20			
5.2.5	4项中满足1项，但有1项较为突出	根据满足的基本情况，在10～20分间酌情打分			10			
5.2.6	4项全都不突出	根据满足的基本情况，在0～10分间酌情打分			0			
6	自然景观		100					
6.1	规模与体量			15				
6.1.1	景观规模大或疏密度优良	满足条件，打满分			15			
6.1.2	景观规模较大或疏密度良好	根据满足的基本情况，在10～15分间酌情打分			10			
6.1.3	景观规模中等或疏密度一般	根据满足的基本情况，在5～10分间酌情打分			5			
6.1.4	景观规模小或疏密度差	根据满足的基本情况，在0～5分间酌情打分			0			

序号	评定项目	评定方法与说明	大项分值	分项分值	临界点值	自评分值	判定分值	对应等级
6.2	观赏游憩价值	满足条件，打满分		40				
6.2.1	观赏游憩价值很高	根据满足的基本情况，在30～40分间酌情打分			40			
6.2.2	观赏游憩价值高	根据满足的基本情况，在20～30分间酌情打分			30			
6.2.3	观赏游憩价值较高	根据满足的基本情况，在10～20分间酌情打分			20			
6.2.4	观赏游憩价值一般	根据满足的基本情况，在0～10分间酌情打分			10			
6.2.5	观赏游憩价值较小				0			
6.3	历史文化科学价值	满足条件，打满分		20				
6.3.1	极高的历史科学文化价值，或一项具有世界意义				20			
6.3.2	高的历史科学文化价值，或一项具有中国意义	根据满足的基本情况，在15～20分间酌情打分			15			
6.3.3	较高历史科学文化价值，或一项具有省级价值	根据满足的基本情况，在10～15分间酌情打分			10			
6.2.4	一定的历史科学文化价值，或一项具有地区意义	根据满足的基本情况，在5～10分间酌情打分			5			
6.3.5	一定的历史科学文化价值，或一项具有县（市）意义	根据满足的基本情况，在0～5分间酌情打分			0			
6.4	珍奇或奇特程度			15				

序号	评定项目	评定方法与说明	大项分值	分项分值	临界点值	自评分值	判定分值	对应等级
6.4.1	有大量珍稀物种或景观景界很奇特或有世界级实体	满足条件，打满分			15			
6.4.2	有较多珍稀物种，或景观奇特或有国家级实体	根据满足的基本情况，在10~15分间酌情打分			10			
6.4.3	有少量珍稀物种，或景观突出，或有省级实体	根据满足的基本情况，在5~10分间酌情打分			5			
6.4.4	有个别珍稀物种，或景观较突出，或有地区级实体	根据满足的基本情况，在0~5分间酌情打分			0			
6.5	完整性			10				
6.5.1	完整性好	满足条件，打满分			10			
6.5.2	完整性一般	根据满足的基本情况，在5~10分间酌情打分			5			
6.5.3	完整性差	根据满足的基本情况，在0~5分间酌情打分			0			
7	特色产业		100					
7.1	特色产业与乡村游景观关联度			20				
7.1.1	特色产业与乡村旅游景观关联度高	满足条件，打满分			20			
7.1.2	特色产业与乡村旅游景观关联度一般	根据满足的基本情况，在10~20分间酌情打分			10			

序号	评定项目	评定方法与说明	大项分值	分项分值	临界点值	自评分值	判定分值	对应等级
7.1.3	特色产业与乡村旅游景观关联度低	根据满足的基本情况，在0～10分间酌情打分			0			
7.2	乡镇特色产业种类与规模			20				
7.2.1	种类繁多，有2～3个特色支柱产业，规模大	满足条件，打满分			20			
7.2.2	种类一般，有1～2个特色支柱产业，规模中等	根据满足的基本情况，在10～20分间酌情打分			10			
7.2.3	种类较少，有1个特色支柱产业，规模较小	根据满足的基本情况，在0～10分间酌情打分			0			
7.3	村特色产业种类与规模			30				
7.3.1	种类多，有2～3个特色支柱产业，1～2个规模大	满足条件，打满分			30			
7.3.2	种类较多，有1～2个特色支柱产业，1个规模较大	根据满足的基本情况，在20～30分间酌情打分			20			
7.3.3	种类一般，有1个特色支柱产业，1个规模中等	根据满足的基本情况，在10～20分间酌情打分			10			
7.3.4	种类少，无特色支柱产业，规模较小	根据满足的基本情况，在0～10分间酌情打分			0			

序号	评定项目	评定方法与说明	大项分值	分项分值	临界点值	自评分值	判定分值	对应等级
7.4	企业与特色产业带头人			30				
7.4.1	有1～2个产值超过千万元的企业，有3名以上带头人	满足条件，打满分			30			
7.4.2	有1～2个产值超过百万元的企业，有2名以上带头人	根据满足的基本情况，在20～30分间酌情打分			20			
7.4.3	有1～2个产值超过50万元的企业，有1名以上带头人	根据满足的基本情况，在10～20分间酌情打分			10			
7.4.4	有1～2个小微企业或个体户，有1名带头人	根据满足的基本情况，在0～10分间酌情打分			0			